国家自然科学基金项目(批准号:51078017 和 50708003)资助
交通科技丛书

重复再生沥青混合料及温拌沥青混合料性能评价

季 节 徐世法 罗晓辉 著

人民交通出版社

内 容 提 要

本书共分为两篇，上篇是针对再生沥青混合料再度再生的可行性问题，结合国家自然科学基金项目等相关课题的研究成果进行了介绍，内容包括沥青老化机理、沥青再生机理、再生沥青再度老化及二次再生性能、再生沥青混合料耐久性评价；下篇是针对温拌沥青混合料这一热点技术问题，结合国家自然科学基金项目等相关课题的研究成果，对几种典型的温拌沥青混合料进行了较为全面而深入地讨论，内容包括乳化温拌沥青混合料性能、Sasobit 温拌沥青混合料性能及耐性、硫磺沥青混合料性能及不同温拌沥青混合料性能对比评价等内容。

本书可供从事沥青及沥青混合料研究、生产以及沥青路面设计施工与养护的工程技术人员参考，也适于高等院校道路工程专业的师生教学参考使用。

图书在版编目（CIP）数据

重复再生沥青混合料及温拌沥青混合料性能评价/季节等著.—北京：人民交通出版社，2010.8
ISBN 978-7-114-08624-3

Ⅰ.①重… Ⅱ.①季… Ⅲ.①沥青拌和料－性能－评价 Ⅳ.①U414.7

中国版本图书馆 CIP 数据核字（2010）第 167607 号

交通科技丛书
书　　名：**重复再生沥青混合料及温拌沥青混合料性能评价**
著 作 者：季　节　徐世法　罗晓辉
责任编辑：郑蕉林
出版发行：人民交通出版社
地　　址：(100011) 北京市朝阳区安定门外外馆斜街 3 号
网　　址：http://www.ccpress.com.cn
销售电话：(010) 59757969，59757973
总 经 销：人民交通出版社发行部
经　　销：各地新华书店
印　　刷：北京鑫正大印刷有限公司
开　　本：720×960　1/16
印　　张：15
字　　数：274 千
版　　次：2011 年 5 月　第 1 版
印　　次：2011 年 5 月　第 1 次印刷
书　　号：ISBN 978-7-114-08624-3
定　　价：40.00 元

前　言

近年来,随着人们环保意识的觉醒,人类社会真正进入到了可持续发展的低碳时代!具有废物重复利用特点的沥青混合料再生技术和具有节能减排优势的温拌沥青混合料技术备受关注。

目前,对于沥青混合料热地再生技术的研究大都着重于沥青混合料再生手段的开发,而对于再生沥青混合料的耐久性和反复再生的可行性却没有给予应有的重视。本书的上篇正是针对这一问题,结合国家自然科学基金项目等相关课题的开展,进行了原创性研究,对沥青及沥青混合料的反复老化和热再生进行了大量探索性的室内模拟研究,获得了具有参考和应用价值的结论和值得进一步研究的新发现。

温拌沥青混合料由于比热拌沥青混合料的拌和温度低30℃左右,能够大幅度地实现节能减排,而其性能基本上与热拌沥青混合料一致甚至有所改善,因此,被誉为沥青路面材料革命的代表,在不久的将来,将成为沥青路面材料的主体。

温拌沥青混合料技术的精髓在于能够通过降黏减阻剂的使用,实现降低沥青混合料的拌和温度,提高碾压成型效果的目的。本书的下篇正是针对这一热点问题,结合国家自然科学基金项目等相关课题的成果,对几种典型的温拌沥青混合料技术进行了较为全面而深入地讨论,内容包括降黏减阻剂的性能与特点、温拌沥青的性能与特点、温拌沥青混合料性能及耐久性评价等。

本书由北京建筑工程学院学术著作出版基金资助出版。

由于作者水平和时间有限,书中难免有不足之处,欢迎读者批评指正!谢谢所有翻阅本书的朋友!

作　者

2010年8月于北京

目 录

上篇 重复再生沥青混合料性能评价

下篇 温拌沥青混合料性能评价

上　篇

重复再生沥青混合料性能评价

第1章 绪 论

1.1 研究沥青混合料再生的意义

截至2010年年底，全国公路通车总里程达到398.4万km，高速公路达7.41万km。我国的高速公路和一、二级公路绝大部分为沥青路面结构，沥青路面的设计年限一般为12～15年，并通常在10年左右需要大修。按照国家公路发展规划，我国每年将有6 000～7 000km的高速公路需要大修，大修的规模将超过目前高速公路的在建规模。按照高速公路路面宽度为22m、翻修厚度为10cm计算，全国仅高速公路维修，平均每年将产生接近400万t的废旧沥青混合料，其中约5%为沥青，约95%为矿料，如果不加以利用，不仅会造成资源的浪费，同时也会污染环境。据估算，如果利用这些废旧沥青混合料，则可以每年节省材料费25亿元以上，而且这个数字每年还将以15%的速度增长。根据国家可持续发展的战略方针，十分有必要应用和推广沥青路面再生技术。

沥青路面再生技术RAP(Reclaimed Asphalt Pavement)，是将需要翻修改造的旧沥青路面，经过翻挖、回收、破碎、筛分后，再和再生剂、添加剂、新矿料、新沥青混合，重新拌和成满足道路建设需要，符合国家和行业标准的再生沥青混合料，并应用于道路建设，铺筑路面面层或基层的整套生产技术。沥青路面再生技术是公路建设可持续发展战略的重要组成部分，在我国现阶段也具有重要的政治意义和实用价值。

沥青路面再生技术能最大限度地利用废旧沥青混合料，直接节省大量的矿料和沥青资源。我国石油沥青人均产量很低，仅相当于美国的1/60，而且有些利用国产原油炼制的沥青存在沥青质低、含蜡量高、胶质多、芳香分少、饱和分多的特点，满足不了重交通石油沥青的路用性能技术要求，因此需大量进口沥青。由此可见，重复利用沥青，节约沥青资源在我国具有非常重要的意义。

同样，在我国许多地区，适用于铺设高级沥青路面的玄武岩、辉绿岩、安山岩等石料也是非常稀缺的资源，为保证工程质量，有时不得不到数百公里以外开采，远途运输使石料造价大大增加，给翻修路面带来了沉重的经济负担。

沥青路面再生技术在节约土地资源方面的作用也不容忽视。经济发达地区，公路密度大,交通量大,因此沥青路面翻修的频率较高,产生的废料相对较多,如果不利用沥青路面再生技术重复利用沥青混合料,废弃旧料和新开采砂石料将占用经济发达地区大量"寸土寸金"的土地。

此外,在经济发达地区,随着环保要求的提高,石料开采场被陆续关闭,如果不发展沥青路面再生技术,重复利用石料,上述措施将难以奏效。在欧、美、日等发达国家,对环保的要求已超越鼓励、倡导的层面,而上升到强制性法律、法规的层面上,如日本的《再生资源利用促进法》及美国的《矿山开采法》等。我国虽属发展中国家,但也应有未雨绸缪的环保意识。事实上,经济发展带来的生态环境破坏已引起了社会各界的高度关注,环保和可持续发展已成为我国的重要国策之一。

1.2 国内外沥青混合料再生利用技术现状

1.2.1 沥青混合料再生利用技术分类

美国沥青再生协会 ARRA(The Asphalt Recycling and Reclaiming Association)将沥青混合料再生技术分为 5 种不同的类型:场(厂)拌热再生(Hot Recycling)、就地热再生(Hot In-Place Recycling)、场(厂)拌冷再生(Cold Recycling)、就地冷再生(Cold In-Place Recycling)、全深式再生(Full Depth Reclaimation)。

1.2.1.1 场(厂)拌热再生

场(厂)拌热再生技术是将旧沥青路面铣刨后运到沥青混合料拌和场(厂),进行破碎、筛分(必要时),并根据旧料中沥青含量、沥青老化程度、矿料级配等情况,掺入一定数量的新集料、新沥青、再生剂(必要时)等进行热态拌和,使混合料达到规定的各项指标,并按热拌沥青混合料的施工工艺重新铺筑路面。

优点:

(1)对所有路面损坏都适用;

(2)保证沥青混合料的质量;

(3)保证路面的各种性能。

缺点:

(1)很难保证旧料源的质量和一致性;

(2)旧料掺量有限,加热导致沥青混合料的二次老化;

(3)消耗大量燃料,并产生大量废气;

(4)旧料及再生料需要往返运输。

适用条件:各种沥青路面旧料,再生后可以达到原有沥青路面的使用性能。

1.2.1.2 就地热再生

就地热再生技术是指利用专用的就地热再生设备，对沥青路面进行现场加热、翻松，掺入一定数量的新矿料、新沥青、再生剂等，经混拌、摊铺、碾压等工序，一次性实现对表面一定深度范围内(一般不超过6cm)的旧沥青路面再生的一种技术。

其优点是实现了就地沥青路面再生利用，节省了材料转运费用：

(1)消除沥青路面表面层病害；

(2)恢复沥青路面表面层物理力学性能；

(3)恢复沥青路面平整度，修复沥青路面车辙；

(4)旧料利用率高，实现旧路面沥青层材料的就地再利用。

这种技术的适用场合一般用于高等级公路沥青路面表面层病害的修复，但有一定的局限性：

(1)再生深度通常限制在2.5～6cm，无法修复结构性病害；

(2)无法除去已经不适合进行再生的旧混合料，级配调整幅度有限；

(3)进口设备价格十分昂贵；

(4)沥青老化加剧，环境污染严重(废气和热量)；

(5)适于基层承载力良好，仅面层龟裂、车辙、破损的路面。

1.2.1.3 场(厂)拌冷再生

场(厂)拌冷再生技术是将旧沥青路面铣刨后运到沥青混合料拌和场(厂)，通过破碎、筛分(必要时)，并根据旧料中沥青含量、沥青老化程度、矿料级配等指标，掺入一定数量的新矿料、再生结合料(乳化沥青、泡沫沥青等)、再生剂(必要时)和添加剂进行常温拌和，使混合料达到规定的各项指标，按常温沥青混凝土的施工工艺重新铺筑，形成路面基层或者下面层的一种技术。

优点：

(1)节能环保；

(2)100％利用旧料；

(3)再生料的质量稳定。

缺点：

(1)旧料运输增加成本与交通负担；

(2)再生料的性能不能恢复到原来的水平；

(3)旧料中的沥青利用率低。

适用条件：路面大修或改扩建，可用于基层、下面层等。

1.2.1.4 就地冷再生

就地冷再生技术是指利用专用的就地冷再生设备，对沥青路面进行现场冷铣刨，掺入一定数量的新矿料、再生结合料(乳化沥青、泡沫沥青、水泥、消石灰等)、再生剂(必要时)，经混拌、摊铺、碾压等工序，一次性实现对表面一定深度范围内的旧沥青路面再生，形成路面基层或下面层的一种技术。

优点：

(1)不存在旧路材料的运输和弃置问题；

(2)施工工序的简化使工期缩短；

(3)常温下施工，减少了环境污染。

缺点：

(1)级配控制难度大；

(2)专用设备昂贵；

(3)再生混合料均匀性不如厂拌料；

(4)再生料的质量相对难以控制。

适用条件：路面大修或改扩建，再生料主要用于路面基层。

1.2.1.5 全深式再生

全深式再生是指将沥青层和部分基层材料同时进行就地冷再生，形成路面基层的一种技术。全深式再生实际上是就地冷再生的一种，只不过是再生厚度范围内包含了部分基层。

1.2.2 国外技术现状

国外对旧沥青路面再生利用研究，最早是从1915年在美国开始的，但以后由于大规模的新路建设，对这项技术没有引起足够的重视，再生沥青路面铺筑的里程进展较慢。1973年石油危机爆发，由于可用于交通运输设施建设的资金减少，燃油供应困难，加之严格的环保法制，使砂石材料的生产受到限制，美国在1974年开始研究沥青路面再生技术，并且迅速在本国推广应用。至1981年，美国交通运输研究委员会编制出版了《路面废料再生指南》。同年美国沥青协会出版了《沥青路面热拌再生技术手册》，1983年又出版了《沥青路面冷拌再生技术手册》。这表明美国的沥青路面再生技术已经达到相当成熟的地步。到20世纪80年代末，美国再生沥青混合料的用量几乎为全部路用沥青混合料的一半，并且在再生剂开发、再生混合料的设计和施工设备等方面的研究也日趋深入。沥青路面的再生利用在美国已是常规使用技术，而且每当新材料用于沥青路面时，都要说明是否会影响路面的再生利用。目前其重复利用率高达80%，相比常规全部使用新沥青材料的路面节约成本10%～30%。

西欧国家也十分重视这项技术。前联邦德国是最早将再生料应用于高速公路路面养护的国家，1978年就将全部废弃沥青路面材料加以回收利用。法国现在也已开始在高速公路和一些重交通道路的路面修复工程中推广应用这项技术。欧美等发达国家都特别重视再生沥青实用性的研究，其在再生剂的开发以及实际工程应用中的各种挖掘、铣刨、破碎、拌和等机械设备的研制方面都取得了很大的成就，正逐步形成一套比较完整的再生实用技术，达到了规范化和标准化的程度。

日本是资源缺乏型国家，1973 年石油危机后日本加大对旧沥青路面再生利用方面的研究。1984 年 7 月，日本道路协会出版了《路面废料再生利用技术指南》，并且就有关厂拌再生技术编制了手册。1980 年，日本厂拌再生沥青混合料累计达 50 万 t。到 2002 年，再生沥青混合料已达 4 167.1 万 t，占全年沥青混合料产量的 54.77%。目前，日本几乎每个拌和站都具备生产再生沥青混合料的能力，修筑道路 70%左右使用再生沥青。

前苏联也较早对沥青路面再生技术进行了研究，而且在 1966 年就出版了《沥青混凝土废料再生利用技术的建议》，但实际应用甚少；1979 年又出版了《旧沥青混凝土再生混合料技术准则》，提出了适于各种条件下路面再生利用的方法，其中，规定再生沥青混合料只能用于高级路面的基层和低级路面的面层；1984 年出版了《再生路用沥青混凝土》，详细地阐述了就地再生和厂拌再生的方法。

表 1-1为国外在沥青再生利用技术方面出版的技术资料。

国外在沥青再生利用技术方面出版的技术资料 表 1-1

时 间 (年)	国 家	出 版 物
1966	前苏联	《沥青混凝土废料再生利用技术的建议》
1979	前苏联	《旧沥青混凝土再生混合料技术准则》
1981	美国	《路面废料再生指南》
1981	美国	《沥青路面热拌再生技术手册》
1983	前联邦德国	《沥青路面冷拌再生技术手册》
1984	日本	《路面废料再生利用技术指南》
1981	前联邦德国	《热拌再生沥青混凝土施工规范》
1983	英国	《热拌沥青混凝土基本规范》
1994	前联邦德国	《再生沥青混凝土施工指南》

20 世纪 90 年代后，沥青路面再生技术进一步发展，在亚太地区也得到普遍应用。目前，欧洲的 EAPA(Europe Asphalt Pavement Association)在互联网上公布，其成员国的废旧沥青路面材料 100%通过再生方式得以重复利用。1997 年国际经合组织对 14 个国家的路面材料再生利用情况进行了调查，发表了《道路工程再生利用战略》白皮书，其中沥青路面再生技术应用状况反映了发达国家在这个领域的基本情况，见表 1-2。

国际经合组织对 14 个国家的路面再生利用情况调查表(沥青部分)　　表 1-2

项　目	澳大利亚	奥地利	比利时	加拿大	丹麦	芬兰	法国	日本	荷兰	瑞典	英国	美国
利用率(%)	80	80	100	90	90	95	—	80	100	75	90	80
厂拌热再生	G	G	G	G	G	G	G	G	G		G	G
就地热再生	L	L		L	G	G	G		G	G	L	L
厂拌冷再生		L		L			G			G	L	L
就地冷再生	L		L		G	G			L		L	
基层(沥青)		L		L		L	G		L	L		
基层(水泥)	G	G	G				G	G	G		G	
基层(水泥和沥青)		G					G		L		G	
底基层		G		G	L	L	G	G	G		L	G
填料	G					L					G	L
其他	G										G	

注:1. G 表示普遍采用,L 表示有限采用。
2. 数据为各国提供,非本组织调查得来。
3. 瑞士和挪威未提供数据。

从表 1-2 可知:

(1)旧沥青路面的再生利用率为 75%~100%;

(2)厂拌热再生技术应用最为普遍,再生材料主要用于路面结构,极少用作回填材料和其他用途;

(3)不管是厂拌还是就地,冷再生技术推广程度较低;

(4)现场热再生技术虽得到较多国家采用,但只有少数国家推广程度较高。

对于沥青路面再生技术的可靠性问题,澳大利亚 AUSTROADS 在其 1997 年的《沥青混凝土路面再生指南》中指出,利用 60%RAP 的沥青路面使用寿命与传统沥青路面相同,而抗车辙能力却得到增强。美国在 20 世纪 80 年代中后期到 90 年代发表的系列研究报告表明,再生沥青混凝土路面与全新沥青混凝土路面比较,路用性能和使用寿命并没有明显的区别,NCAT(National Central Asphalt Technology)的《国家和地方政府路面再生指南》也阐明了同样的观点。日本道路协会的《厂拌再生沥青铺装技术指南》也认为,将热拌再生沥青混合料应用于条件苛刻的重交通道路(D 交通)路面的调查结果表明,只要对热拌再生沥青混合料进行恰当的质量控制管理,铺装后的性能与只用新料铺装的路面性能没有差别。

1.2.3　国内技术现状

我国在 20 世纪 50 到 70 年代,曾在不同程度上利用过废旧沥青混合料,但均作为废物利用考虑，一般只用于轻交通道路、人行道或高等级公路的垫层。陕西、湖北、河北等省的公路养护单位在国内较早进行了旧沥青路面回收利用的研究。

1982 年，原交通部科技局正式将沥青混合料再生利用作为重点科技项目立项，由同济大学负责课题研究的协调工作。研究工作采取由科研单位、高等院校与生产部门相互协作的方式，分别确定主攻方向，开展比较系统的试验研究，使研究深度与广度有了较大的进展。同济大学对旧沥青混合料的再生机理和再生设计方法进行了深入研究，从化学热力学和沥青流变学的原理出发，研究沥青作为高分子浓溶液其溶质与溶剂之间的相容性，以及沥青在老化过程中其流变行为的变化规律，还研究了再生剂的作用和再生剂的质量技术指标；此外，还在室内对再生沥青混合料的物理力学性能进行了系统的评价性试验。通过理论研究，业界对沥青再生的本质有了深刻的认识，探明了老化沥青再生的科学途径，并在此基础上建立起了沥青混合料的再生设计方法。同年，山西省结合沥青路面的大、中修工程共铺筑重点试验段 80km，湖北省公路局发动全省各公路养护单位进行了再生利用试验研究。1983 年，原建设部将“废旧沥青混合料再生利用”项目立项，项目由上海市政工程研究所、武汉市市政工程设计研究院、天津市市政工程研究所等单位承担。当时的主攻方向是把旧渣油路面加入适当的轻油使之软化，来代替常规沥青混合料，铺筑层次是解决用量较多的下面层，拌和设备则应用现有设备作适当改装，经过 3 年的努力，在苏州、武汉、天津、南京 4 个城市铺筑了 30 000m^2 的试验路。对路用效果的观测表明，再生路面的综合使用品质不低于常规热拌沥青混凝土路面。

甘肃省兰州公路总段从 1983 年以来，采用阳离子乳化沥青作为再生剂对夏三路、兰包路、甘川路进行冷法再生沥青路面，同时对兰空—榆中机场专用道路、中川路、西兰路、兰三路路面进行热法再生工作。云南省 1983～1988 年分别对昆洛、昆畹、贵昆路进行再生沥青路面试验研究。这些旧沥青路面再生利用工作都取得了成功，为我国旧沥青路面再生提供了宝贵经验，但这些旧沥青路面再生利用都是在旧渣油路面或中轻交通量公路上进行的，对于高等级公路(或重交通量公路)的研究不足。

从 20 世纪 80 年代中后期，我国由于经济建设的需要，全国开始进行大规模的公路建设，特别是高速公路建设的发展，人力、物力的不足，对沥青路面再生技术不够重视，致使我国在旧沥青路面再生技术的深入研究上处于停滞状态。但某些公路单位也开始尝试着将旧沥青路面简单再生后用于中轻交通量公路或道路基层，如 1992 年同济大学在淮阜路采用阳离子乳化沥青进行冷法再生沥青路面试验。1997 年，江苏淮阴市公路处用乳化沥青冷法再生旧料后铺筑路面，都取得了一定效果。

在就地热再生技术方面，我国从 20 世纪 90 年代起陆续从日本、德国、加拿大、芬兰等国引进了近10套就地热再生机组。2003年起，京津塘高速公路、京石高速公路、四川成渝高速公路、京福高速公路山东段、沪宁高速公路、京珠高速公路河北段、广深高速公路等都成功铺筑了面积不等的沥青就地热再生路面。目前国内沥青就地热再生路面累计实施面积已接近400万m^2。

在场拌热再生技术方面，2004年广东省结合广佛高速公路大修工程，采用双滚筒连续式沥青混凝土再生拌和设备，成功应用场拌热再生技术对旧沥青混合料进行再生，并用于沥青路面下面层。

在就地冷再生、全深式再生技术方面，我国近年来从国外引进就地冷再生设备40余套，西安筑路机械有限公司、德州工程机械有限公司等也先后开发了沥青路面就地冷再生设备，为冷再生技术的推广应用创造了条件。2004年5到8月，在辽宁省营大一级公路大修工程中，首次成功使用乳化沥青进行沥青路面就地冷再生，再生后的12～15cm沥青层作为柔性基层，经两年多使用，效果良好。多年来，河北、山东、天津、黑龙江、吉林等地在老油路改造中采用以水泥为结合料的全深式再生技术，也取得了良好的使用效果。

在场拌冷再生技术方面，2004～2005年，江苏省在沪宁高速公路改扩建工程中采用乳化沥青场拌冷再生技术对旧沥青混合料进行了再生处理，并作为柔性基层，取得了较好的使用效果；2006年江西昌九高速公路维修工程也采用乳化沥青场拌冷再生技术对旧沥青路面进行再生处理。

目前，我国再生旧沥青路面并没有在工程中得到广泛应用，随着我国高等级沥青路面维修养护量的不断增加，对沥青路面旧料再生技术有必要进行深入系统地研究。为了进一步促进沥青路面再生技术的应用，原交通部已于2006年启动了《沥青路面再生应用技术规范》的编制工作，并于2008年正式出版了《公路沥青路面再生技术规范》(JTG F41—2008)。

1.3 沥青混合料再生技术的发展趋势

分析欧美、日本等国家对沥青混合料再生利用技术的研究及其发展的状况，可以看出，这些国家在再生沥青混合料拌制工艺以及与之配套的各种挖掘、铣刨、破碎、拌和等机具的研制方面，都取得了很大的成就，已经形成了一套完整的依赖于再生机械设备的掺配式再生利用技术。但由于这些国家沥青及混合料的种类相对单一，因此对沥青再生基础理论的研究重视相对不够。

国内现有的沥青再生利用技术也多是仿效国外，依赖于先进而昂贵的机械设备，对废旧沥青混合料进行掺配利用，而对沥青再生基础理论的研究不够；同时，也忽略了我国沥青及混合料种类繁多、性能差异大的特点，尤其是对于添加聚合物的改性沥青混合料的再生，更是缺乏技术储备。这显然不适合于我国目前的经济条件和材料特点，这也是再生沥青路面未能大规模推广的主要原因之一。我国应该根据现有的机械设备与材料自身条件，走自己的沥青再生之路，即不依赖于昂贵设备，加强沥青再生基础理论与应用研究，开发出基于现有设备条件和材料特点的、经济而实用的废旧沥青混合料再生利用成套技术。

目前，国内外对于沥青路面再生技术的研究及应用尚存在以下不足：

(1)对再生沥青混合料的基础理论研究不够，缺少对老化沥青的老化程度等级的研究，因而，无法根据沥青老化程度等级提出有针对性的再生措施；

(2)对沥青再生效果的评价不准确、不完善、不统一，因而影响了沥青再生的可靠性；

(3)再生剂用量确定完全经验化、具有一定的盲目性；

(4)对改性沥青再生研究很少，而对沥青在再生的同时又进行沥青改性的研究则更少，缺乏相应的技术；

(5)对沥青及其再生沥青的抗老化性研究匮乏，尤其是对再生沥青第二次老化及再生没有进行过系统的研究；

(6)对再生沥青混合料的耐久性问题缺少研究，影响了对再生沥青混合料长期使用效果的评价。

因此，上述沥青混合料再生技术在理论和应用中存在的问题，决定了今后沥青路面再生技术的发展方向。

第2章 沥青老化机理及规律分析

2.1 沥青老化机理分析

沥青路面暴露在大气中,受到各种自然因素的作用,如氧、温度、光照、水等,使沥青混合料产生许多复杂的物理、化学变化。各种自然因素长期作用的结果,使沥青路面逐渐趋于老化。这种老化作用的突出表现是沥青混合料中所含的沥青结合料黏度增大,沥青面层呈脆硬状,其可塑性和变形能力降低。沥青路面随着使用年限的增加,沥青黏度会大大提高,沥青混合料变得又脆又硬,给沥青路面带来了不利的影响,失去应有的柔软性和变形能力。这种沥青混合料尽管强度很高,但由于过分脆硬,在行车荷载的作用下,路面容易出现龟裂。曾有人从使用10年以上的已出现严重龟裂的旧沥青路面中取样,重新加热拌和,成型试件,测得马歇尔稳定度高达16.51kN,但流值却仅为13(0.1mm)。

2.1.1 影响沥青老化的因素

1)温度

当沥青混合料温度在60～130℃范围之间,沥青在无氧的情况下,不会发生自身组分上的任何化学变化,仅仅是一些轻质物质的挥发。而在温度高于150℃时,沥青即使在无氧的情况下也将发生化学变化,引起自身组分的改变。

2)水分

在雨水的作用下,沥青中的可溶性物质被水溶解,会造成沥青的老化变质。水的pH值对沥青中沥青质、酸性组分的油～水界面张力影响很大,沥青质有降低沥青～水界面张力的能力,且其含有的许多极性基团,如$-OH$、$-NH_2$和$-COOH$,在界面上富集形成较强的结构膜。沥青质相对复杂的分子结构及自缔合倾向使沥青～水界面结构膜随时间的延长而产生明显的硬化现象,使沥青变质。

3)压力

从沥青的老化过程来看,必须先有氧气溶解到沥青当中,然后才能发生氧化反应。压力在增加氧气溶解到沥青中的数量和速度方面和温度有着相似的作用,但是就沥青与氧气的化学反应来看,压力较之于温度就没有那么明显的影响。

4)氧气

氧气对于沥青的老化起到至关重要的作用,没有氧气,在路用环境条件下,是不可能发生沥青自身的化学性质改变的。在实际路用环境下,空气中的含氧量与海拔有着密切关系,而海拔又与气压有关系。通常,海拔越高,气压越低,含氧量越低,但同时平均气温也越低。气压低,含氧量低,对沥青的耐老化性有正面意义;但是温度偏低,就会对沥青老化产生较强的敏感性,所以高原地区沥青路面的老化性能,以及对路用性能的影响都与平原地区有所不同。含氧量的增加,使氧气的浓度增加,沥青与氧气的接触大大提高,在相同条件下,氧气含量大时,沥青混合料的老化较为严重。

5)光照

沥青路面在服务期限内,暴露在空气当中,受到光照的影响。对沥青路面老化起主要作用的光线是红外线和紫外线,当然其他光线也会带来热量,被沥青路面吸收,增加沥青路面的温度。红外线对于沥青混合料老化的影响,是因为沥青可以吸收红外线中所携带的热量,从而增加沥青路面的温度,这将加剧沥青混合料的老化。

紫外线对于沥青混合料老化的影响,是因为紫外线可以引起沥青内部组分发生化学变化,使沥青变硬,影响沥青混合料的路用性能。特别是我国高原地区,紫外线照射比较强烈,而且光照时间比较长,又地处高原寒区,因此对沥青路面的老化所引起的路用性能比较敏感。但是有研究表明,光照对于沥青混合料或是沥青老化的影响只是在表面层,距层表面 0.1mm 范围之内。

2.1.2 沥青老化机理分析

目前关于沥青老化的机理研究有三种理论。第一种理论是"相容性理论",该理论从化学热力学出发,认为沥青产生老化的原因是沥青胶质物系中各组分相容性降低,导致组分间溶度参数差增大。第二种理论是"组分移行理论",该理论是从化学组分移行出发,由于组分的移行,沥青老化后,某些组分偏多,而某些组分偏少,各组分间比例不协调,所以导致沥青路用性能降低。第三种理论是"橡胶理论",认为沥青的结构与橡胶的结构具有相似性。

2.1.2.1 沥青老化的"相容性理论"

沥青能否形成稳定的溶液,不取决于溶质粒径的大小,而取决于溶质(沥青质)在溶剂(软沥青质)中的溶解度和溶剂对溶质的溶解能力。这就是所谓相容性理论。希尔布兰德曾提出"溶解度参数"理论,即认为在一种溶液中,溶质的溶解度参

数与溶剂的溶解度参数(也可简称为溶度参数)的差值小于某一定值时,即能形成稳定的溶液。对此可用下式表示:

$$\Delta\delta = \delta_{At} - \delta_M < K \tag{2-1}$$

式中:$\Delta\delta$——沥青质与软沥青质溶度参数差值$(cal/cm^3)^{1/2}$;

δ_{At}——沥青质的溶度参数$(cal/cm^3)^{1/2}$;

δ_M——软沥青质的溶度参数$(cal/cm^3)^{1/2}$;

K——要求的溶度参数差值的限值$(cal/cm^3)^{1/2}$。

根据有关研究,国产沥青的沥青质溶度参数与软沥青质溶度参数的差值($\Delta\delta$)的限值为0.76。当$\Delta\delta<0.76$时,可得到较好的相容性。表2-1列出几种国产沥青的沥青质与软沥青质的溶度参数及其差值。从表2-1中可以看出,沥青溶度参数差值与其相容性有密切的关系,溶度参数小于0.76的沥青均表现为较好的相容性;反之,则相容性较差。

几种沥青的溶度参数与相容性

表2-1

沥青名称	沥青组分	溶度参数分析		相容性评价
		$\delta(cal/m^3)^{1/2}$	$\Delta\delta(cal/cm^3)^{1/2}$	
旧混合料回收沥青	软沥青质(M)	8.0700	1.4528	差
	沥青质(A_t)	9.5228		
大庆氧化沥青	软沥青质(M)	8.3877	1.0373	较差
	沥青质(A_t)	9.4250		
胜利半氧化沥青	软沥青质(M)	8.7586	0.7298	较好
	沥青质(A_t)	9.4884		
阿尔巴尼亚60号沥青	软沥青质(M)	8.7586	0.4021	好
	沥青质(A_t)	9.1607		

沥青是一种极其复杂的高分子溶液,它是由数千种乃至近万种化合物组成的混合物。要将其分离成纯单体,目前在技术上存在一定困难,同时在工程应用上,也没有这样的必要。随着沥青的老化,沥青及其组分中各种化合物产生脱氢、聚合和氧化等化学变化,由于化学结构的变化,使其溶度参数亦随之变化。通常沥青质的溶度参数δ_{At}的提高较软沥青质的溶度参数δ_M快,所以老化后沥青的沥青质与软沥青质溶度参数差值$\Delta\delta$增大,破坏了沥青中沥青质与软沥青质的相容性,因而引起沥青路用性能的衰降。表2-2为沥青各组分老化前后溶度参数变化。

因此,沥青老化过程的实质为:沥青中各组分化合物化学结构的变化,引起沥青中沥青质与软沥青质溶度参数的变化,导致沥青质与软沥青质溶度参数差值增大,因而相容性降低。

沥青各组分老化前后溶度参数的变化　　表 2-2

沥青组分名称	沥青处理状态	溶度参数		
		溶度参数 δ $(cal/m^3)^{1/2}$	与沥青质溶度参数的差值 $\Delta\delta(cal/cm^3)^{1/2}$	溶度参数变化 $\Delta\delta$ $(cal/cm^3)^{1/2}$
饱和分(S)	老化前	8.346 4	1.455 8	—
	老化后	8.625 2	1.987 2	0.278 8
芳香分(A_r)	老化前	9.045 3	0.756 7	—
	老化后	8.990 4	1.622 0	0.054 9
胶质(R)	老化前	9.531 3	0.270 2	—
	老化后	9.666 6	0.945 8	0.133 3
沥青质(A_t)	老化前	9.802 0	—	—
	老化后	10.612 4	—	0.810 4

2.1.2.2 沥青老化的“组分移行理论”

沥青的化学组分按照分离分析方法的不同,有三组分,即油分、胶质和沥青质;四组分,即饱和分、芳香分、胶质和沥青质;多组分,如美国罗斯特勒(F. S. Rostler)提出的五组分分析法,即链烷分 P、氮盐基 N、第一芳香族 A1、第二芳香族 A2 和沥青质 A。目前,我国大多数采用四组分分析法,并规定用正庚烷沉淀沥青质。

1)沥青质

沥青质是沥青中最重的部分,是一些非常复杂的大分子,其平均分子质量可达数千到十万,H/C 原子比仅为 1.16～1.28,芳香度 fa、芳环数 Ra 均比其他组分高。沥青质中既含有近似饱和分的小分子,又含有环状高度密集的极性分子,结构复杂,即使相对分子质量相同,其分子大小也不尽相同,很难准确确定其组成结构。尤其是沥青质中富集大量杂元素及其所生成的极性官能团,使沥青质极易发生缔合而生成簇集体或发展成胶胞结构,因此很难准确确定沥青质的分子量。据相关研究表明,沥青质的平均分子量会随温度升高而下降,主要与这些簇集体随温度升高而产生松弛有关。

沥青质中富集了沥青中大部分杂元素,如硫含量可达 0.3%～5%,氧 0.3%～3%,氮 0.3%～3%。通过 X 射线吸收近边结构光谱技术(X-ray Near Edge Structure Spectroscopy,简称 XANES),可检测出沥青质中硫的存在,而且表明石油沥青质中的硫主要以噻吩和硫化物为主,有时还有少量的亚砜。同时通过沥青质氧化过程的研究表明,其中的硫化物特别是烷基硫化物也会转化为亚砜。

通过荧光效应检测(Fluorescence Yield Detection)研究得知,沥青质中几乎全部氮元素都存在于芳香环系结构中，大部分为吡咯类氮，只有少部分在饱和胺类中。由于芳香杂环是热稳定的物质，在其中存在的氮元素相对稳定，通过加氢脱氮比较困难。

利用红外吸收光谱(IR)可以检测到沥青质中存在的含氧物质和含氧官能团，如直馏沥青中的羰酸及酚类等酸性物质就有含氧官能团－OH、－COON、－COOR等，还有少量的氧可能存在于醇、醚、酮、醛、酯、酮、环氧物、酰胺、亚砜等，对于氧化沥青则主要是酯类含氧物，这些含氧官能团的极性很强，易使沥青质产生缔合，具有极强的表面活性。

除此之外，沥青质中的金属元素的存在与氧、硫、氮等元素密切相关，其中钒和镍最多，主要与卟啉形成络合物。这些卟啉络合物又可能与硫、氧、氮等产生键合，形成复杂的化合物，或生成配位化合物，或以金属状态由Ⅱ－Ⅱ键牢固缔合到沥青质的芳香片上。

2)胶质

胶质具有很强的着色能力，杂元素含量丰富，极性很强，有较好的黏附力，是沥青质的胶溶剂。实际上沥青质和胶质之间的界限不太明显，只是人为地将其中相对分子质量较小的部分划为胶质。对于不同油源的沥青，胶质含量是变化的，如丙烷沥青的胶质含量高，沥青质含量低；而戊烷沥青中胶质含量大大下降，沥青质含量则急剧增加，表明戊烷沥青中沥青质可能含有大分子的胶质。一般情况下，胶质的平均相对分子质量在1 000～2 000，H/C原子比1.4～1.5，芳香度0.3～0.4，平均分子结构中总环数为8左右，平均结构单元数为2，每个结构单元中芳香环数约为5，环烷环数约为3，烷烃侧链平均长度较短。通过不同溶剂对沥青进行处理表明，随着溶剂的极性增强，胶质的相对分子质量、酸值、杂元素含量及表面活性依次增大，这说明胶质的组成和结构非常复杂，其化合物分布很宽，是沥青中强极性的部分，也是最不稳定的部分。

胶质的存在可使沥青具有良好的塑性和黏附性，并能改善沥青的脆性，提高延度；但其化学性质极不稳定，易产生氧化、磺化、加热缩合等反应，而转化为沥青质。胶质与沥青质的相对比例对沥青的性质影响最大，因为胶质是沥青质的最主要分散剂，胶质的分子结构特别是极性官能团在胶溶的过程中起着关键作用，影响沥青中胶胞的形成。对于道路沥青而言，胶质含量较多时，沥青的延度特别是15℃延度得到明显改善，而且在改性沥青中由于胶质中有较多的活性物质，对聚合物具有一定的胶溶作用，对改性沥青的稳定性十分有利。

3)芳香分

芳香分又称芳烃，在沥青中占20%～50%，其平均分子质量通常为800～1 000，H/C原子比1.56～1.67，芳香度为0.21～0.26，环烷碳率f_n为0.2，大约有一半左右的碳原子在烷基上，总环数为 5～7，其中芳香环 3～4。经过核磁共振波谱检测，芳香分又有轻芳(单环芳烃)、中芳(双环芳烃)和重芳(多环芳烃)之分，不同油源的沥青这三者所占的比例相差很大，因此芳香分中各亚组分不同，沥青的性能差异较大。芳香分通常由非极性碳链组成，其中非饱和环体系占主要，这是芳香分活性较强的主要原因。

在沥青胶体结构中，芳香分 Ar 和饱和分 S 一起构成了连续相，使胶质～沥青质稳定地分散在其中。由于芳香分对许多高分子烃和非烃类有很强的溶解能力，因此芳香分 Ar 和饱和分 S 的比值是影响沥青胶体结构稳定性和胶体类型的关键因素。对改性沥青而言，芳香分的存在对聚合物的溶解作用是确保改性剂充分分散的重要因素，它与胶质的总量比例决定了改性沥青改性效果和性能的稳定。

4)饱和分

饱和分约占沥青的 5%～25%，是沥青中最轻的部分，它是由含直链和支链的烷烃及环烷烃组成，杂元素和微量元素含量很少，平均分子质量中 H/C 原子比最高，一般为 2 左右，环烷环数较高，基本上不含芳香环，相对分子质量较低，约为 300～1 000，芳香度几乎为零。其中含有部分正构烷烃(蜡)，对沥青的胶体结构、流变性、低温延度、界面性能、黏附性等都有较大影响。

饱和分在沥青中可使胶质～沥青质软化形成胶胞，并稳定地分散在饱和分中，但必须确保与芳香分保持一定的比例，才能使沥青胶体保持稳定，性能最佳。对于改性沥青，饱和分对聚合物有一定的溶胀作用，但不希望饱和分含量太高，因为聚合物吸附饱和分后，使得聚合物的密度减小，有向上漂浮的趋势，从而影响聚合物改性沥青的存储稳定性。

综上所述，饱和分增多，可以改善沥青的流动性；芳香分和胶质含量的增加可以使沥青的黏附性提高，延度大大改善，沥青中的极性物质增多，沥青的活性增强，是聚合物极易产生物化反应的关键组分；沥青质增多，沥青的软化点升高，感温性下降，但沥青的黏度增大，流动性降低。一般认为，沥青质是液态组分的增稠剂，胶质对改善沥青的延度有显著的效果，芳香分对沥青质有较好的胶溶作用，形成稳定的胶体结构，而饱和分则是软化剂。表 2-3 为各组分对沥青性质的影响表。

四组分对沥青性质的影响 表 2-3

组　分	感 温 性	延　度	对沥青质分散度	高 温 黏 度
芳香分 Ar	好	—	好	好
胶质 R	差	好	好	差
沥青质 At	好	较差	—	好
饱和分 S	好	差	差	差

无论采用何种组分分析方法，国内外大量试验结果都证明，老化沥青的化学组分与原样沥青相比都有明显的变化。其表现为：芳香分减少，饱和分基本不变，胶质和沥青质增加。

引起沥青组分变化的原因是多方面的，如轻质油分的挥发、氧及光照引起的氧化、缩合作用等。但试验证明，沥青老化的主要原因是氧化、缩合作用，而不是轻质油分的挥发。据研究，在沥青发生氧化缩合作用时，沥青混合料中的矿料也会起着催化剂的作用，促使高分子化合物的增加。在沥青中，芳香分和饱和分的分子量较小，氧化缩合作用的结果，芳香分分子量增大，向胶质转化，而饱和分由于分子比较稳定，变化不大。胶质向沥青质转化，而沥青质本身则聚合成更大的分子。因此，沥青老化的过程可以认为是沥青化学组分移行的结果。沥青组分的移行转化，随着沥青老化程度的加深而愈加明显。沥青路面使用年限愈长，老化沥青中的油分就愈少，胶质和沥青质就愈多，因而老化沥青的针入度愈小，沥青材料愈向脆硬方向转化。沥青老化前后的组分变化见表 2-4 和图2-1。

沥青老化前后的组分变化　　表 2-4

老化类型	使用年限(年)	饱和分 S(%)	芳香分 Ar(%)	胶质 R(%)	沥青质 As(%)
老化前	0	36.7	39.4	20.9	3.0
老化后	8	34.3	21.3	35.6	8.8
	13	32.8	13.3	40.5	13.4

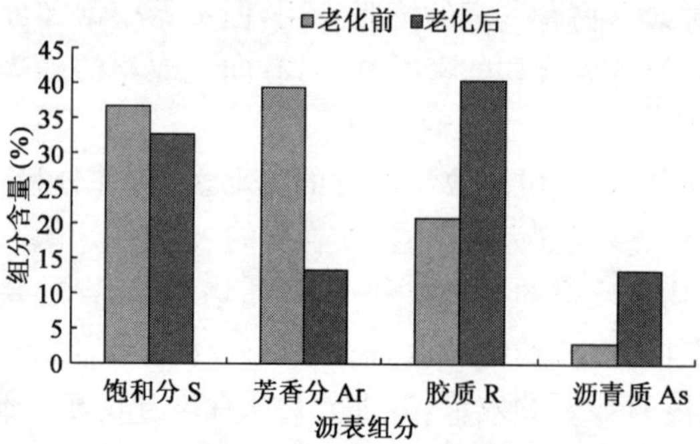

图 2-1　沥青老化前后组分变化示意图

老化沥青化学组分的变化，造成了沥青材料各组分之间配伍的失调。过去，有学者通过对优质沥青化学组分和路用性能指标之间关系的分析，提出了优质沥青化学组分的合格区域。但是由于沥青化学结构的复杂性，合格区随原油品种、加工工艺不同而改变，因而难以用一个固定的合格区来衡量老化沥青的老化程度，或对老化沥青的品质做出评价。

2.1.3.3　沥青老化的"橡胶结构理论"

美国 SHRP 计划在科研过程中开发出体积排出色谱(SEC)和离子交换色谱

(IEC),采用体积排出色谱或离子交换色谱,将石油沥青分离成相对分子质量大小不同的馏分或将石油沥青分离成酸性分(强酸、弱酸)、碱性分(强碱、弱碱)、中性分和两性分,试图考察酸性分、碱性分、中性分和两性分与沥青路用性能的关系。SHRP研究结果显示:两性分含有沥青中最极性和芳香性的分子,这些分子的相对分子质量很大,两性分是提高沥青黏度的主要组分。

在AAD−1, AAG−1, AAK−1和AAM−1四种沥青中分别加入等量的两性分、碱性分、酸性分和中性分,以混合物60℃黏度为考核指标,分别考察各个组分对黏度的影响,表2-5为四种沥青与其离子交换色谱(IEC)分离的两性分、碱性分、酸性分和中性分的混合物在60℃和1.0rad/s时的黏度数据,并且考察了沥青在缺少两性分存在时的性质。

4种沥青与其IEC分离的两性分、碱性分、酸性分和中性分的混合物在60℃和1.0rad/s时的黏度 表2-5

样品名称	黏 度 (Pa·s)				
	沥青	沥青+两性分	沥青+碱性分	沥青+酸性分	沥青+中性分
AAD−1	131	2 462	327	174	37
AAG−1	240	1 740	346	285	132
AAK−1	413	6 836	656	517	110
AAM−1	258	4 032	399	292	140

表2-6列出了4种沥青的中性分加酸性分、碱性分混合物在3个温度下的黏度与其母体沥青在1.0rad/s时的黏度比较。

4种沥青的中性分加酸性分、碱性分混合物在3个温度下的黏度与其母体沥青在1.0rad/s时的黏度比较 表2-6

样品名称	沥青黏度(Pa·s)			tanδ (沥青25℃)	混合物黏度(Pa·s)			tanδ (混合物25℃)
	25℃	45℃	60℃		25℃	45℃	60℃	
AAD−1	40 570	1 083	130.8	2.60	1 264	54.3	10.1	17.09
AAG−1	354 000	3 202	239.9	8.91	41 260	559.3	57.6	97.85
AAK−1	81 050	4 203	412.7	2.47	7 272	220.9	35.4	14.01
AAM−1	161 550	2 769	258.0	2.31	18 450	318.7	51.4	12.48

从表2-5可以看出,两性分的加入大大提高了沥青的黏度。碱性分对提高沥青的黏度有较大的作用,酸性分在一定程度上也能提高沥青的黏度,而中性分的加入则导致了混合物的黏度较母体沥青的黏度有所降低。

表2-6可以看出,混合物黏度大大低于母体沥青的黏度,与母体沥青相比,混合物具有较高的tanδ(相位角δ),从而说明混合物具有较低的弹性模量。结果再次证明了两性分是提高沥青黏度的主要组分。

SHRP 在以上研究的基础上提出了一种理论,认为沥青是两性沥青质型网状分子结构,在网状分子结构中含一种油相,沥青最为重要的化学性质是网状结构及油相的分子大小分布,使网状交联在一起的极性相互作用。

通过以上的研究,SHRP 发现沥青同橡胶有很大的相似性。橡胶也是一种网状聚合物,在网状结构中含有增塑剂(通常为石油系油类,橡胶轮胎含有 25%的油)。增塑剂在橡胶中的作用就像油在两个移动的物体之间起到的润滑作用一样,能促进在加工时橡胶大分子之间相互移动。这种橡胶分子外润滑作用的产生,主要是由于增塑剂分子包围了橡胶大分子,小分子容易运动,带动了大分子相对运动,减低了橡胶分子上的界面能,减少了分子内部的抗变形能力,克服了橡胶分子之间直接的相互滑动摩擦和范德华力所产生的黏附力。

通过上面的分析得出,大分子组分的含量对沥青的性质有较大的影响。例如沥青 B 为优质沥青,含有适量的大分子或网状组分;沥青 A 含有过多的网状分子而油分不足,会开裂;沥青 C 含网状分子少而油分多,会剥落。

沥青老化是当油相(一般为芳香族分)氧化成沥青质时使沥青 B 变成沥青 A。油相成分、网状结构与极性相互作用的化学性质尚难以计测,也未被充分了解。因此,流变学这一黏弹性的计量标准发展成为一种便利的物理性质计量法,它把沥青性能同化学性质联系起来。表 2-7 中列出了国内几种沥青的原样沥青和 RTFOT (Rolling Thin Flim Oven Test)残留沥青的动态剪切试验结果。

国内几种沥青的原样沥青和 RTFOT 残留沥青的动态剪切试验结果 表 2-7

沥青品种	原样沥青				RTFOT 残留沥青			
	温度(℃)	G^*(Pa)	$\tan\delta$	$G^*/\sin\delta$(Pa)	温度(℃)	G^*(Pa)	$\tan\delta$	$G^*/\sin\delta$(Pa)
克拉玛依	52	6 962	6.343	7 050	52	11 850	4.132	12 200
	58	3 221	8.417	3 240	58	5 521	5.133	5 620
	64	1 578	11.53	1 580	64	2 693	6.581	2 720
	70	815.8	16.51	817				
欢喜岭	52	4 923	7.277	4 980	52	12 410	4.125	12 800
	58	2 182	10.36	2 190	58	5 500	5.441	5 590
	64	1 024	15.48	1 030	64	2 516	7.625	2 540
茂名	52	4 112	13.00	4 120	52	7 831	7.518	7 940
	58	1 936	19.34	1 940	58	3 587	10.46	3 600
	64	957.6	31.51	958	64	1 708	15.50	1 710
胜利	52	1 675	11.61	1 680	52	4 350	5.121	4 430
	58	845.1	18.72	846	58	2 134	6.851	2 160

从表2-7可以看出，沥青老化后复数剪切模量(G^*)有较大的增加，相位角δ有所减小，说明沥青中的弹性部分在复数剪切模量中所占比重有所增加，黏性部分在复数剪切模量中所占比重反而有所减少。原因是由于油相(一般为芳香族分)氧化成沥青质，使网状分子过多而油分不足，使得沥青变得脆硬。

2.2 沥青老化的宏观试验研究

2.2.1 试验方案

基于上述的沥青老化机理，通过在室内模拟高温及有氧条件下沥青在不同老化时间的性能变化，从而研究沥青的老化规律。由于影响沥青老化的因素很多，本研究重点考虑温度、氧气和时间三大主要因素。因此，室内模拟在相同氧气量、不同老化温度和不同老化时间等试验条件组合成的两个不同系列的老化试验。具体的试验方案为：

第一个系列老化试验是将原样沥青按《公路工程沥青及沥青混合料试验规程》(JTJ 052—2000)规定进行薄膜加热试验(Thin Flime Oven Test，TFOT)以模拟其短期老化，然后将短期老化后的沥青放入163℃强制通风的烘箱内，再分别老化5h、16h、24h和48h以模拟沥青在不同老化时间下的老化状态。

第二个系列老化试验是将原样沥青按《公路工程沥青及沥青混合料试验规程》(JTJ 052—2000)规定进行薄膜加热试验(TFOT)以模拟其短期老化，然后将短期老化后的沥青放入85℃强制通风的烘箱内，再分别老化24h、48h、72h和120h以模拟沥青在不同老化时间下的老化状态。

2.2.2 原样沥青的性能分析

原样沥青采用了普通沥青60/80和SBS改性沥青两种。首先从宏观上和微观上分析原样沥青性能，分别测试其性能指标(针入度、黏度、延度和软化点)、组分和分子量分布。由于沥青是由不同分子量同系物组成的混合物，其分子量是不均一的，其分子量分布一般可用重均分子量和数均分子量来表示。其中重均分子量是按分子质量统计平均的分子量，其值等于每种分子的分子量乘以其质量分数的总和。数均分子量是采用平均数分子量表征分子的大小，按分子数目统计平均。其中，用多分散系数d(d=重均分子量/数均分子量)来表示分散程度，d越大，说明分子量越分散。

表2-8为两种类型原样沥青的性能测试结果。

原样沥青的性能指标 表 2-8

沥青类型	针入度(25℃,0.1mm)	软化点(℃)	黏度(135℃,Pa·s)	延度(5℃,cm)
Pen60/80 沥青	80.0	54.1	0.379	17.0
SBS 改性沥青	95.7	74	0.824	77.4
沥青类型	饱和分(%)	芳香分(%)	胶质(%)	沥青质(%)
Pen60/80 沥青	8.2	47.8	34.5	9.5
SBS 改性沥青	8.5	47.5	24.4	19.6
沥青类型	重均分子量	所占比例(%)	数均分子量	多分散系数
Pen60/80 沥青	10 588/1 310	16.30/83.70	9 146/742	1.15/1.76
SBS 改性沥青	10 625/1 422	15.56/84.44	9 205/801	1.15/1.77

2.2.3 室内模拟沥青老化性能分析

2.2.3.1 普通沥青老化性能分析

采用系列一老化试验,试验结果见表 2-9、图 2-2。

沥青在第一次不同老化时间后的性能指标 表 2-9

老化时间(h)	针入度(25℃,0.1mm)	软化点(℃)	黏度(135℃,Pa·s)	延度(5℃,cm)
0	80.0	54.1	0.379	17.0
5	57.5	58.6	0.483	10.9
16	27.5	62.6	1.095	4.9
24	26.6	66.4	1.592	4.6
48	24.6	72.9	2.952	0.75

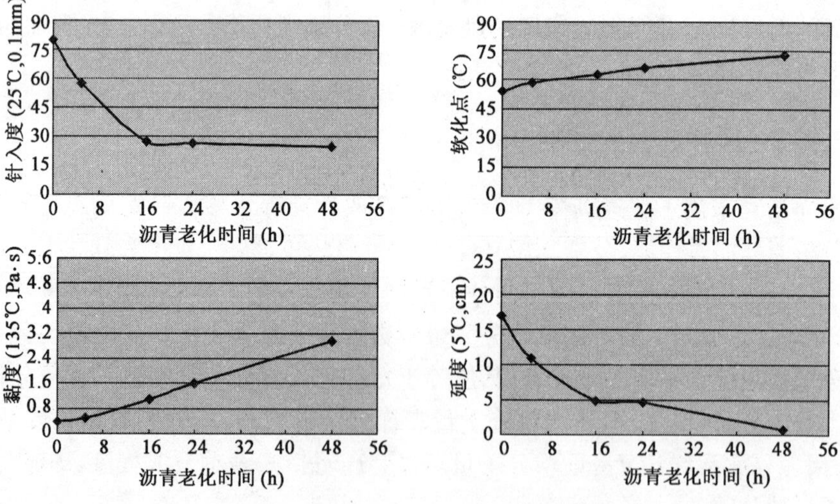

图 2-2 沥青性能指标与老化时间之间的关系

采用系列二老化试验，试验结果见表 2-10、图 2-3。

沥青在第一次不同老化时间后的性能指标　　表 2-10

老化时间(h)	针入度(25℃,0.1mm)	软化点(℃)	黏度(135℃,Pa·s)	延度(5℃,cm)
0	80	54.1	0.379	17.0
24	50	58.3	0.431	11.3
48	48	59.2	0.603	6.9
72	45	60.2	0.756	5.1
120	43	61.9	0.965	2.1

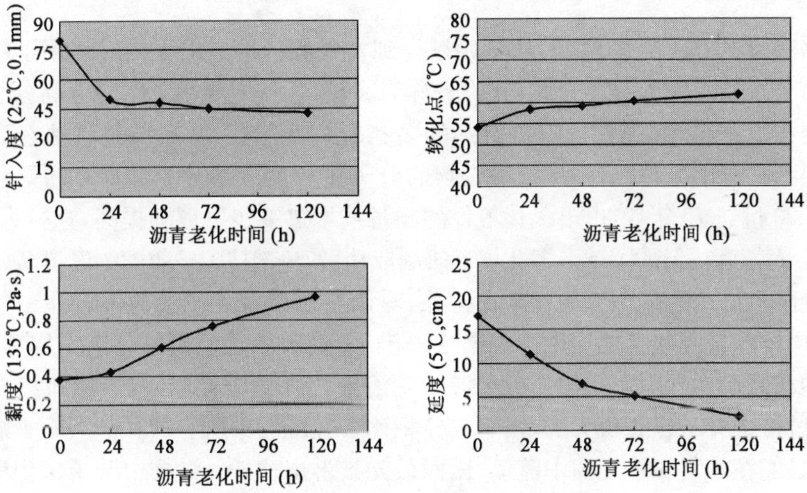

图 2-3　沥青性能指标与老化时间之间的关系

对沥青采用“溶解—吸附”方法进行四组分的分析，表 2-11 为沥青在不同老化时间下组分变化的测试结果。沥青组分与老化时间之间的关系见图 2-4。

沥青在第一次不同老化时间后的组分　　表 2-11

老化时间(h)	饱和分(%)	芳香分(%)	胶质(%)	沥青质(%)
0	8.2	47.8	34.5	9.5
24	8.1	47.2	34.7	10
48	7.9	46.2	35.1	10.8
72	7.9	44.1	36.1	11.9
120	7.9	43.9	35.9	12.3

沥青的分子量、分子量分布状态是沥青性能表现的内在原因。除了聚集状态的差异以外，沥青的分子量也对沥青性能有较大影响。凝胶渗透色谱 GPC 又称尺寸排除色谱法，是一种用溶剂作流动相，多孔填料(如多孔硅胶、多孔玻璃)或多孔

交联高分子凝胶作分离介质的液相色谱法。

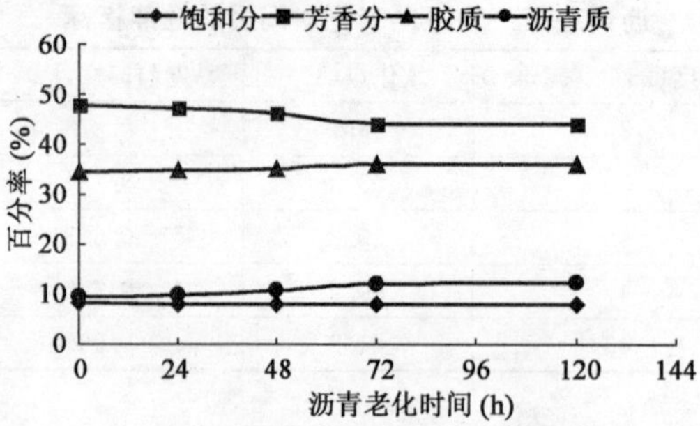

图 2-4　沥青组分与老化时间之间的关系

1959 年,这种方法在生物化学领域得到发展和应用。由于当时使用了一些水溶性高分子凝胶作为分离介质,其曾被称为凝胶过滤,主要用于水溶性高分子的分离和分析。1964 年,适用于有机溶剂的多孔凝胶研制成功,凝胶色谱法在高分子领域得到广泛的应用,成为测定高聚物的分子量和高聚物分子量分布的一种重要方法。20 世纪 70 年代,由于多孔填料的制备技术进一步发展和提高,直径为 10μm 或 5μm 而粒度均匀的圆球形多孔填料研制成功,使色谱柱的柱效大幅度提高。

凝胶色谱法的分离机理有平衡排除、有限扩散以及流动分离等。在一般情况下,平衡排除机理起主要作用。根据这一机理,凝胶渗透色谱的分离作用为:当化学结构相同而聚合度不同的高分子混合物溶液注入色谱柱以后,溶液流经多孔凝胶时,试样中分子体积最大者,由于其体积比多孔凝胶中所有的孔都大而不能进入孔内,只能在填料颗粒间隙中流动,因而最先被淋出柱外。试样中分子体积稍小一点的,因为能扩散进入多孔凝胶中那些较大的孔,并重新扩散出来,所以要推迟一些时间才被淋出柱外。试样中分子体积最小的可以出入所有的孔,被最后淋出。因此,不同分子量的组分将以不同淋出体积被淋出柱外。淋出体积(V_e)和分子量(M)间关系为:$\lg M=A-BV_e$。式中,A 和 B 是与试验条件有关的参数,在同一高分子～溶剂体系和色谱柱的情况下,可以用已知分子量的标准样品来标定色谱柱,得到 A 和 B 的数值,然后在测定分子量为未知的样品时,可以用上式按淋出体积计算分子量。在凝胶色谱仪中配有两个检测器:一个是浓度检测器,通常采用示差折光计或单波长紫外光度计;另一个是分子量检测器,可以是激光小角度散射光度计、自动黏度计或淋出体积标记器。从后者的试验得到的是试样的淋出体积和浓度的色谱图。可以从标定曲线将它转换成试样的分子量微分分布曲线,并由此计算出试样的各种平均分子量。凝胶色谱按分子大小进行分离的原理图见图 2-5。

测出的分子量都是一个统计平均值,如某一淋出体积间隔内的分子的分子量指的是其平均分子量。按照不同的统计平均方法就可以得到不同的平均分子量,有数均分子量($\overline{M_n}$)和重均分子量($\overline{M_w}$)。它们的计算公式如下:

$$\overline{M_n}=\frac{\sum N_iM_i}{\sum N_i}=\frac{\sum W_i}{\sum W_iM_i^{-1}} \quad (2\text{-}2)$$

$$\overline{M_w}=\frac{\sum W_iM_i}{\sum W_i} \quad (2\text{-}3)$$

式中：N_i——分子量 M_i 的分子数量；

W_i——分子量为 M_i 的组分的质量。

对有一定分散性的样品，两种统计平均分子量之间的关系为：$\overline{M_w}>\overline{M_n}$

单用平均分子量很难描绘高聚物试样的多分散性，为说明高聚物分子量分布的宽度可采用分布宽度参数。分布宽度指数指高聚物中各分子量与平均分子量之间的均方差，用 σ_{n2} 表示。

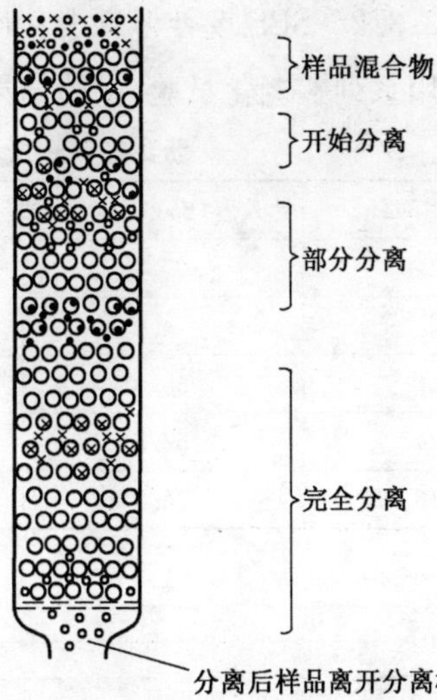

图 2-5　凝胶色谱按分子大小进行分离的原理图

$$\sigma_{n2}=\overline{(M-\overline{M_n})_n}=\overline{(M^2)}_n-\overline{M_n}^2$$
$$=\overline{M_nM_w}-\overline{M_n}^2=\overline{M_n}^2(\overline{M_w}/\overline{M_n}-1) \quad (2\text{-}4)$$

由式(2-4)可知，分子量的分布宽度指数是和两种平均分子量的比值有关，即 $d=\overline{M_w}/\overline{M_n}$，$d$ 称为分子量多分散性系数。表 2-12、图 2-6 分别为 pen60/80 沥青在不同老化时间下分子量分布及分散度的测试结果。

沥青在第一次不同老化时间后的分子量分布　　表 2-12

老化时间(h)	重均分子量$\overline{M_w}$	所占比例(%)	数均分子量$\overline{M_n}$	多分散系数 d
0	10 588/1310	16.30/83.70	9 146/742	1.15/1.76
24	10 582/1 362	19.55/80.45	9 069/768	1.17/1.77
48	10 694/1 387	19.66/80.34	9 063/776	1.18/1.79
72	10 703/1 450	19.71/80.29	9 057/791	1.18/1.83
120	10 966/1 541	20.22/79.78	9 126/821	1.20/1.88

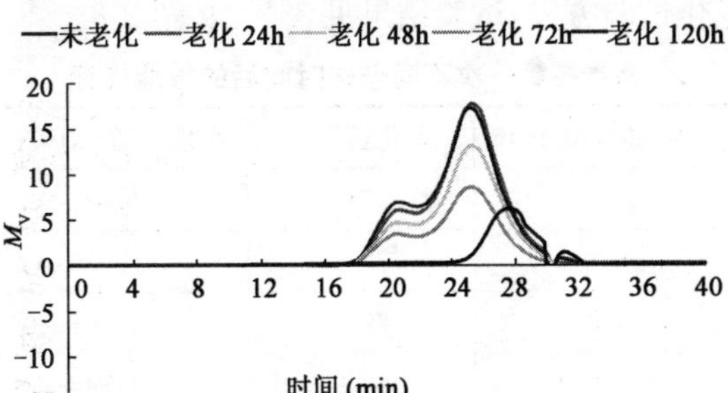

图 2-6　沥青在第一次不同老化时间后的分子量分布

2.2.3.2 SBS改性沥青老化性能分析

采用系列一老化试验，试验结果见表2-13、图2-7。

沥青在第一次不同老化时间后的性能指标 表2-13

老化时间(h)	针入度(25℃,0.1mm)	软化点(℃)	黏度(135℃,Pa·s)	延度(5℃,cm)
0	95.7	74	0.824	77.4
5	74.0	74.4	1.010	53.2
16	55.9	75.2	1.541	32.8
24	52.5	76.5	2.033	25.7
48	24.3	84.6	2.546	0.85

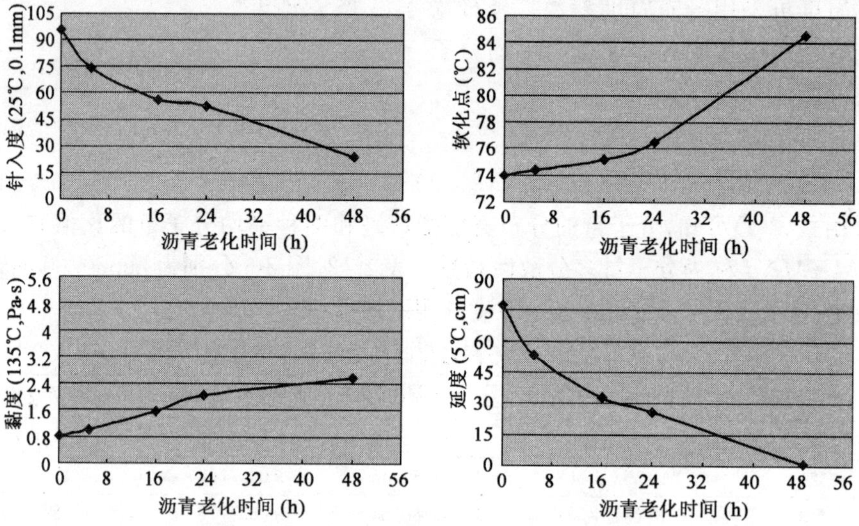

图2-7 沥青性能指标与老化时间之间的关系

采用系列二老化试验方案，试验结果见表2-14、图2-8。

沥青在第一次不同老化时间后的性能指标 表2-14

老化时间(h)	针入度(25℃,0.1mm)	软化点(℃)	黏度(135℃,Pa·s)	延度(5℃,cm)
0	95.7	74	0.824	77.4
24	56.3	77.6	0.987	51.0
48	51.8	79.1	1.404	48.0
72	49.2	83.9	1.842	44.0
120	42.9	87.3	2.082	32.0

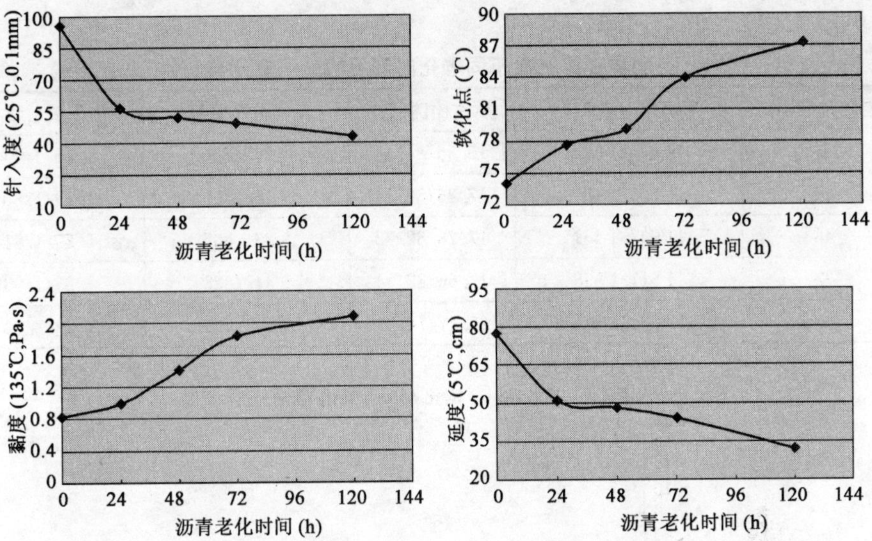

图 2-8　沥青性能指标与老化时间之间的关系

SBS 改性沥青在不同老化时间后组分变化的测试结果见表 2-15、图 2-9。

沥青在第一次不同老化时间后的组分　　表 2-15

老化时间(h)	饱和分(%)	芳香分(%)	胶质(%)	沥青质(%)
0	8.5	47.5	24.4	19.6
24	8.3	46.1	25.1	20.5
48	8.4	44.8	25.9	20.9
72	8.1	43.2	26.9	21.8
120	8.2	41.8	27.3	22.7

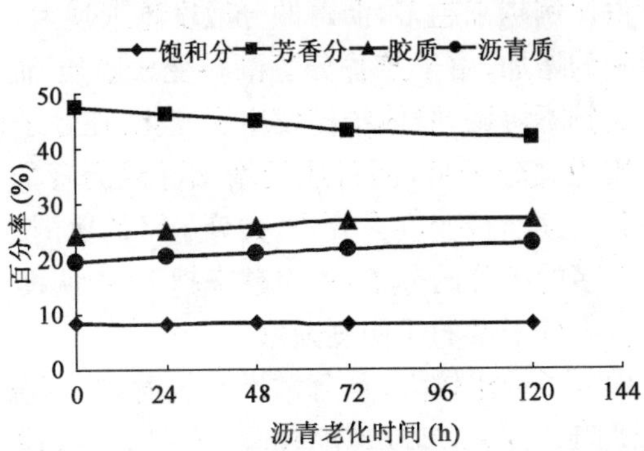

图 2-9　沥青组分与老化时间之间的关系

SBS 改性沥青在不同老化时间下分子量分布及分散度的测试结果分别见表 2-16、图 2-10。

沥青在第一次不同老化时间后的分子量分布　　表 2-16

老化时间(h)	重均分子量$\overline{M_w}$	所占比例(%)	数均分子量$\overline{M_n}$	多分散系数 d
0	10 625/1 422	15.56/84.44	9 205/801	1.15/1.77
24	10 855/1 450	17.86/82.14	9 153/805	1.19/1.80
48	11 067/1 461	17.78/82.22	9 231/807	1.20/1.81
72	11 511/1 598	17.66/82.34	9 347/828	1.23/1.93
120	12 081/1 808	25.47/74.53	9 353/891	1.29/2.03

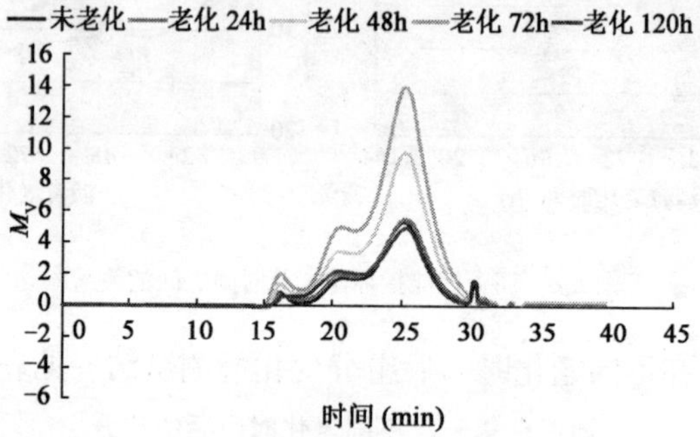

图 2-10　第一次不同老化时间下的分子量分布

通过上述试验发现，普通沥青、SBS 改性沥青在室内采用两个系列老化试验后：

(1)在相同老化温度作用下，随着老化时间的增加，从性能指标上看，两种沥青的变化趋势是针入度越来越小，软化点越来越大，黏度越来越大，延度越来越小；从组分上看，两种沥青的变化趋势是饱和分基本不变，芳香分逐渐减少，胶质越来越少，沥青质越来越多；从分子量分布上看，两种沥青的分子量分布变化趋势是重均分子量越来越大，所占比例越来越多，沥青的分散度越来越大。

(2)随着老化时间的增加，由于芳香分逐渐转变成胶质，而胶质又逐渐转变成沥青质，沥青的组分比例不协调，胶体结构发生了变化；在分子量分布上，由于芳香分为小分子量，沥青质为大分子量，沥青质的增加导致沥青的分子量分布发生变化，使得沥青中的小分子逐渐转变成大分子，大分子量的比例越来越大。两种沥青的峰值分子量(含量最多的组分的分子量)也越来越大，说明沥青中大、小分子量之间的比例发生了转变，大分子量的比例逐渐增加。

(3)当沥青的重均分子量比较大，且分散度较大时，在高温下大分子组成分子间的作用力较大，移动阻力较大，运动速度较慢，起着骨架支撑作用；小分子组成虽然移动较容易，但又受到大分子的约束，因而高温下能有效地抵抗外力作用，表现为高温稳定性好。在低温下分子间距离缩短，分子运动比较困难，但由于沥青分子量分布宽，其中有很多的小分子组成，小分子又存在于大分子之间，起着增塑和增韧的作用，又保证了低温性能。重均分子量过大，会使沥青内聚力过大，材料刚性增加，难以保证低温性能。所以沥青老化后，由于重均分子量的增加，分散度的变大，沥青质的增加，使得沥青的延性越差，高温黏度越高，感温性越好，因此，体现在沥青的路用性能指标上：针入度越来越小，软化点越来越大，黏度越来越大，延度越来越小。

(4)沥青老化各种性能指标的变化不仅与老化时间有关，还与作用的老化温度有关。从试验结果可知，在两个系列老化试验中，在相同老化时间但不同老化温度作用下，沥青的性能指标的变化幅度会随老化温度的提高而显著增加，高温条件下沥青的老化速度远远大于低温条件下的老化速度，如普通沥青分别在85℃和163℃作用下，老化48h后的黏度值分别为0.603Pa·s和2.952Pa·s。这说明老化温度对沥青老化性能指标的影响更为突出。这主要是沥青在高温作用下，沥青中的轻质油分会挥发，加之氧气的作用，使得沥青会发生氧化作用，从而导致沥青的性能下降。

2.3 沥青老化指标及老化规律研究

2.3.1 老化指数与老化时间之间的关系

利用沥青的黏度按式(2-5)来计算沥青在不同时间段内的老化指数，计算结果见表2-17、图2-11。

$$C=\lg\lg(\eta_2\times 1\,000)-\lg\lg(\eta_1\times 1\,000) \tag{2-5}$$

式中：C——老化指数；

η_2——沥青老化后的黏度(135℃，Pa·s)；

η_1——沥青老化前的黏度(135℃，Pa·s)。

普通沥青和SBS改性沥青在第一次不同老化时间下的老化指数 表2-17

老化时间(h)	系列一试验老化指数 C		老化时间(h)	系列二试验老化指数 C	
	Pen60/80沥青	SBS改性沥青		Pen60/80沥青	SBS改性沥青
0	0.00	0.00	0	0.00	0.00
5	0.11	0.09	24	0.06	0.08
16	0.46	0.27	48	0.20	0.23
24	0.62	0.39	72	0.30	0.35
48	0.89	0.49	120	0.41	0.40

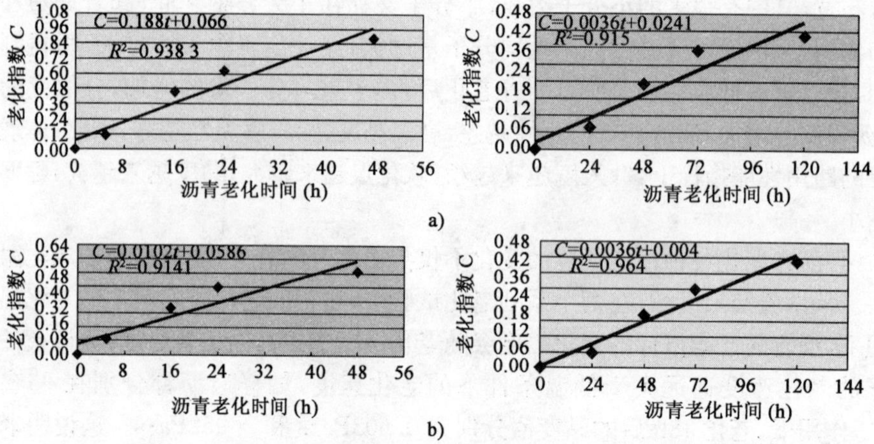

图 2-11　普通沥青和 SBS 改性沥青老化指数与老化时间之间的关系

a)Pen 60/80 沥青；b)SBS 改性沥青

在试验中发现，沥青的老化指数与老化时间之间存在一定的线性关系，相关系数 R^2 均在 0.9 以上，通过大量的试验数据回归，可用式(2-6)表示沥青的老化指数 C 和老化时间 t 之间的关系式。

$$C=At+B \tag{2-6}$$

式中：C——沥青的老化指数；

t——老化时间(h)；

A,B——与材料有关的系数。

2.3.2　残留黏度比与老化时间之间的关系

从上节可知，沥青在不同老化温度和老化时间下的性能指标是一个绝对值，利用这个绝对值不能很明确地表征沥青的老化快慢。为了分析沥青的老化快慢，可以分别用不同老化时间下的沥青性能指标值与原样沥青性能指标值的相对值(残留针入度比、残留黏度比、残留延度比和软化点增量)来表示沥青的不同老化程度。

所谓残留针入度比、残留黏度比、残留延度比分别为不同老化时间下沥青的针入度值、黏度值、延度值与原样沥青的针入度值、黏度值、延度值的比值，软化点增量为不同老化时间下沥青的软化点值与原样沥青的软化点值的差值。表 2-18、图 2-12 和表 2-19、图 2-13 分别为普通沥青和 SBS 改性沥青的老化指标随不同老化时间的变化结果。

普通沥青在第一次不同老化时间下的老化指标值　　表 2-18

老化时间(h)	系列一试验测试结果				老化时间(h)	系列二试验测试结果			
	残留针入度比	软化点增量(℃)	残留黏度比	残留延度比		残留针入度比	软化点增量(℃)	残留黏度比	残留延度比
0	1.00	0.00	1.00	1.00	0	1.00	0.00	1.00	1.00
5	0.72	4.50	1.27	0.64	24	0.63	4.20	1.14	0.66
16	0.34	8.50	2.89	0.29	48	0.60	5.10	1.59	0.41
24	0.33	12.30	4.20	0.27	72	0.56	6.10	1.99	0.30
48	0.31	18.80	7.79	0.04	120	0.54	7.80	2.55	0.12

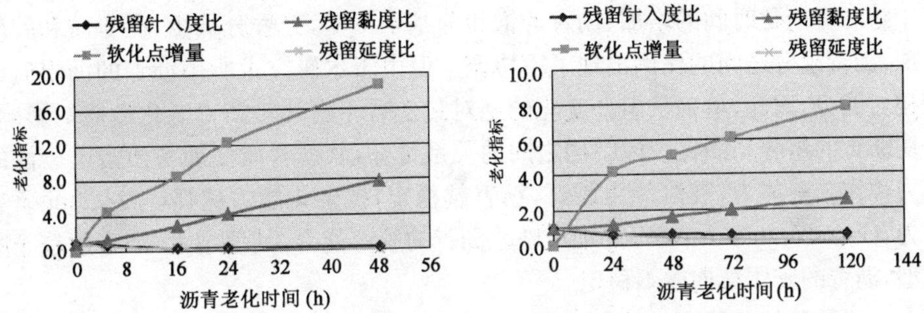

图 2-12　普通沥青老化指标与老化时间之间的关系

SBS 改性沥青在第一次老化时间下的老化指标值　　表 2-19

老化时间(h)	系列一试验测试结果				老化时间(h)	系列二试验测试结果			
	残留针入度比	软化点增量(℃)	残留黏度比	残留延度比		残留针入度比	软化点增量(℃)	残留黏度比	残留延度比
0	1.00	0.00	1.00	1.00	0	1.00	0.00	1.00	1.00
5	0.77	0.40	1.23	0.69	24	0.59	3.60	1.20	0.66
16	0.58	1.20	1.63	0.42	48	0.54	5.10	1.70	0.62
24	0.55	2.50	2.47	0.33	72	0.51	9.90	2.24	0.57
48	0.25	10.60	3.09	0.01	120	0.45	13.30	2.53	0.41

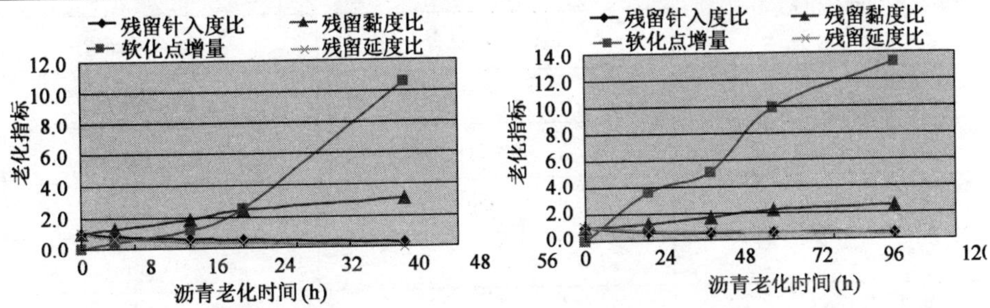

图 2-13　SBS 改性沥青老化指标与老化时间之间的关系

从试验中发现，在以上四个老化指标中，普通沥青和SBS改性沥青的残留黏度比K与老化时间t之间有很好的指数关系，残留黏度比与老化时间的关系可以用式(2-7)表示：

$$K=me^{nt} \tag{2-7}$$

式中：K——残留黏度比；

t——老化时间(h)；

m,n——与材料有关的系数。

2.3.3 胶体不稳定指数与老化时间之间的关系

随沥青老化时间的增加，沥青的饱和分基本不变，芳香分减少，沥青质和胶质增加，沥青组分之间的比例出现了不协调。但由于本研究中所用沥青的沥青质含量相对偏少，因此，单独从组分变化的绝对量上看不出其对沥青老化性能的影响。而从沥青的组分和沥青胶体结构之间的关系可知，软沥青质使沥青质溶解分散的能力称作胶溶能力，胶溶能力越好，沥青越稳定，抗老化能力越强。Siddiqui研究认为，Gastel Index(I_c)能很好地反映软沥青的胶溶能力，其值越大，沥青越趋于凝胶型，沥青的胶体结构越不稳定。

I_c也称胶体不稳定指数，Siddiqui将其定义为：

$$I_c=(S+A_t)/(R+A_r) \tag{2-8}$$

式中：I_c——胶体不稳定指数；

S——沥青中饱和分百分数；

A_t——沥青中沥青质百分数；

R——沥青中胶质百分数；

A_r——沥青中芳香分百分数。

表2-20为普通沥青和SBS改性沥青在第一次不同老化时间下的I_c结果表。

普通沥青和SBS改性沥青在第一次不同老化时间下的I_c值 表2-20

老化时间(h)	I_c	
	Pen60/80沥青	SBS改性沥青
0	0.215	0.391
24	0.221	0.404
48	0.230	0.414
72	0.247	0.427
120	0.253	0.447

从图 2-14 中可以看出，普通沥青和 SBS 改性沥青的胶体不稳定指数 I_c 与老化时间 t 之间有很好的指数关系，胶体不稳定指数与老化时间的关系可以用下式表示：

$$I_c = me^{nt} \tag{2-9}$$

式中：I_c——胶体不稳定指数；

t——老化时间(h)；

m,n——与材料有关的系数。

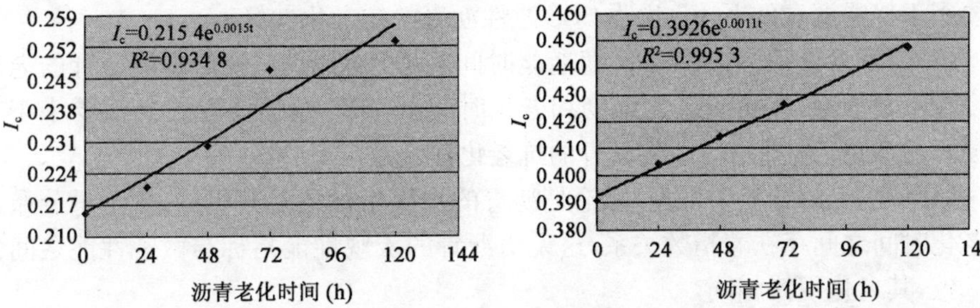

图 2-14 普通沥青和 SBS 改性沥青胶体不稳定指数与老化时间之间的关系

2.3.4 沥青分散度与老化时间之间的关系

沥青的重均分子量随老化时间的变化越来越大，所占的比例也越来越多，而利用分散度可以说明沥青的老化程度。图 2-15 为普通沥青和 SBS 改性沥青的分散度 d 与老化时间 t 之间的关系。

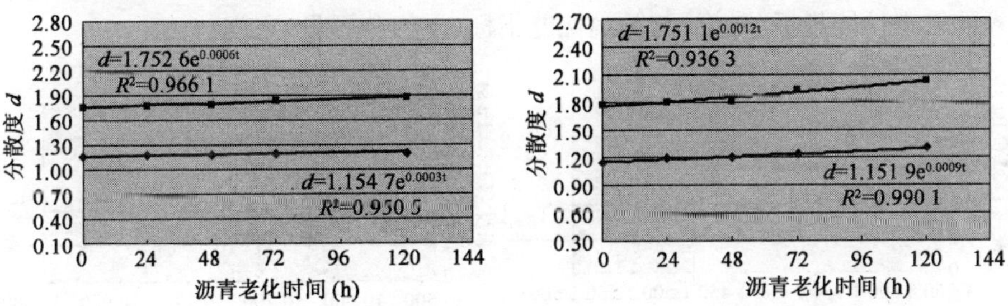

图 2-15 普通沥青和 SBS 改性沥青分散度与老化时间之间的关系

从图 2-15 中可以看出，普通沥青和 SBS 改性沥青的分散度 d 与老化时间 t 之间有很好的指数关系，分散度与老化时间的关系可以用下式表示：

$$d = me^{nt} \tag{2-10}$$

式中：d——分散度；

t——老化时间(h)；

m,n——与材料有关的系数。

2.3.5 沥青老化规律的分析

(1) 两种沥青的老化指数 C 值随老化时间的增加而增加，说明两种沥青的老化程度在不断加剧；在相同老化温度和老化时间下，总体上，SBS 改性沥青的 C 值要小于普通沥青的 C 值，说明 SBS 改性沥青的抗老化性好。

(2)两种沥青的残留黏度比 K 值随老化时间的增加而增加，说明两种沥青的老化程度在不断加剧；在相同老化温度和老化时间下，总体上，SBS 改性沥青的 K 值要小于普通沥青的 K 值，说明 SBS 改性沥青的抗老化性好。

(3)两种沥青的分散度 d 值随老化时间的增加而增加，说明两种沥青的老化程度在不断加剧；在相同老化温度和老化时间下，SBS 改性沥青的 d 值要小于普通沥青的 d 值，说明 SBS 改性沥青的抗老化性好。

(4)从以上的分析中发现，无论是沥青的性能指标还是其组分、分子量分布都与老化时间之间存在着指数关系，这说明沥青的宏观性能指标与微观性能之间保持一致，其老化规律相同。

(5)沥青老化指标的变化不仅与老化时间有关，还与作用的老化温度有关；对于同种沥青，在相同老化时间但不同老化温度作用下，其老化指标会随老化温度的提高而增加，这表明老化温度对沥青老化性能指标的影响更为突出。

2.3.6 沥青宏观与微观性能之间的关系

沥青微观结构的变化，必然会反映到宏观上表现为性能指标的不同。这种微观与宏观的联系究竟是呈现什么样的关系？图 2-16 所示为普通沥青和 SBS 改性沥青的宏观性能指标(黏度)与微观性能指标(重均分子量)之间的关系。

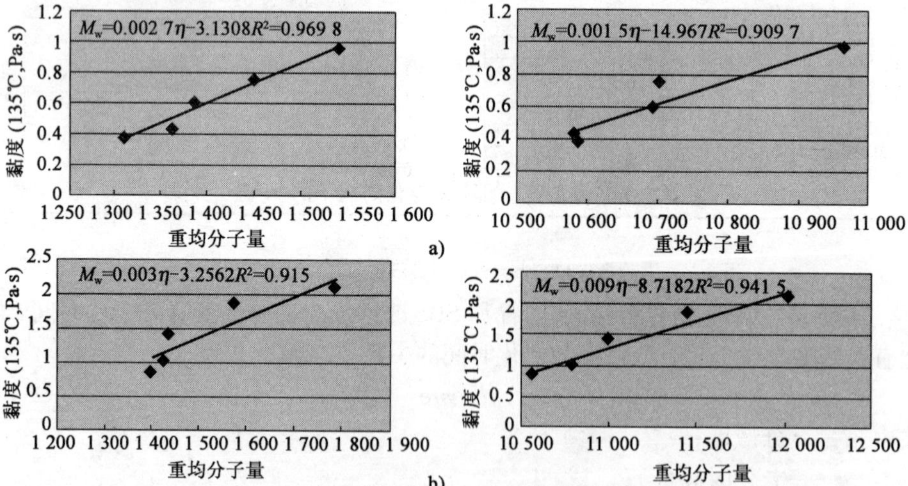

图 2-16 普通沥青和 SBS 改性沥青的黏度与重均分子量之间的关系

a)Pen 60/80 沥青；b)SBS 改性沥青

由图 2-16 可以看出，沥青的黏度与沥青的重均分子量之间存在着线性关系，沥青的重均分子量愈大，则沥青的黏度愈大。这是因为，沥青的重均分子量愈大，则分子愈大，分子间相互作用力愈大，因而影响宏观性能指标有相应的变化。黏度与重均分子量的关系可以用下式表示：

$$\overline{M_w} = A\eta + B \tag{2-11}$$

式中：$\overline{M_w}$——沥青的重均分子量；

η——沥青的黏度(135℃，Pa•s)；

A,B——与材料有关的系数。

2.4　沥青老化程度评价方法的研究

通过沥青老化机理、国内外情况以及试验结果分析，不能单纯地用一项指标来反映沥青的老化性能，应采用综合的指标来定性的表征沥青的老化特性。在上节中通过大量的试验数据回归了沥青的老化指标 C、K、I_c、d 与老化时间 t 之间的关系。本节将重点阐述沥青老化速率是如何变化的。

2.4.1　沥青老化速率的确定

本节用 M 值来定量地反映沥青材料的老化速度。M 是单位老化时间内黏度的变化率，即不同老化时间段内的黏度差与老化时间差的比值，即：

$$M = (\eta_1 - \eta_0)/(t_1 - t_0) \tag{2-12}$$

式中：η_1, η_0——相邻两个老化时间内沥青的黏度(135℃，Pa·s)；

t_1, t_0——相邻两个老化时间(h)；

M——老化速率(Pa·s/h)。

表 2-21 和表 2-22 为两个不同系列老化试验下的普通沥青和 SBS 改性沥青老化速率。

普通沥青在第一次不同老化时间下的 M 值　　表 2-21

试验系列一		试验系列二	
老化时间（h）	M	老化时间(h)	M
0	0.000	0	0.000
5	0.021	24	0.002
16	0.056	48	0.007
24	0.062	72	0.006
48	0.057	120	0.004

SBS 改性沥青在第一次不同老化时间下的 M 值　　表 2-22

试验系列一的 M		试验系列二的 M	
老化时间(h)	M	老化时间(h)	M
0	0.000	0	0.000
5	0.037	24	0.007
16	0.048	48	0.017
24	0.062	72	0.018
48	0.021	120	0.005

由普通沥青和 SBS 改性沥青老化速率 M 值随老化时间 t 的变化趋势(图 2-17、图 2-18)可以得出：

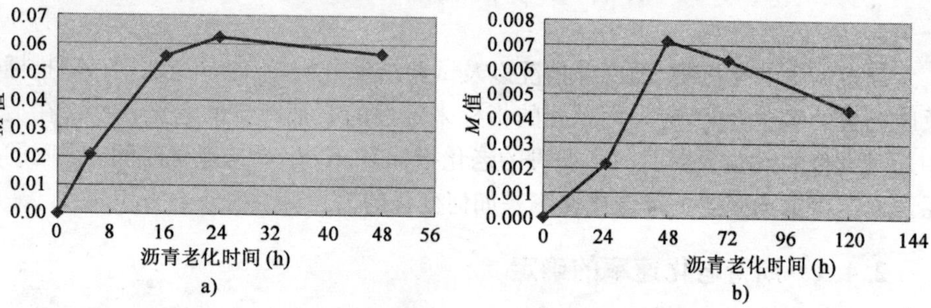

图 2-17　普通沥青在第一次不同老化时间下的 M 值变化

a)试验系列一；b)试验系列二

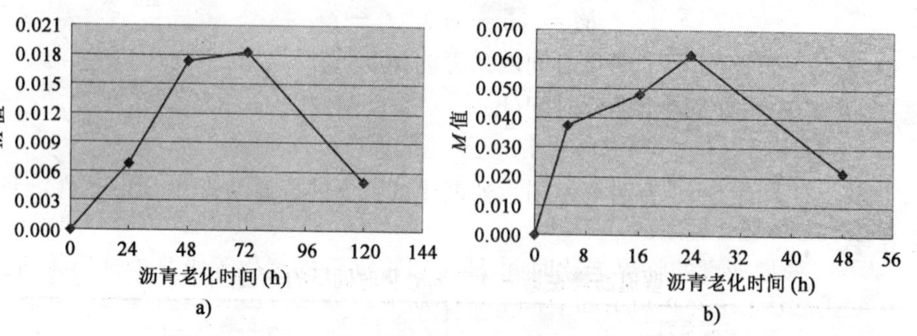

图 2-18　SBS 改性沥青在第一次不同老化时间下的 M 值变化

a)试验系列一；b)试验系列二

(1)随着老化时间的增加，无论是普通沥青还是 SBS 改性沥青，其 M 值越来越大。但存在一个最大的 M 值，这个 M_{max} 对应一个老化时间，把这个老化时间定义为临界老化时间 H。当沥青老化时间大于临界老化时间后，其 M 值均有所下降。当沥青的老化时间小于其临界老化时间，其 M 值逐渐增大，说明沥青的老化速率在变大，老化程度在逐渐加深；而当沥青的老化时间大于其临界老化时间，其

M 值逐渐减小，说明沥青的老化速率在变缓，沥青趋于破坏。因此，可以利用沥青的临界老化时间来判断沥青的老化程度。

(2)根据试验结果，相对于普通沥青在系列一老化试验条件下其临界老化时间 H 为 16h，在系列二老化试验条件下其临界老化时间 H 为 48h；相对于 SBS 改性沥青在系列一老化试验条件下其临界老化时间 H 为 24h，在系列二老化试验条件下其临界老化时间 H 为 72h。从临界老化时间长短上来看，SBS 改性沥青无论在哪种老化试验条件下，其临界老化时间均比普通沥青的临界老化时间长，说明 SBS 改性沥青的抗老化性能要明显优越。

(3)沥青的老化速率与老化温度有关。对于同种沥青，在相同老化时间但不同老化温度下，其 M 值不同。老化温度越高，其 M 值越大。当老化温度高时，相应的其临界老化时间就短；反之，则临界老化时间长。这说明老化温度对沥青的老化影响较大。

2.4.2　沥青老化等级的界定与再生措施的确定

根据沥青的老化机理可知，沥青在老化过程中，胶体结构逐渐发生变化，其胶体不稳定指数 I_c 随着老化时间 t 的增加而变大，沥青越趋于凝胶型，沥青的胶体结构越不稳定。随着老化时间 t 的增加，沥青材料中的芳香分减少，胶质和沥青质增加，反应在宏观上就是沥青的黏度越来越大，反应在微观上就是沥青中大分子量的比例在增加，分散度越来越大。

沥青老化时间未达到临界老化时间 H 之前，芳香分减少的速率以及胶质和沥青质增加的速率是越来越大的，其老化速率也是越来越大的，相应的其 M 值也是呈上升趋势的；而当沥青老化时间达到临界老化时间 H 以后，沥青材料中的芳香分已经很少了，这样芳香分减少的速率以及胶质和沥青质增加的速率也会相对 H 之前的速率下降，这样老化沥青的黏度的变化幅度应该越来越小，M 值就相应地呈下降并逐渐趋于稳定。

因此，根据沥青的临界老化时间 H 可以将沥青的老化等级分为 3 个等级：沥青老化时间 h 小于其临界老化时间 $0.8H$ 的老化沥青可定义为轻度老化沥青；沥青老化时间 h 为临界老化时间 $(0.8\sim1.0)H$ 的老化沥青可定义为中度老化沥青；沥青老化时间 h 大于其临界老化时间 H 的老化沥青可定义为重度老化沥青。

根据沥青临界老化时间 H 来判断沥青的老化程度，针对沥青的不同老化程度提出相应的再生措施。如果沥青老化程度为轻度和中度，则可通过直接加入再生剂的方法进行再生；如果沥青老化程度为重度，则需要同时加入再生剂和改性剂对其进行改性再生。

第3章　沥青再生机理及效果评价

3.1　沥青再生机理分析

3.1.1　沥青的"相容性再生理论"

从化学热力学出发，认为沥青产生老化的原因是沥青的胶体物系中各组分相容性降低，导致沥青质与软沥青质之间溶解度参数差增大，致使其化学组成失去了应有的配伍性。如能掺入一定的再生剂使其溶解度参数减小，则沥青即能恢复甚至超过原来性能。当旧沥青中加入再生剂时，由于再生剂中含有部分缩合度高的芳香分，老化沥青中沥青质、胶质对它们的吸附溶解趋势大于原有沥青中的小分子芳香分和饱和分，因此削弱了小分子芳香分和饱和分分子所受引力场的影响。那么，必然存在着老化沥青与再生剂间化学组分的重新分配，从而改善沥青四组分之间的配伍关系。

从相容性理论出发，可以认为沥青再生就是使沥青中的沥青质与软沥青质溶度参数差值 $\Delta\delta$ 减少的过程。因此，通过在老化沥青中掺加再生剂，一方面可使沥青质的相对含量降低，因而提高沥青质在软沥青质中的溶解度；同时，掺加再生剂后又可提高软沥青质对沥青质的溶解能力，使软沥青质与沥青质的溶度参数差值降低，从而改善沥青的相容性。

3.1.2　沥青的"组分移行再生理论"

在石油工业中，根据沥青材料是混合物的原理，将几种不同组分进行调配，可得到性质各异的调和沥青；或者将某种组分，如富芳香分的抽出油与某种高黏度的沥青相调配，或者将某种低黏度的软沥青与高黏度的沥青相调配，都可以获得具有不同性质的新沥青材料。用这种方法所生产的沥青，在石油工业中称之为调和沥青。老化沥青再生就是在老化沥青中，或者加入某种组分的低黏度油料（即再生剂），或者加入适当稠度的新沥青，进行调配，使调配后的再生沥青具有合适的黏度和所需要的性能，所以再生沥青实际上也是一种调和沥青。

石油工业中生产调和沥青，是根据油料的化学组分配伍条件来生产所需沥青的,工艺较为复杂,要求有一定的设备条件。对于老化沥青再生,过去也曾有人试图根据老化沥青组分,对照优质沥青的组分,来确定老化沥青应该补充的组分及其数量,以获得品质优良的再生沥青。但是按照现有的再生沥青混合料生产工艺却是难以实现的,在老化沥青中补充一些油分是可能的,然而若要针对我国沥青中沥青质含量少(老化沥青中的沥青质含量也不多)的情况,补充沥青质则是十分困难的。再者,由于沥青的化学组分和化学结构极其复杂,即使是相同的化学组分,由于其油源基属以及加工工艺的不同,性质也会有很大的差别。迄今为止,人们还不可能找出一种适合于各种沥青的最佳组分比例。因此,老化沥青再生后要想获得良好的品质,尽管从理论上调节组分是再生的基本途径,但是由于种种原因,不可能以组分作为沥青再生的控制条件,而必须通过其他途径,寻求适合的控制指标,使得既能够在内在本质上达到调节组分使老化沥青获得再生的目的,又能够在实际操作中便于测试和计量。

3.2 沥青再生方法

沥青再生就是通过重新调整老化沥青的组分含量或者相容性,使之达到原样沥青或者所要求沥青的水平,即通过加入再生剂或新沥青,使老化沥青的组分或相容性恢复到原样沥青或所要求沥青的水平。

3.2.1 沥青再生的流变行为

沥青是一种热塑性材料,在不同的温度下表现为不同的物理状态。在高温下,沥青呈流动状液体,在低温下,沥青呈现为固体,表现为弹性和类似玻璃的脆性,在一定的温度范围内,沥青则表现为黏弹性性质。

沥青的性质除与温度有密切关系外,还与沥青受到荷载的大小及其作用时间的长短有关。在某一温度下,当沥青受到瞬时荷载的作用或小荷载的作用时,沥青可表现为明显的弹性性质;当荷载较大或作用时间较长时,沥青又会像黏稠液体那样呈现黏性流动性质。假设在两个平行的平面之间填充着沥青,如图3-1所示。

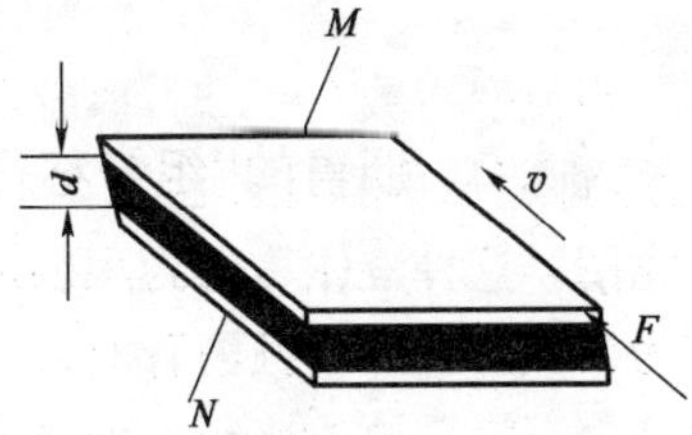

图3-1 在平行平面之间沥青流动示意图

当平面 M 在外力 F 作用下,相对于平面 N 产生速度为 v 的平行移动时,将带动沥青一起运动,使沥青受到剪切作用。但距离平面 M 近的沥青颗粒移动要比距离远的沥青颗粒快,于是在沥青层内形成不同的运动速度。在单位距离内沥青移动速度的变化，称之为速度梯度，也即剪变率，以符号 γ 表示，它在数值上等于：

$$\gamma = v/d \tag{3-1}$$

式中：v——平面 M 相对于平面 N 平行移动速度；

d——平面 M 与平面 N 之间的距离。

单位面积内沥青受到的剪切力为剪应力，以 τ 表示，在数值上等于：

$$\tau = F/A \tag{3-2}$$

式中：F——剪切力(N)；

A——面积(m^2)。

以剪应力 τ 与剪变率 γ 之比表示沥青的黏度，用符号 η 表示，当剪应力为1Pa(N/m^2)，剪变率为 $1s^{-1}$ 时，黏度为1Pa·s。

$$\eta = \frac{\tau}{\gamma} \tag{3-3}$$

η——沥青的黏度；

τ——剪应力；

γ——剪应变。

溶胶型沥青其剪应力与剪变率之比为常数，表现为纯黏性流动性质，黏度与剪应力、时间无关。溶凝胶型和凝胶型沥青，则其剪应力与剪变率之比不为常数，其黏度随剪应力和时间而变。因此，在不同的剪变率下沥青有不同的黏度，它们之间的关系如下式：

$$\eta^* = \tau/\gamma^C \tag{3-4}$$

式中：η^*——沥青的表观黏度，即在某一剪变率 γ 下的黏度(Pa·s)；

C——流变指数，也称其为“复合流动度”或“牛顿流动反常系数”。

若将式(3-3)代入式(3-4)，则得：

$$\eta = \eta^* \times \gamma^{(C-1)} \tag{3-5}$$

当流变指数 $C=1$ 时，剪应力 τ 与剪变率 γ 成线性关系，即服从牛顿定律。图3-2为各种流体流动曲线示意图。这种液体称之为牛顿液体，故溶胶型沥青也称为牛顿沥青。牛顿沥青对温度极为敏感，缺乏触变性。由石蜡基原油炼制的沥青或渣油，尽管所含的沥青质很少，但是由于饱和分中石蜡含量高，蜡在常温下呈结晶析出，可形成晶簇。沥青质含量愈少，这种结晶聚集愈严重。结晶聚集存在沥青中，破坏了沥青的胶体结构，沥青的非牛顿性质就明显地表现出来。流变指数 $C<1$ 的液体为假塑型液体，大部分沥青材料均属于此，因它们不服从牛顿定律，故也称之为非牛顿沥青，

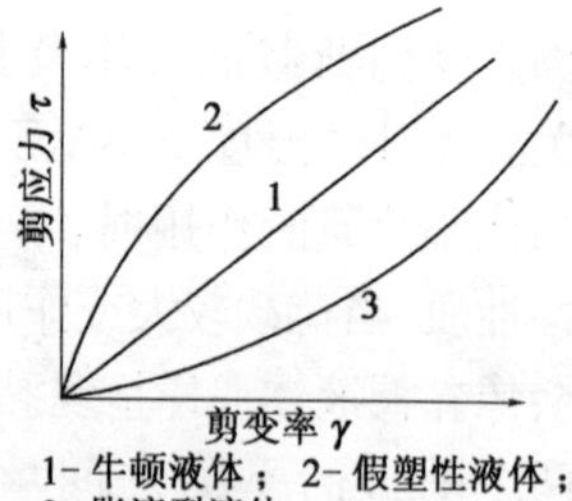

图3-2 各种流体流动曲线示意图

溶凝胶型沥青和凝胶型沥青都属于非牛顿沥青。然而，凝胶型沥青的流变指数 C 值较溶凝胶型沥青小，偏离牛顿性质远，非牛顿性质更为突出。

如前所述，沥青随温度变化而表现为不同的流变性质。苏联学者柯巴诺夫斯卡娅测定沥青在不同温度下的流变指数结果表明，流变指数 C 值随温度升高而增大。当温度升高至沥青软化点时，非牛顿沥青的流变指数 C 值都将接近于 1，表现出牛顿液体的性质。

从流变学的观点来看，老化沥青再生的方法可以归结为以下两点：一是将老化沥青的黏度调到所需要的黏度范围内。二是将老化沥青的流变指数予以适当提高，使老化沥青重新获得良好的流变性质。沥青材料在使用过程中逐渐老化，经过再生，性能得到一定程度的恢复，重新加以利用后，再生沥青又开始新的老化过程。沥青材料在整个过程中流变行为的变化如图 3-3 所示。

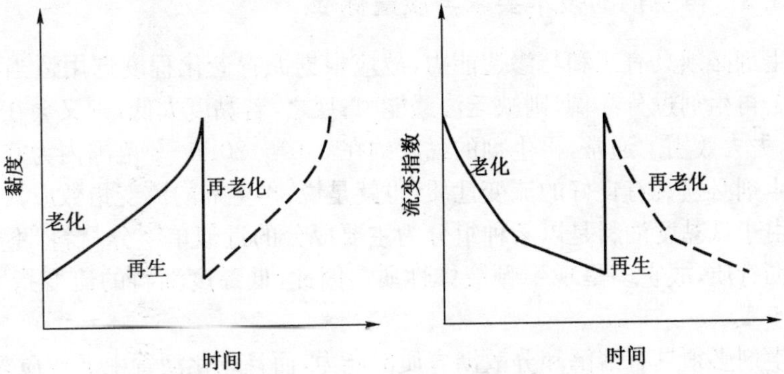

图 3-3　沥青老化和再生的流变行为示意图

3.2.2　沥青再生方法

分析沥青在老化过程中流变行为的变化规律可知：若能使老化沥青材料的流变行为反向逆转，使之恢复到适当的流变状态，那么老化沥青性能就能得以恢复而获得再生。

从宏观实际操作上来看，沥青再生的方法主要为：

(1)加入新沥青；

(2)加入再生剂；

(3)加入新沥青和再生剂；

通过加入新沥青或再生剂，可以改善老化沥青的各项性能，使性能指标得到恢复以达到要求而获得再生。当然除了加入再生剂或新沥青使沥青获得再生，也可以加入其他一些外掺剂使老化沥青的某些性能得到提高，比如加入改性剂，即对沥青再生的同时加以改性。

3.3 再 生 剂

3.3.1 再生剂的作用

一般来说，再生剂的作用在于：

(1)调节老化沥青的黏度，使老化沥青过高的黏度降低，达到沥青混合料所需的沥青黏度，使过于脆硬的老化沥青混合料软化，以便在机械加热的作用下充分分散，和新沥青、新矿料均匀混合。

(2)渗入旧料中与老化沥青充分交融，使在老化过程中凝聚起来的沥青质重新溶解分散，调节沥青的胶体结构，从而达到改善沥青流变性质的目的。

3.3.2 再生剂的技术要求与质量标准

再生剂必须具有亲和与渗透能力，故应根据沥青老化程度选用适当黏度的再生剂。若再生剂过分黏稠，则缺乏渗透能力；反之，若黏度太低，则又会在热拌时迅速挥发，失去效用。通常，再生剂的黏度约在 0.01～20Pa・s 范围内为好。

再生剂必须具有良好的流变性质，也就是说，再生剂的流变指数应具有较高的数值。由于低黏度油料是以某种组分为主要成分的近似单组分材料，不存在或极少存在沥青质，故它多呈现牛顿液体性质。因此，低黏度油料的流变指数 C 值大都接近于 1。

再生剂必须具有溶解和分散沥青质的能力，而且老化沥青中沥青质含量越高，要求再生剂具有溶解和分散的能力也就越高。芳香分具有溶解和分散沥青质的能力，而饱和分则相反，它是沥青质的促凝剂。因此，再生剂中芳香分含量多少是衡量再生剂品质的重要技术指标之一。

美国学者戴维森等人，按罗斯特勒的五组分分析法，提出再生剂应满足表 3-1 的条件。

国外沥青的沥青质含量通常较高(约为 15%～20%)，经路用老化后，沥青质含量更高，故要求再生剂含有较高的芳香分是很自然的。但国产沥青所含沥青质很少，一般都在 10%以下，即使是老化沥青，沥青质含量也不高。由研究得知，老化沥青沥青质含量不同，为达到同样再生效果所需再生剂芳香分含量也不同。在老化沥青沥青质含量很少的情况下，低芳香分再生剂与富芳香分再生剂具有同样的再生效果。

据有关研究资料，沥青质在弱极性溶剂中的溶解程度与这些溶剂的内压力 $\sigma V^{1/3}$ 有关，其中 σ 为溶剂的表面张力，V 为溶剂的克分子体积。由于各种溶剂的克分子体积 V 相差不大，故可用表面张力近似地说明溶剂的内压力。换言之，采用表面张力这一指标，可以在某种程度上表示再生剂对沥青质的溶解能力。试验结果证明了这点，表面张力不同的再生剂，对老化沥青有着不同的再生效果（图 3-4）。

罗斯特勒分析法的沥青组分 表 3-1

分 类	记号	区 别 方 法	机 能
沥青质	A	庚烷不溶解部分	在成分中分子量最大，构成的元素中碳元素占的比例最多，它的成分增加时使沥青变硬
氮盐基	N	同 85%硫酸反应沉淀部分	构造的一部分中含有氮的石油树脂，可分散凝固沥青质，是再生能力大的成分。但这部分因反应性强，含量增加时耐久性降低
第 1 芳香族	A1	同 98%硫酸反应的沉淀物	含有不饱和结合的成分，使分散后的沥青质具有流动性，具有的再生能力大，但它几乎不含有氮盐基，而反应性强，含量不易过分增加
第 2 芳香族	A2	同发烟硫酸（30%SO_3）反应的沉淀物	与第 1 芳香族相比，含有不饱和结合成分的程度小，仍能使分散后的沥青质具有流动性，稍有反应性
链烷分	P	未反应部分	不含不饱和结合成分，妨碍分散后的沥青质流动，它的成分是反应性最低的部分

注：1. 用以分散凝集沥青质的氮盐基含量在 9%以上。

2. 分散沥青质的溶煤中第 1 芳香族成分同第 2 芳香族成分的总含量在 60%以上。

3. 为防止离析现象（沥青质的分散被阻止的现象），N/P（氮盐基/链烷分）比值在 1.0 以上。

4. 为具有良好的耐久性，CRR（Chemical Reactive Ratio：化学反应比）即（氮盐基＋第 1 芳香族）/（链烷分＋第 2 芳香族），为 0.4～1.0（0.4～0.8 最佳）。

5. 再生沥青添加剂的使用量的变化，对再生沥青混合料的性质无大的影响。

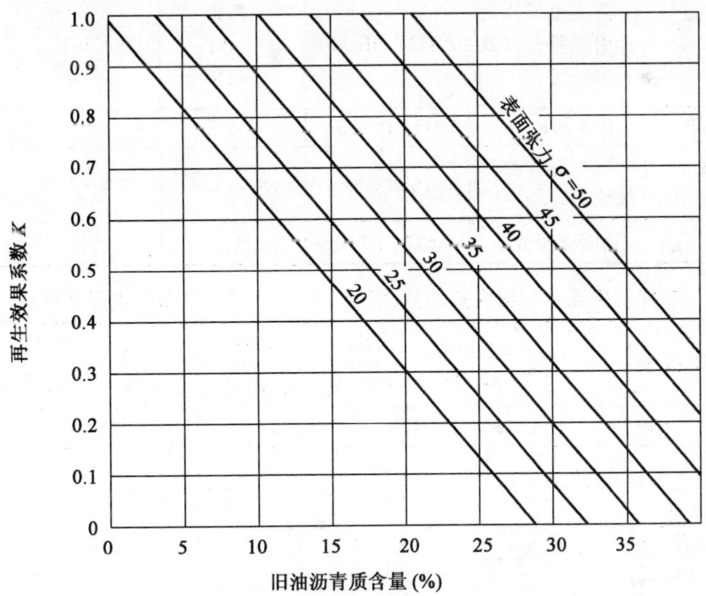

图 3-4 再生剂表面张力与再生效果的关系

由于用毛细管升高法或滴重法测定液体的表面张力颇为方便，故表面张力也可以作为评价再生剂质量的技术指标。在热拌再生的工艺过程中，再生剂将受到加热高温的影响，再生混合料铺筑在路面中，还将受到大气自然因素的作用，故再生剂必须具有一定的耐热性和耐候性。

表 3-2 是再生剂质量技术指标建议值，其中关于芳香分含量和表面张力的建议值是按老化沥青的沥青质含量小于或等于 15%提出来的。

再生剂质量技术指标建议值 表 3-2

技术指标	黏度 25℃ (Pa·s)	流变指数 25℃	芳香分含量 (%)	表面张力 25℃ (10^{-3}N/m)	薄膜烘箱试验黏度比 ($\eta_{后}/\eta_{前}$)
建议值	0.01～20	≥0.90	≥30	≥36	<3

表 3-3 为美国威特科公司提出的再生剂质量标准，第十三届太平洋沿岸沥青规范会议制订的热拌再生混合料再生剂的建议规范如表 3-4 所示，前苏联再生剂质量标准如表 3-5 所示。

美国再生剂质量标准(威特科公司) 表 3-3

技术指标	目的	试验方法	L	M	H
黏度 60℃(Pa·s)	调节再生混合料中沥青黏度	ASTM D2174-071	0.08～0.5	1～4	5～10
闪点(℃)	操作上注意	ASTM D92-72	>177	>177	>177
挥发性 初期沸点(℃) 2% 5%	防止由于挥发而引起硬化以及污染空气	ASTM D160-61	>149 >191 >210	>149 >191 >210	>149 >191 >210
黏附性 N/P	防止离析	ASTM D2006-70	>0.5	>0.5	>0.5
化学组成 (N+Al)/(P+A2)	再生沥青的耐久性	ASTM D2006-70	0.2～1.2	0.2～1.2	0.2～1.2
密度	用密度计算	ASTM D70-72	报告	报告	报告

热拌再生混合料再生剂规范(第十三届太平洋沿岸沥青规范会议) 表 3-4

技术指标	试验方法 ASTM	RA5		RA25		RA75		RA250		RA500	
		最小	最大	最小	最大	最小	最大	最小	最大	最小	最大
黏度 60℃(Pa·s)	D2170/ D2171	0.2	0.8	1	4	5	10	15	35	40	60
闪点℃	D92	400		425		450		450		450	
饱和分			30		30		30		30		30
旋转薄膜烘箱残渣黏度比(%) 质量变化(%)	D2872		3 4		3 4		3 4		3 4		3 4
相对密度	D70 或 D1298	报告		报告		报告		报告		报告	

前苏联再生剂质量标准 表 3-5

技术指标	蒸馏苯取物	残留萃取物
化学成分:链烃～环烷烃(%)	7～10	12～17
芳香烃(%)	85～90	75～85
树脂(%)	5～7	5～8
黏度 60℃(Pa·s)	5	13
加热损失(%)(163℃,5h)	0.13	0.44
闪点(℃)	>190	>200

我国目前还没有制订出再生剂的相应规范，只是在20世纪80年代初少数单位制订过企业标准。综上所述，对再生剂的要求主要有以下几点：

(1)适当的黏度：再生剂在实际工程应用中多是喷洒到旧料上去的，要使再生剂渗透到老化沥青中并与老化沥青充分融合，再生剂必须具有可喷洒性和很强的渗透能力。一般来说，黏度越低，则再生剂的渗透力越强，所以再生剂首先必须具备低黏度。但是如果低黏度的油分太多，则加入到老化沥青中后，在施工热拌和以及以后的使用中挥发也会越快，因为低黏度往往也意味着易挥发性，所以再生剂的黏度也不能太低。

(2)溶解和分散沥青质的能力：老化导致沥青组分的重质化，因此，再生剂应具有足够溶解和分散沥青质的能力。芳香分对沥青质有较好的溶解和分散的能力，而饱和分则相反，是沥青质的促凝剂。因此，国外有的规范就明确规定了芳香分的含量范围以及饱和分的含量上限值。同国外沥青相比，国产沥青所含沥青质较少，所以对再生剂组分的要求也会有所不同。此外，表面张力可以在某种程度上表示再生剂对沥青质的溶解能力。试验证明，表面张力不同的再生剂，对老化沥青有着不同的再生效果，故可以采用表面张力作为评价再生剂分散溶解沥青质能力的指标。

(3)不含有损害沥青路面其他路用性能的有害物质：再生剂中的油分主要是芳香族和饱和族，有些油分含有较多的饱和分(包括有蜡质及非蜡质的饱和物)，加入到老化沥青中会对沥青的性能产生不利的影响，具体说就是蜡质含量过大使沥青的高温和低温性能变差，严重影响到路面的使用品质。所以从组分上讲，再生剂中的油分应是富芳香分而少饱和分。

(4)有一定的耐热性和耐候性：同沥青材料一样，再生剂也要经过拌制过程的短期老化以及使用过程的长期老化。因而再生剂本身的抗老化能力对再生沥青的抗老化能力影响也很大，这就要求再生剂具有良好的抗老化能力，可以采用薄膜烘箱试验前后的黏度比和质量损失率来衡量。

(5)施工安全性：从施工安全的角度考虑，再生剂应具有较高的闪点和燃点。在施工喷洒和加热拌和过程中，不产生闪火或烟雾现象，也不产生对人体有害的物质。

3.4 室内模拟沥青再生

3.4.1 沥青再生试验

本研究的再生沥青是对室内模拟不同老化程度的普通老化沥青和 SBS 改性老化沥青进行的再生，具体的再生方法是根据老化沥青的不同老化程度加入不同剂量的再生剂（再生剂剂量为再生剂质量与老化沥青的质量比），测试老化沥青在加入不同剂量再生剂后的宏观和微观指标，从而研究再生后沥青的性能变化规律，并评价沥青再生效果。

为了保证沥青与再生剂之间的充分共混，在 120℃利用小型高速剪切机（转速 25 000r/min）对其进行高速剪切 30min，静置 24h 后再重新测试再生沥青的各种宏观和微观指标。

3.4.2 再生剂的选择

再生剂选择 S-250 沥青再生剂。表 3-6 为再生剂的性能测试结果。

S-250 沥青再生剂性能指标 表 3-6

性 能	主要性能	特征值
密度@25(g/cm^3)	0.9～1.0	0.998 6
外观(颜色)	暗绿	暗绿
沸点(℃)	≤36	30
芳香分含量(%)	≥30	68.5%
流变指数(25℃)	≥0.90	0.98
黏度(25℃,Pa·s)	0.01～20	2.0
薄膜烘箱试验黏度比($\eta_{后}/\eta_{前}$)	<3	1.5
闪点(℃)	≥220	254

从表 3-6 可知，S-250 沥青再生剂是一种富芳香分的油料，能达到表 3-2 所要求再生剂的技术要求。

3.4.3 再生沥青的性能分析

3.4.3.1 普通沥青再生性能分析

对第一次老化过程中不同老化程度的普通沥青进行再生，表3-7为再生沥青的性能指标测定结果。

普通沥青第一次再生后的性能指标 表3-7

指标	老化5h后的沥青	原样沥青	再生沥青(再生剂剂量)		
			5%	8%	11%
针入度(25℃,0.1mm)	57.5	80	65	78	84.1
软化点(℃)	58.6	54.1	52.5	47.6	42.8
黏度(135℃,Pa·s)	0.483	0.379	0.468	0.358	0.297
延度(5℃,cm)	10.9	17.0	12.1	15.8	16.3
指标	老化16h后的沥青	原样沥青	再生沥青(再生剂剂量)		
			9%	11%	13%
针入度(25℃,0.1mm)	27.5	80	93.6	89.2	78.1
软化点(℃)	62.6	54.1	55.5	56.4	50.8
黏度(135℃,Pa·s)	1.095	0.379	0.435	0.386	0.277
延度(5℃,cm)	4.9	17.0	14.1	17.2	26
指标	老化24h后的沥青	原样沥青	再生沥青(再生剂剂量)		
			15%	17%	20%
针入度(25℃,0.1mm)	26.6	80	40.1	64.1	84.6
软化点(℃)	66.4	54.1	64.4	51.4	49.3
指标	老化24h后的沥青	原样沥青	再生沥青(再生剂剂量)		
			15%	17%	20%
黏度(135℃,Pa·s)	1.592	0.379	0.731	0.424	0.298
延度(5℃,cm)	4.6	17.0	4.7	7.2	8.1
指标	老化48h后的沥青	原样沥青	再生沥青(再生剂剂量)		
			25%	30%	36%
针入度(25℃,0.1mm)	24.6	80	85.3	93.7	103.2
软化点(℃)	72.9	54.1	55.8	48	47.6
黏度(135℃,Pa·s)	2.952	0.379	0.363	0.282	0.263
延度(5℃,cm)	0.75	17.0	14.8	20.5	24.3

3.4.3.2 SBS改性沥青再生性能分析

对第一次老化过程中的不同老化程度的SBS改性沥青进行再生，表3-8为再生沥青的性能指标测定结果。

SBS改性沥青第一次再生后的性能指标　　表3-8

指　标	老化5h后的沥青	原样沥青	再生沥青(再生剂剂量)		
			3%	6%	8%
针入度(25℃,0.1mm)	74	95.7	80.12	82.91	85.35
软化点(℃)	74.4	74	70.4	69.5	59.5
黏度(135℃,Pa·s)	1.01	0.824	0.987	0.857	0.817
延度(5℃,cm)	53.2	77.4	58.4	62.4	96.8
指　标	老化16h后的沥青	原样沥青	再生沥青(再生剂剂量)		
			7%	8%	10%
针入度(25℃,0.1mm)	55.9	95.7	82.8	81.5	75
软化点(℃)	75.2	74	71	68.1	68.7
黏度(135℃,Pa·s)	1.541	0.824	1.175	1.0207	0.687
延度(5℃,cm)	32.8	77.4	37.7	23.5	23
指　标	老化24h后的沥青	原样沥青	再生沥青(再生剂剂量)		
			7%	12%	14%
针入度(25℃,0.1mm)	52.5	95.7	75.2	76	90.4
软化点(℃)	76.5	74	66.4	65.5	59
黏度(135℃,Pa·s)	2.033	0.824	1.175	0.960	0.757
延度(5℃,cm)	25.7	77.4	22.2	12.4	17
指　标	老化48h后的沥青	原样沥青	再生沥青(再生剂剂量)		
			15%	20%	25%
针入度(25℃,0.1mm)	24.3	95.7	60.9	64.7	111.6
软化点(℃)	84.6	74	71.7	63.5	61.5
黏度(135℃,Pa·s)	2.546	0.824	1.502	1.111	0.704
延度(5℃,cm)	0.85	77.4	8.2	8.4	10.1

3.4.4 沥青再生规律分析

从以上对不同老化程度的普通沥青和SBS改性沥青再生后的性能数据可知：

(1)不同老化程度的沥青在加入不同剂量的再生剂后，其针入度、软化点、延度以及黏度等性能指标都得到一定程度的恢复，即再生沥青随着加入再生剂剂量的增加，针入度呈升高的趋势，软化点呈减小的趋势，黏度呈减小的趋势，延度呈增加的趋势。

(2)无论是任何老化程度的沥青，经过再生后其黏度、针入度、软化点这三个指标基本上能恢复到原样沥青的水平，但延度指标的恢复不理想。通过试验发现，再生沥青黏度与再生剂剂量之间存在着相关性良好的指数关系，如表3-9所示。

再生沥青黏度与不同再生剂剂量之间的关系 表3-9

沥青类型	老化时间(h)	老化沥青黏度(135℃,Pa·s)	回归方程	相关系数R^2
Pen 60/80沥青	5	0.483	$\eta=0.51e^{-0.0044R_b}$	0.9271
	16	1.095	$\eta=1.10e^{-0.1022R_b}$	0.9918
	24	1.592	$\eta=1.71e^{-0.9078R_b}$	0.9078
	48	2.952	$\eta=2.71e^{-0.0716R_b}$	0.9676
SBS改性沥青	5	1.010	$\eta=1.03e^{-0.0287R_b}$	0.9268
	16	1.541	$\eta=1.61e^{-0.0713R_b}$	0.9017
	24	2.033	$\eta=1.93e^{-0.0659R_b}$	0.9499
	48	2.546	$\eta=2.73e^{-0.0486R_b}$	0.946

由此可以得出如下回归方程式：

$$\eta_2=\eta_1\cdot e^{k\cdot R_b} \tag{3-6}$$

式中：η_2——再生沥青的黏度(135℃,Pa·s)；

η_1——老化沥青的黏度(135℃,Pa·s)；

k——系数；

R_b——再生剂剂量(%)。

(3)从流变学的观点来看，当再生沥青的黏度已完全恢复到原样沥青的水平时，表明沥青得到了再生，此时所需的再生剂剂量为最佳再生剂剂量。通过大量试验数据的回归，再生沥青黏度与最佳再生剂剂量之间的关系可以通过下式表示：

$$\eta_2 = \eta_1 \cdot e^{-k \cdot R_{ob}} + e^{-8(1-R_{ob})} \cdot \eta_0 \tag{3-7}$$

式中：η_2——再生沥青的黏度(135℃，Pa・s)；

η_1—— 老化沥青的黏度(135℃，Pa・s)；

η_0——再生剂的黏度(135℃，Pa・s)

R_{ob}——最佳再生剂剂量(%)；

k——系数，对于普通沥青 $k=-5$，对于 SBS 改性沥青 $k=-6$。

利用上述公式并结合实际试验可得到，两种类型但不同老化程度沥青的最佳再生剂剂量如表 3-10 所示。

不同老化程度沥青的最佳再生剂剂量计算结果 表 3-10

老化沥青	老化时间(h)	最佳再生剂剂量(%)
Pen 60/80 沥青	5	8
	16	12
	24	17
	48	25
SBS 改性沥青	5	8
	16	10
	24	14
	48	21

(4)对于老化程度为重度老化的沥青，即使在最佳再生剂剂量作用下，其黏度、针入度、软化点等性能指标均恢复到原样沥青的水平，但其延度指标却仍不能得到良好的恢复，因此，可以采用再生剂＋SBS 改性剂的方法对其进行改性再生。

3.4.5 沥青改性再生性能分析

为了全面恢复并改善老化沥青的性能，可适当在老化沥青中加入一定量的 SBS 改性剂，这种再生加改性的方式，称之为改性再生。

3.4.5.1 普通沥青改性再生性能分析

对重度老化普通沥青进行改性再生，再生沥青的性能指标见表 3-11。

普通沥青改性再生后的性能指标 表3-11

指　　标	老化24h后的沥青	原样沥青	再生沥青(再生剂剂量)		
			5%再生剂+4%SBS	10%再生剂+4%SBS	15%再生剂+4%SBS
针入度(25℃,0.1mm)	26.6	80	75.3	82.7	97.8
软化点(℃)	66.4	54.1	54.2	51.2	45.6
黏度(135℃,Pa·s)	1.592	0.379	0.421	0.368	0.301
延度(5℃,cm)	4.6	17.0	22	42	61
指　　标	老化48h后的沥青	原样沥青	再生沥青(再生剂剂量)		
			10%再生剂+4%SBS	15%再生剂+4%SBS	20%再生剂+4%SBS
针入度(25℃,0.1mm)	24.6	80	75.3	93.7	103.2
软化点(℃)	72.9	54.1	65.2	50.1	44.6
黏度(135℃,Pa·s)	3.952	0.379	0.366	0.349	0.278
延度(5℃,cm)	0.75	17.0	15	65	78

3.4.5.2 SBS改性沥青改性再生的性能分析

对于重度老化SBS改性沥青进行改性再生，再生沥青的性能指标见表3-12。

SBS改性沥青改性再生后的性能指标 表3-12

指　　标	老化48h后的沥青	原样沥青	再生沥青		
			5%再生剂+4%SBS	8%再生剂+4%SBS	12%再生剂+4%SBS
针入度(25℃,0.1mm)	24.3	95.7	70.9	98.7	100.6
软化点(℃)	84.6	74	88	74	70
黏度(135℃,Pa·s)	2.546	0.824	2.01	1.02	0.64
延度(5℃,cm)	0.85	77.4	23	46	54

通过以上试验数据的分析可知，对老化沥青进行改性再生后，其各项性能指标均得到了恢复，再生效果良好。

3.5 沥青再生效果评价

3.5.1 沥青再生效果评价方法的研究

无论是通过加入新沥青或再生剂使老化沥青获得再生，最终目的是要使老化沥青恢复较好的性能,那么沥青是否获得了再生或者说是否达到了良好性能,这就需要一个标准,通过此标准去衡量沥青的再生效果,对于沥青再生效果的评价方法目前主要有两种。

一种是宏观评价方法,即对再生沥青进行性能评价,其评价指标为常用的软化点、针入度、黏度以及延度等。一般来说,通过加入再生剂后沥青的针入度会增大,延度会变大,软化点会下降,黏度也会下降,即能有效地调整老化沥青的性能。通过与老化前的原样沥青进行对比,分析再生沥青的性能指标有多少程度的恢复,进而对再生沥青的再生效果进行评价。

另一种是微观评价方法,即对再生沥青的组分和分子量分布进行分析,分析再生沥青各组分含量和分子量分布如何变化,是否能恢复到原样沥青的组分含量和分子量分布,根据组分含量和分子量分布的恢复情况对沥青的再生效果进行评价。

再生效果的评价方法(宏观和微观方法)在实际应用时有各自的优点和缺点,目前,使用较多的方法还是宏观方法,这主要是因为宏观方法所评价的性能指标是直接与沥青路用性能联系在一起的,而微观方法所进行的沥青组分分析和分子量分布与沥青路用性能的关系是间接的。

3.5.2 沥青再生效果评价

通过以上数据可知,对于轻度和中度老化的普通沥青和 SBS 改性沥青,在最佳再生剂剂量作用下,其所有的性能指标均能恢复到原样沥青的水平,对于重度老化的普通沥青和 SBS 改性沥青在最佳再生剂剂量作用下,除延度指标外,其余的性能指标也能恢复到原样沥青的水平。

所以说,如果用单一指标,如黏度,来评价沥青的再生效果,就会有一定的片面性,因此,沥青再生效果评价方法不能单单依靠一个指标,而是应采用一个多级指标体系来表征,由于沥青的黏度指标能充分体现沥青的流变性质,故采用黏度为主控指标,以软化点和针入度为辅控指标,建立一个二级监控指标的评价体系。

3.5.3 沥青再生效果的验证

3.5.3.1 普通沥青再生效果验证

利用上节最佳再生剂剂量计算公式,可计算出在系列二老化试验中不同老化程度沥青的最佳再生剂剂量,表 3-13～表 3-15 及图 3-5、图 3-6 为在最佳再生剂剂量下的再生沥青性能测试结果。

普通沥青第一次再生后的性能指标　　表 3-13

老化时间(h)	最佳再生剂剂量(%)	针入度(25℃,0.1mm)	软化点(℃)	黏度(135℃,Pa·s)	延度(5℃,cm)
0	0	80	54.1	0.379	17.0
24	1	78.4	48.2	0.382	15.4
48	3	73.5	47.8	0.413	10.9
72	5	78.2	50.1	0.409	9.1
120	8	76.7	47.7	0.389	8.6

普通沥青第一次再生后的组分　　表 3-14

老化时间(h)	最佳再生剂剂量(%)	饱和分(%)	芳香分(%)	胶质(%)	沥青质(%)
0	0	8.2	47.8	34.5	9.5
24	1	8.0	47.1	34.8	10.1
48	3	8.4	47.3	34.6	9.7
72	5	8.6	46.9	34.7	9.8
120	8	8.8	47.2	34.3	9.7

普通沥青第一次再生后的分子量分布　　表 3-15

老化时间(h)	最佳再生剂剂量(%)	重均分子量	所占比例(%)	数均分子量	分 散 度
0	0	10 588/1 310	16.30/83.70	9 146/742	1.15/1.71
24	1	10 502/1 393	17.20/82.80	9 274/801	1.13/1.74
48	3	10 587/1 370	18.11/81.89	9 352/783	1.13/1.75
72	5	10 614/1 378	18.20/81.80	9 381/792	1.13/1.74
120	8	10 715/1 418	18.58/81.42	9 397/816	1.14/1.74

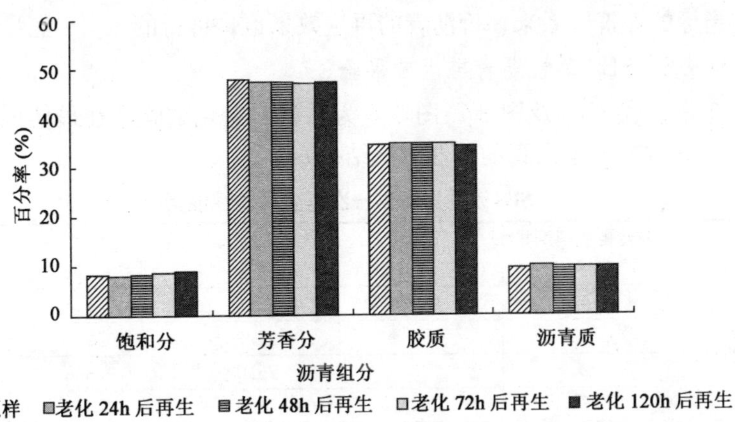

图 3-5　普通沥青第一次再生后的组分分布

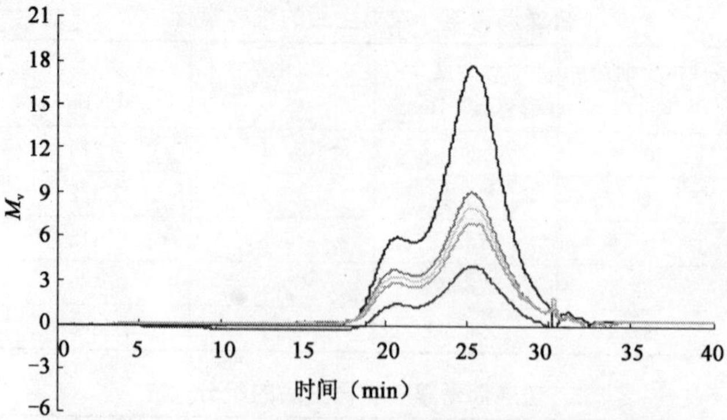

图 3-6　普通沥青第一次再生后的分子量分布

根据 3.4 节最佳再生剂剂量计算公式得出的剂量，对系列二老化试验中的不同老化程度的沥青进行再生，从试验结果可知：

(1)从沥青的性能指标恢复程度看，普通沥青在最佳再生剂剂量作用下，再生效果良好，尤其是沥青黏度这个主控指标基本上恢复到了原样沥青的水平，当沥青的主控指标恢复后，沥青的辅控指标(针入度和软化点)也基本上得到了恢复。

(2)从沥青的组分恢复程度看，普通沥青在最佳再生剂剂量作用下，再生沥青中的四组分之间比例关系基本上恢复到了原样沥青的水平。

(3)从沥青的分子量分布情况看，普通沥青在最佳再生剂剂量作用下，再生沥青的峰值分子量均低于原样沥青的峰值分子量，说明沥青的大分子量比例逐渐减小，分散度也基本上恢复到了原样沥青的水平。

(4)从试验结果看，利用最佳再生剂剂量的计算公式对不同老化程度的沥青进行再生，再生效果良好，这说明最佳再生剂剂量计算公式是有效的，以所建立的二级监控指标的评价体系来评价沥青的再生效果也是可行的。

3.5.3.2　SBS 改性沥青再生效果验证

表 3-16～表 3-18 及图 3-7、图 3-8 为系列二老化试验中在最佳再生剂剂量作用下的 SBS 改性再生沥青的性能测试结果。

SBS 改性沥青第一次再生后的性能指标　　表 3-16

老化时间 (h)	最佳再生剂剂量 (%)	针入度 (25℃，0.1mm)	软化点 (℃)	黏度 (135℃，Pa·s)	延度 (5℃，cm)
0	0	95.7	74	0.824	77.4
24	1	95	76.3	0.977	56
48	2	93	76.0	0.898	50
72	3	94	76.9	0.989	48
120	6	94	76.2	1.001	41

SBS 改性沥青第一次再生后的组分　表 3-17

老化时间(h)	最佳再生剂剂量(%)	饱和分(%)	芳香分(%)	胶质(%)	沥青质(%)
0	0	8.5	47.5	24.4	19.6
24	1	8.6	48.2	23.7	19.5
48	2	8.4	48.1	24.7	18.8
72	3	8.4	48	23.9	19.7
120	6	8.3	47.4	24.8	19.5

SBS 改性沥青第一次再生后的分子量分布　表 3-18

老化时间(h)	最佳再生剂剂量(%)	重均分子量	所占比例(%)	数均分子量	分　散　度
0	0	10 625/1 422	15.56/84.44	9 205/801	1.15/1.77
24	1	10 685/1 507	20.92/79.08	9 309/853	1.15/1.77
48	2	10 694/1 532	19.32/80.68	9 296/869	1.15/81.76
72	3	10 785/1 495	25.38/74.62	9 268/841	1.16/1.78
120	6	10 838/1 483	26.40/73.60	9 297/838	1.16/1.77

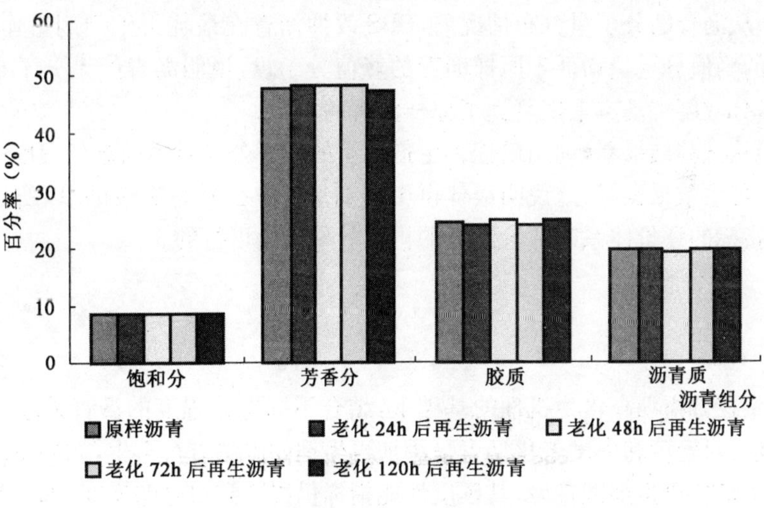

图 3-7　SBS 改性沥青第一次再生后的组分分布

根据 3.4 节提出的最佳再生剂剂量计算公式得出的剂量，对系列二老化试验中的不同老化程度的沥青进行再生，从试验结果可知：

(1)从沥青的性能指标恢复程度看，SBS 改性沥青在最佳再生剂剂量作用下，再生效果良好，尤其是沥青的黏度这个主控指标基本上恢复到了原样沥青的水平，

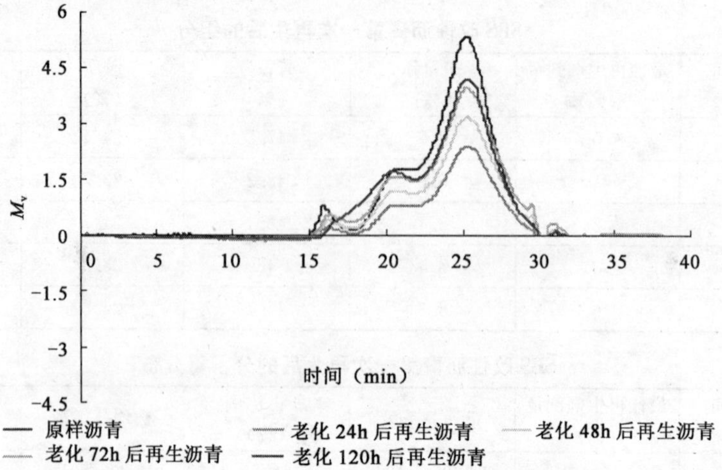

图 3-8　SBS 改性沥青第一次再生后的分子量分布

当沥青的主控指标恢复后，沥青的辅控指标（针入度和软化点）也基本上得到了恢复。

(2)从沥青的组分恢复程度看，SBS 改性沥青在最佳再生剂剂量作用下，再生沥青中四组分之间的比例关系基本上恢复到了原样沥青的水平。

(3)从沥青的分子量分布情况看，SBS 改性沥青在最佳再生剂剂量作用下，再生沥青的峰值分子量均低于原样沥青的峰值分子量，说明沥青的大分子量比例逐渐减小，分散度也基本上恢复到了原样沥青的水平。

(4)从试验结果看，利用最佳再生剂剂量的计算公式对不同老化程度的沥青进行再生，再生效果良好，这说明最佳再生剂剂量计算公式是有效的，以所建立的二级监控指标的评价体系来评价沥青的再生效果也是可行的。

3.6　小　　结

本章在分析沥青再生机理的基础上，结合不同老化程度的沥青采取了合理的再生方法：对轻度和中度老化沥青采用加再生剂的方法进行再生，如果重度老化沥青在添加最佳再生剂剂量后，其延度性能指标仍得不到很好的恢复，那么就可以采用加入再生剂＋SBS 改性剂的方法进行改性再生。对再生沥青重新测试其各项性能指标（针入度、黏度、软化点、延度）、组分和分子量分布。本章主要得出的结论如下：

(1)从指标测试结果分析可知，再生普通沥青和再生 SBS 改性沥青的性能指标随着加入的再生剂剂量的不同会有一定程度的恢复。相对来说，再生沥青的黏度、针入度和软化点基本上都可以恢复到原样沥青的水平，但延度的恢复不是很理想，并且这些指标的恢复水平与加入的再生剂剂量有关，再生沥青的黏度与再生剂剂量之间存在指数关系。从流变学的观点来看，当再生沥青的黏度已完全恢复到原样沥青的水平时，表明沥青得到了再生，此时所需的再生剂剂量为最佳再生剂剂量。

(2)为了确定不同再生沥青所需的最佳再生剂剂量，对不同再生沥青的性能指标与不同再生剂剂量之间的关系进行了合理的回归，对于普通沥青和SBS改性沥青，再生沥青黏度与最佳再生剂剂量之间的回归方程如下：

$$\eta_2 = \eta_1 \cdot e^{-k \cdot R_{ob}} + e^{-8(1-R_{ob})} \cdot \eta_0$$

(3)如果用单一指标，如黏度，来评价沥青的再生效果，就会有一定的片面性，因此，沥青再生效果评价方法不能单单依靠一个指标，而是应采用一个多级指标体系来表征，由于沥青的黏度指标能充分体现沥青的流变性质，故采用黏度为主控指标，以软化点和针入度为辅控指标，建立一个二级监控指标的评价体系。只有当沥青的主控指标和辅控指标都恢复到原样沥青的水平时，才能说明沥青的再生效果良好。

(4)对提出的沥青再生效果评价指标体系和最佳再生剂剂量计算公式进行了验证。不同老化程度的沥青在添加了最佳再生剂剂量后，其路用性能指标(黏度、针入度、软化点)、组分和分子量分布基本上都可以恢复到原样沥青的水平，再生效果良好，说明最佳再生剂剂量计算公式是有效的。

第 4 章 再生沥青再度老化及二次再生性能分析

4.1 再生沥青再度老化的室内模拟

通过第 3 章的研究发现，再生沥青的各项指标可以恢复到原样沥青的水平，但再生沥青的抗再次老化的性能如何，目前还没有进行过系统的深入研究。而再生沥青的抗老化性能却直接关系到再生沥青路面的长期使用性能。因此，本章主要是对再生沥青再度老化（第二次老化）及二次再生（第二次再生）的性能进行系统地研究与评价。

采用的沥青是第一次老化后进行再生的普通再生沥青和 SBS 改性再生沥青，其室内模拟老化试验与第一次室内模拟老化试验条件相同，主要考虑相同氧气量、不同老化温度和老化时间对再生沥青老化性能的影响，具体的试验方法仍分为两个系列，详见第 2 章的试验方案。

4.1.1 普通再生沥青的再度老化性能

采用系列一老化试验，表 4-1、图 4-1 为普通再生沥青在第二次老化试验中的性能测试结果。

普通再生沥青在第二次不同老化时间后的性能指标　　表 4-1

老化时间(h)	针入度(25℃,0.1mm)	软化点(℃)	黏度(135℃,Pa·s)	延度(5℃,cm)
0	80	54.1	0.379	17
5	72.0	56.0	0.684	13.4
16	71.3	56.5	1.294	2.1
24	70.4	59.8	1.784	0
48	68.8	69.8	3.667	0

采用系列二老化试验，表 4-2、图 4-2 为普通再生沥青在第二次老化试验中的性能测试结果。

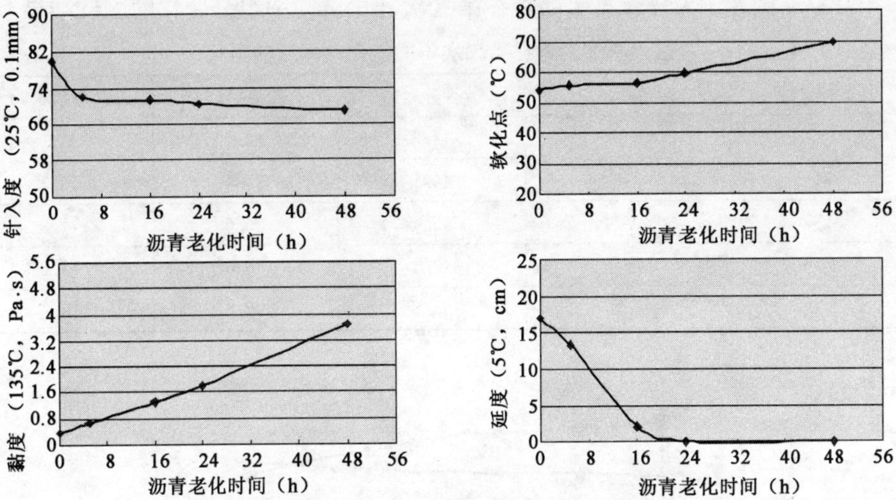

图4-1　普通再生沥青性能指标与老化时间之间的关系

普通再生沥青在第二次不同老化时间后的性能指标　　表4-2

老化时间(h)	针入度(25℃,0.1mm)	软化点(℃)	黏度(135℃,Pa·s)	延度(5℃,cm)
0	80	54.1	0.379	17.0
24	47	62.0	0.516	9.8
48	40	63.5	0.646	6.6
72	38	64.8	0.776	2.7
120	36	69.1	1.071	0

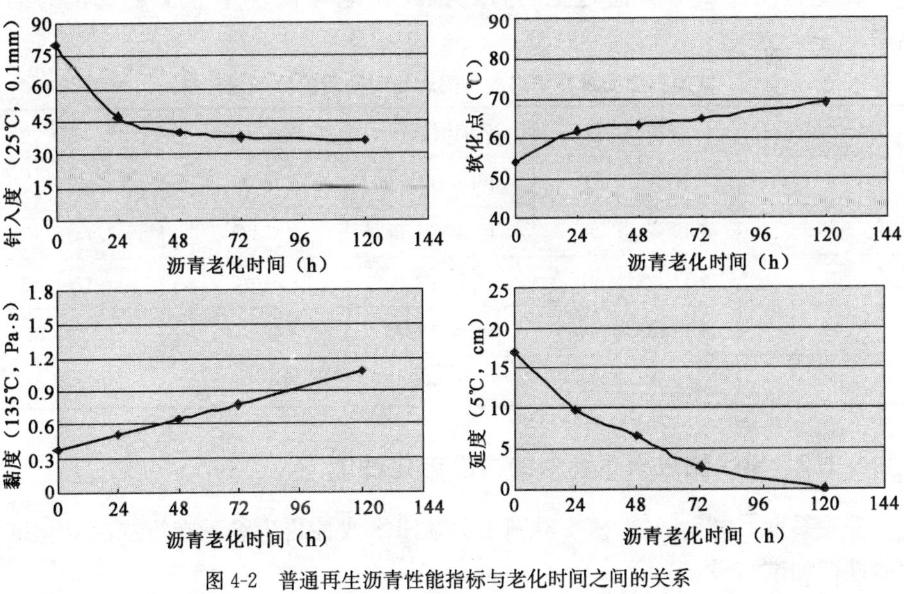

图4-2　普通再生沥青性能指标与老化时间之间的关系

表 4-3、图 4-3 为普通再生沥青在第二次老化试验中组分变化的测试结果。

普通再生沥青在第二次不同老化时间后的组分 表 4-3

老化时间(h)	饱和分(%)	芳香分(%)	胶质(%)	沥青质(%)
0	8.2	47.8	34.5	9.5
24	7.8	46.1	35.4	10.7
48	7.7	45.4	35.6	11.3
72	7.5	43.5	36.4	12.6
120	7.2	35.8	38.6	18.4

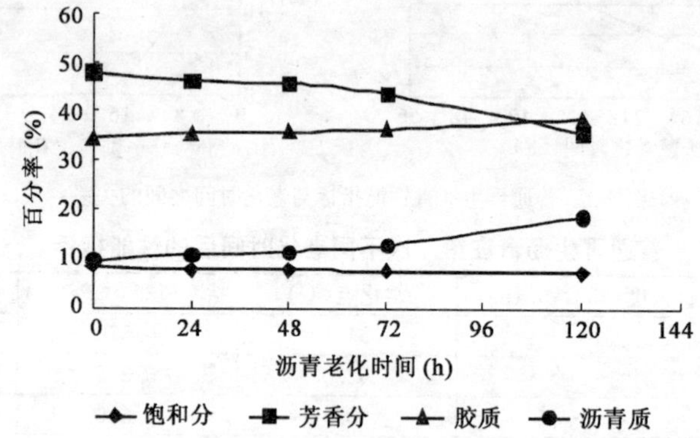

图 4-3 普通再生沥青组分与老化时间之间的关系

表 4-4、图 4-4 为普通再生沥青在第二次老化试验中分子量变化的测试结果。

普通再生沥青在第二次不同老化时间后的分子量分布 表 4-4

老化时间(h)	重均分子量	所占比例(%)	数均分子量	分散度
0	10 588/1 310	16.30/83.70	9 146/742	1.15/1.71
24	10 934/1 584	17.46/79.84	9 494/767	1.15/1.87
48	11 123/1 504	17.95/82.05	9 470/772	1.17/1.95
72	11 717/1 584	18.65/81.35	9 468/797	1.24/1.91
120	12 504/1 890	19.92/80.08	9 467/79	1.27/2.15

4.1.2 SBS 改性再生沥青的再度老化性能

采用系列一老化试验，表 4-5、图 4-5 为 SBS 改性再生沥青在第二次老化试验中的性能测试结果。

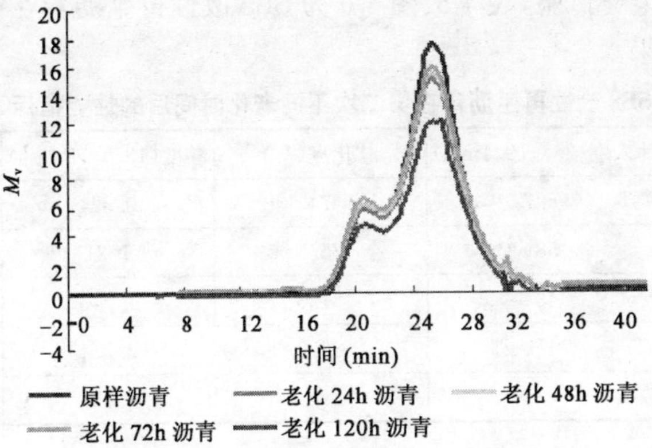

图 4-4 普通再生沥青第二次老化过程中分子量分布

SBS 改性再生沥青在第二次不同老化时间后的性能指标 表 4-5

老化时间(h)	针入度(25℃,0.1mm)	软化点(℃)	黏度(135℃,Pa·s)	延度(5℃,cm)
0	95.7	74	0.824	77.4
5	75.3	75.1	0.997	12
16	72.3	75.8	1.521	7.2
24	71.3	77.7	1.865	6.4
48	55.9	78.9	2.789	5.8

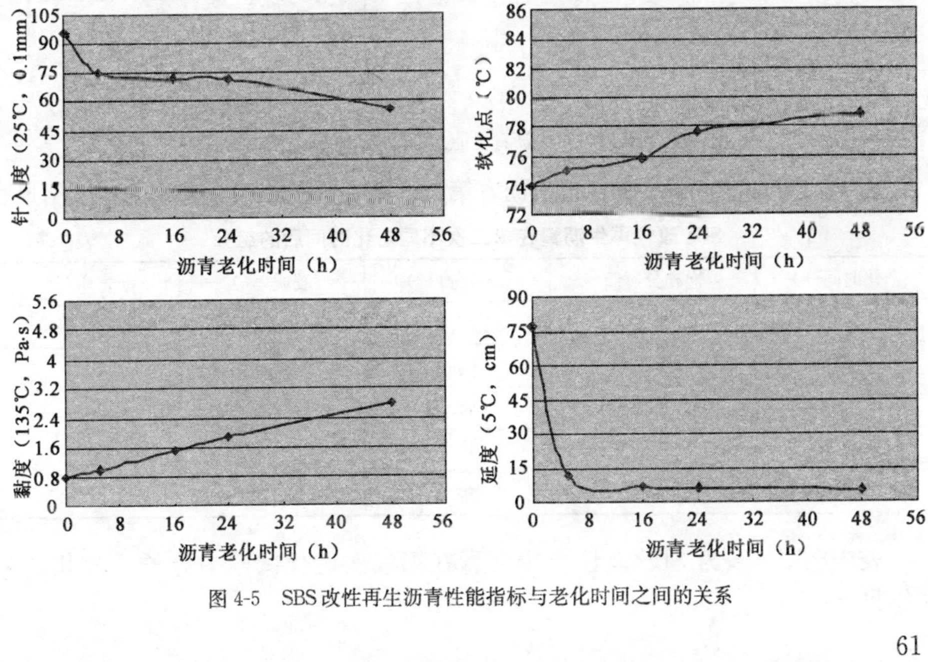

图 4-5 SBS 改性再生沥青性能指标与老化时间之间的关系

采用系列二老化试验，表 4-6、图 4-6 为 SBS 改性再生沥青在第二次老化试验中的性能测试结果。

SBS 改性再生沥青在第二次不同老化时间后的性能指标　　表 4-6

老化时间(h)	针入度(25℃,0.1mm)	软化点(℃)	黏度(135℃,Pa·s)	延度(5℃,cm)
0	95.7	74	0.824	77.4
24	58	75.5	1.21	35
48	46	81.5	1.773	37
72	45	86.9	2.274	21
120	42	89.3	2.688	11

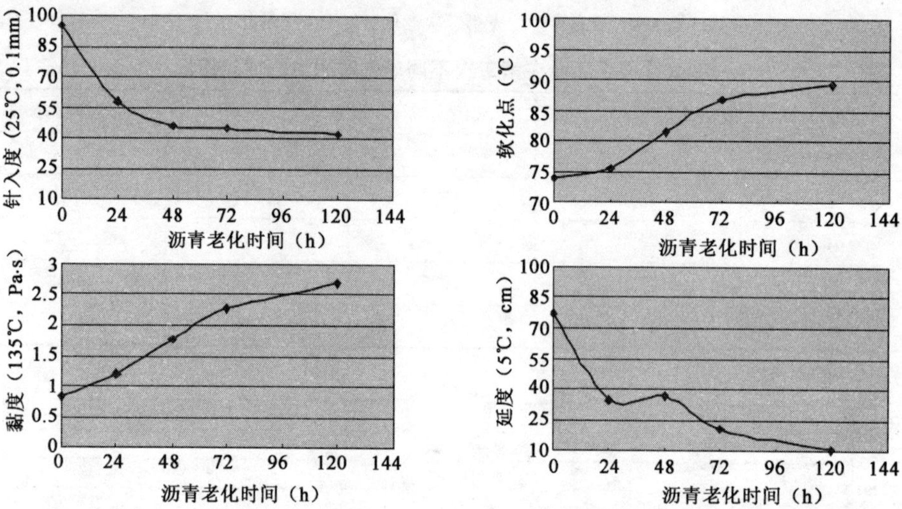

图 4-6　SBS 改性再生沥青性能指标与老化时间之间的关系

表 4-7、图 4-7 为 SBS 改性再生沥青第二次老化试验中组分变化的测试结果。

SBS 改性再生沥青在第二次不同老化时间后的组分　　表 4-7

老化时间(h)	饱和分(%)	芳香分(%)	胶质(%)	沥青质(%)
0	8.5	47.5	24.4	19.6
24	8.6	45.6	25.7	20.1
48	8.4	44.3	26.7	20.6
72	8.3	42.7	27.6	21.4
120	8.2	40.2	28.8	22.8

表 4-8、图 4-8 为 SBS 改性再生沥青在第二次老化试验中分子量变化的测试结果。

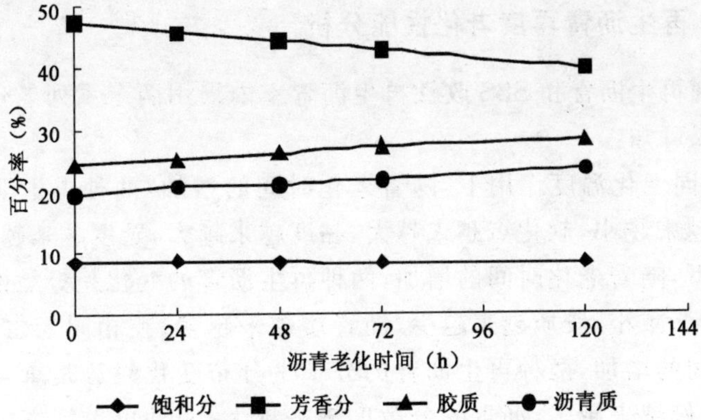

图 4-7　SBS 改性再生沥青组分与老化时间之间的关系

SBS 改性再生沥青在第二次不同老化时间后的分子量分布　　表 4-8

老化时间(h)	重均分子量	所占比例(%)	数均分子量	分　散　度
0	10 625/1 422	15.56/84.44	9 205/801	1.15/1.77
24	11 108/1 482	19.32/80.68	9 260/837	1.20/1.77
48	12 632/1 504	20.42/79.58	9 953/830	1.24/1.81
72	14 014/1 531	21.04/78.96	10 312/841	1.36/1.82
120	17 499/1 590	32.65/67.35	10 909/823	1.60/1.93

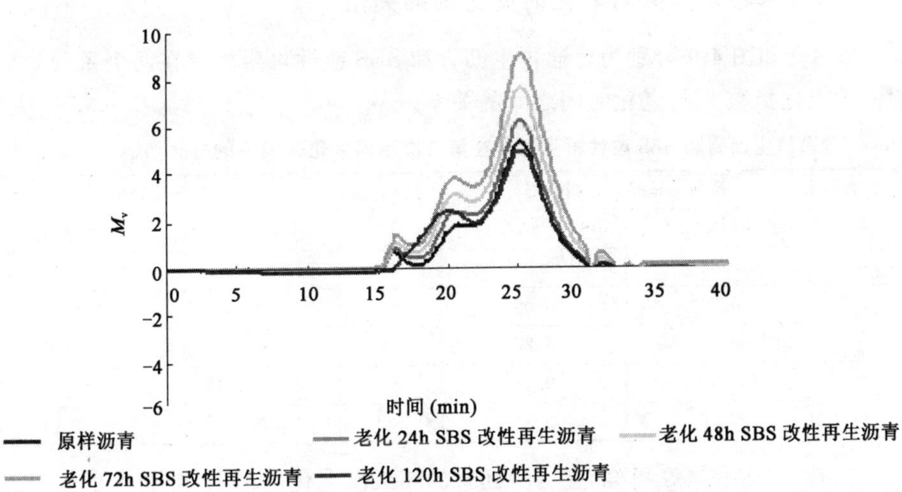

图 4-8　SBS 改性再生沥青在第二次老化过程中分子量分布

4.1.3 再生沥青再度老化性能分析

根据普通再生沥青和SBS改性再生沥青室内采用两个系列老化试验模拟第二次老化结果可知：

(1)在相同老化温度作用下，随着老化时间的增加，两种再生沥青的变化趋势是针入度越来越小，软化点越来越大，黏度越来越大，延度越来越小；在相同老化温度作用下，随着老化时间的增加，两种再生沥青的变化趋势是饱和分基本不变，芳香分逐渐减小，胶质越来越少，沥青质越来越多；在相同老化温度作用下，随着老化时间的增加，两种再生沥青的分子量分布变化趋势是重均分子量越来越大，所占比例越来越多，沥青的分散度越来越大；两种再生沥青的峰值分子量越来越高。

(2)随老化时间的增加，沥青分子量中的小分子(芳香分)逐渐转变成大分子(沥青质)，这说明沥青中的芳香分逐渐转变成沥青质，胶体结构发生了变化。

(3)再生沥青各种老化性能指标的变化不仅与老化时间有关，还与作用的老化温度有关，从试验结果可知，在相同老化时间但不同老化温度作用下，再生沥青的性能指标的变化幅度会随老化温度的提高而显著增加，这说明老化温度对沥青老化性能指标的影响更为突出。

4.2 再生沥青再度老化规律分析

4.2.1 老化指数与老化时间之间的关系

表4-9和图4-9分别为普通再生沥青和SBS改性再生沥青在两个系列老化试验中的老化指数C与老化时间之间的关系。

普通再生沥青和SBS改性再生沥青在第二次不同老化时间下的老化指数 表4-9

老化时间(h)	系列一试验老化指数C		老化时间(h)	系列二试验老化指数C	
	普通再生沥青	SBS改性再生沥青		普通再生沥青	SBS改性再生沥青
0	0.00	0.00	0	0.00	0.00
5	0.26	0.08	24	0.13	0.17
16	0.53	0.27	48	0.23	0.33
24	0.67	0.35	72	0.31	0.44
48	0.99	0.53	120	0.45	0.51

从表4-9和图4-9可知，在再生沥青的第二次老化过程中，其老化指数C与老化时间之间也存在线性的关系，这与沥青在第一次老化过程中的老化规律一致。

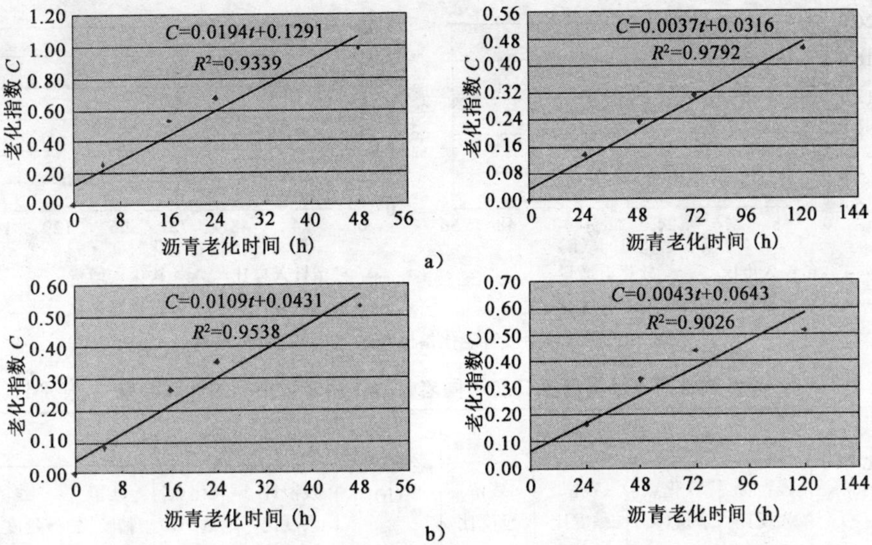

图 4-9 普通再生沥青和 SBS 改性再生沥青老化指数与老化时间之间的关系

a)普通再生沥青；b)SBS 改性再生沥青

老化指数 C 与老化时间 t 的关系可以用下式表示：

$$C=At+B \tag{4-1}$$

式中：C——老化指数；

t——老化时间(h)；

A，B——与材料有关的回归系数。

4.2.2 残留黏度比与老化时间之间的关系

表 4-10、图 4-10 和表 4-11、图 4-11 分别为普通再生沥青和 SBS 改性再生沥青在第二次老化过程中两个系列老化试验的老化指标(残留针入度比、残留黏度比、残留延度比和软化点增量)与老化时间之间的关系。

普通再生沥青在第二次不同老化时间下的老化指标　　表 4-10

老化时间(h)	系列一试验测试结果				老化时间(h)	系列二试验测试结果			
	残留针入度比	软化点增量(℃)	残留黏度比	残留延度比		残留针入度比	软化点增量(℃)	残留黏度比	残留延度比
0	1.00	0.00	1.00	1.00	0	1.00	0.00	1.00	1.00
5	0.90	1.90	1.80	0.79	24	0.59	7.90	1.36	0.58
16	0.89	2.40	3.41	0.12	48	0.50	9.40	1.70	0.39
24	0.88	5.70	4.71	0.00	72	0.48	10.70	2.05	0.16
48	0.86	15.70	9.68	0.00	120	0.45	15.00	2.83	0.00

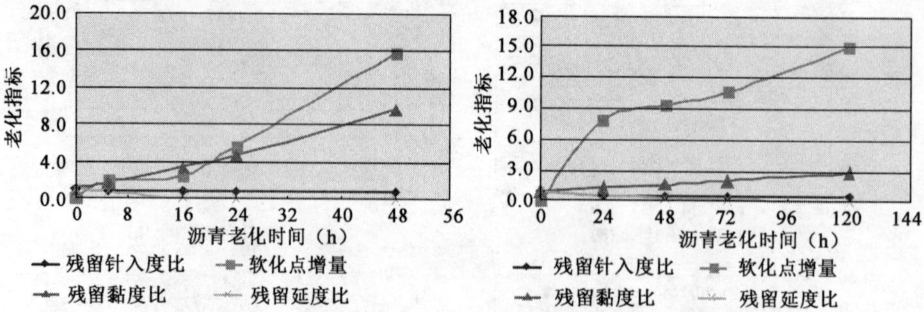

图 4-10　普通再生沥青老化指标与老化时间之间的关系

SBS 改性再生沥青在第二次不同老化时间后老化指标的计算结果　表 4-11

老化时间 (h)	系列一试验测试结果				老化时间 (h)	系列二试验测试结果			
	残留针入度比	软化点增量(℃)	残留黏度比	残留延度比		残留针入度比	软化点增量(℃)	残留黏度比	残留延度比
0	1.00	0.00	1.00	1.00	0	1.00	0.00	1.00	1.00
5	0.79	1.10	1.21	0.16	24	0.61	1.50	1.47	0.45
16	0.76	1.90	1.85	0.09	48	0.48	7.50	2.15	0.48
24	0.75	3.70	2.26	0.08	72	0.47	12.90	2.76	0.27
48	0.58	4.90	3.38	0.07	120	0.44	15.30	3.26	0.14

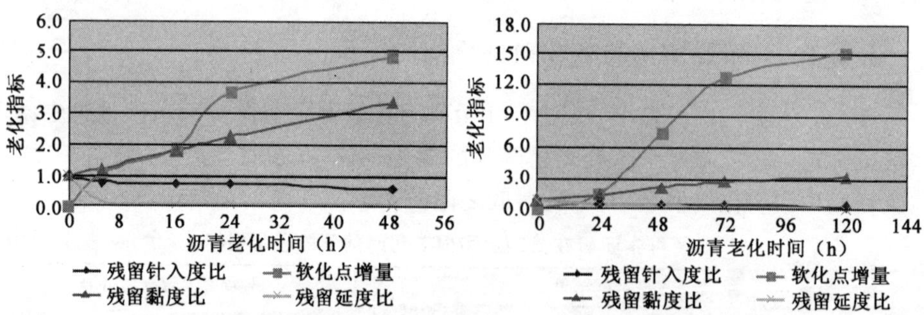

图 4-11　SBS 改性再生沥青的老化指标与老化时间之间的关系

从试验中发现，再生沥青在第二次老化过程中残留黏度比 K 与老化时间 t 之间有很好的指数关系，这与沥青在第一次老化过程中的老化规律一致。残留黏度比 K 与老化时间 t 的关系可以用下式表示：

$$K=me^{nt} \tag{4-2}$$

式中：K——残留黏度比；

t——老化时间(h)；

m,n——与材料有关的回归系数。

4.2.3 胶体不稳定指数 I_c 与老化时间之间的关系

表 4-12 和图 4-12 为再生沥青在第二次老化过程系列二老化试验中不同老化时间后的 I_c 值。

普通再生沥青和 SBS 改性再生沥青在第二次不同老化时间下的 I_c 值 表 4-12

老化时间(h)	I_c		老化时间(h)	I_c	
	普通再生沥青	SBS 改性再生沥青		普通再生沥青	SBS 改性再生沥青
0	0.215	0.391	72	0.252	0.433
24	0.227	0.414	120	0.344	0.468
48	0.235	0.418			

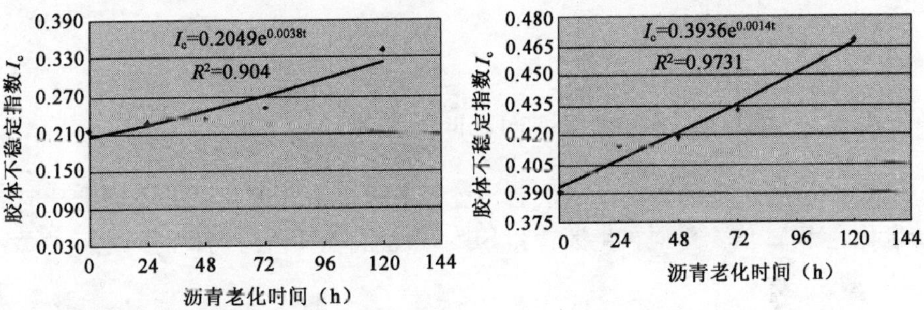

图 4-12 普通再生沥青和 SBS 改性再生沥青胶体不稳定指数 I_c 与老化时间之间的关系

从试验中发现，再生沥青第二次老化后胶体不稳定指数 I_c 与老化时间 t 之间也有很好的指数关系，胶体不稳定指数 I_c 与老化时间 t 的关系可以用下式表示：

$$I_c = m\mathrm{e}^{nt} \tag{4-3}$$

式中：I_c——胶体不稳定指数；

t——老化时间(h)；

m,n——与材料有关的系数。

4.2.4 沥青分散度与老化时间之间的关系

图 4-13 为再生沥青在第二次老化过程系列二老化试验中分散度 d 随老化时间的变化。

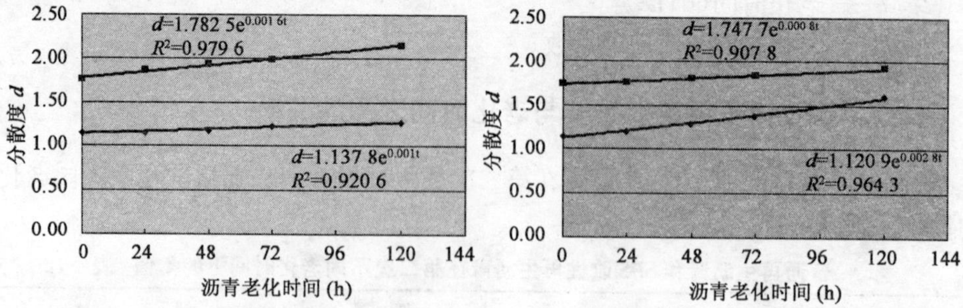

图 4-13　普通再生沥青和 SBS 改性再生沥青分散度与老化时间之间的关系

从试验中发现，普通沥青和 SBS 改性沥青的分散度 d 与老化时间 t 之间有很好的指数关系，分散度 d 与老化时间 t 的关系可以用下式表示：

$$d = me^{nt} \tag{4-4}$$

式中：d——分散度；

t——老化时间(h)；

m,n——与材料有关的系数。

4.2.5　老化速率与老化时间之间的关系

表 4-13 为再生沥青在第二次老化过程中两个系列老化试验不同老化时间段的老化速率 M 值。普通再生沥青和 SBS 改性沥青 M 值与老化时间之间的关系见图 4-14。

普通再生沥青和 SBS 改性再生沥青在第二次不同老化时间下的 M 值　表 4-13

老化时间(h)	系列一试验沥青的 M		老化时间(h)	系列二试验沥青的 M	
	普通再生沥青	SBS 改性再生沥青		普通再生沥青	SBS 改性再生沥青
0	0.000	0.000	0	0.000	0.000
5	0.061	0.035	24	0.006	0.016
16	0.055	0.048	48	0.005	0.023
24	0.061	0.043	72	0.005	0.021
48	0.078	0.039	120	0.006	0.009

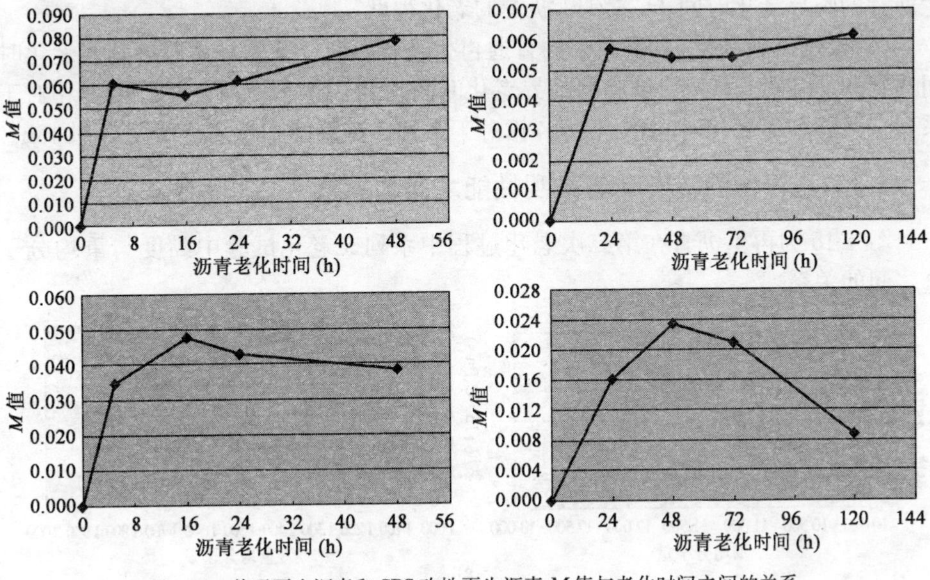

图 4-14　普通再生沥青和 SBS 改性再生沥青 M 值与老化时间之间的关系

4.2.6　再生沥青再度老化规律的分析

(1)两种再生沥青的老化指数 C 值随老化时间的增加而增加，说明两种再生沥青的老化程度在不断加剧，在相同温度和相同老化时间下，SBS 改性再生沥青的 C 值要小于普通再生沥青的 C 值，说明 SBS 改性再生沥青的抗老化性好。

(2)两种再生沥青的残留黏度比 K 值随老化时间的增加而增加，说明两种再生沥青的老化程度在不断加剧，在相同温度和相同老化时间下，SBS 改性再生沥青的 K 值要小于普通再生沥青的 K 值，说明 SBS 改性再生沥青的抗老化性好。

(3)两种再生沥青的分散度 d 值随老化时间的增加而增加，说明两种再生沥青的老化程度在不断加剧，在相同温度和相同老化时间下，SBS 改性再生沥青的 d 值要小于普通再生沥青的 d 值，说明 SBS 改性再生沥青的抗老化性好。

(4)再生沥青第二次老化的老化指数 C、残留黏度比 K、胶体不稳定指数 I_c、分散度 d 与老化时间 t 之间的规律与沥青第一次老化过程中的规律一致。

(5)普通再生沥青和 SBS 改性再生沥青在不同的老化时间段内有不同的老化速率，根据普通再生沥青和 SBS 改性再生沥青的 M 值的变化趋势发现，当再生沥青第二次老化到一定时间后，其 M 值也会出现了一个“峰值”，在出现这个“峰值”之后，再生沥青的 M 值趋于稳定，变化幅度很小。这说明再生沥青在这个“峰值”之前其老化速度比较快，而在这个“峰值”之后其老化速度比较慢，趋于稳定。如果仍然把这个“峰值”所对应的老化时间作为沥青的临界老化时间 H，仍可以利用再生沥青的临界老化时间 H 来判断沥青的老化程度。

(6)根据试验结果，本研究中的普通再生沥青相对于系列一试验的临界老化时间达到5h，相对于系列二试验的临界老化时间达到24h；SBS改性再生沥青相对于系列一试验临界老化时间达到16h，相对于系列二试验的临界老化时间达到48h。

4.2.7 再生沥青宏观与微观性能之间的关系

图4-15为再生沥青在第二次老化过程中系列二老化试验中黏度与重均分子量之间的关系。

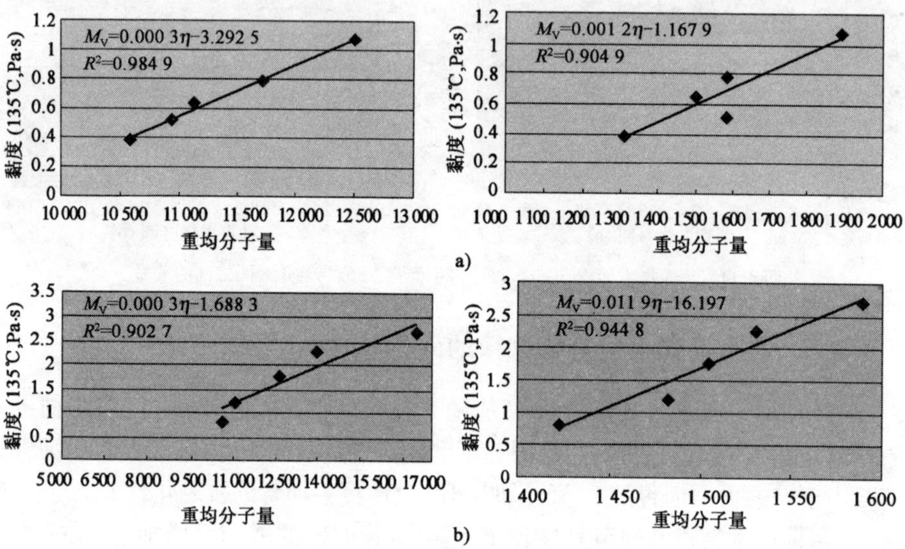

图4-15 普通再生沥青和SBS改性再生沥青黏度与重均分子量之间的关系

a)普通再生沥青；b)SBS改性再生沥青

从试验中发现，普通再生沥青和SBS改性再生沥青的黏度与重均分子量之间有很好的线性关系，可以用下式表示：

$$\overline{M_w} = A\eta + B \tag{4-5}$$

式中：$\overline{M_w}$——沥青的重均分子量；

η——沥青的黏度(135℃，Pa・s)；

A,B——与材料有关的系数。

4.3 沥青两次老化的规律对比分析

4.3.1 普通沥青两次老化规律的对比分析

将普通沥青两次老化的同一性能指标变化进行对比分析，对比结果见图4-16。

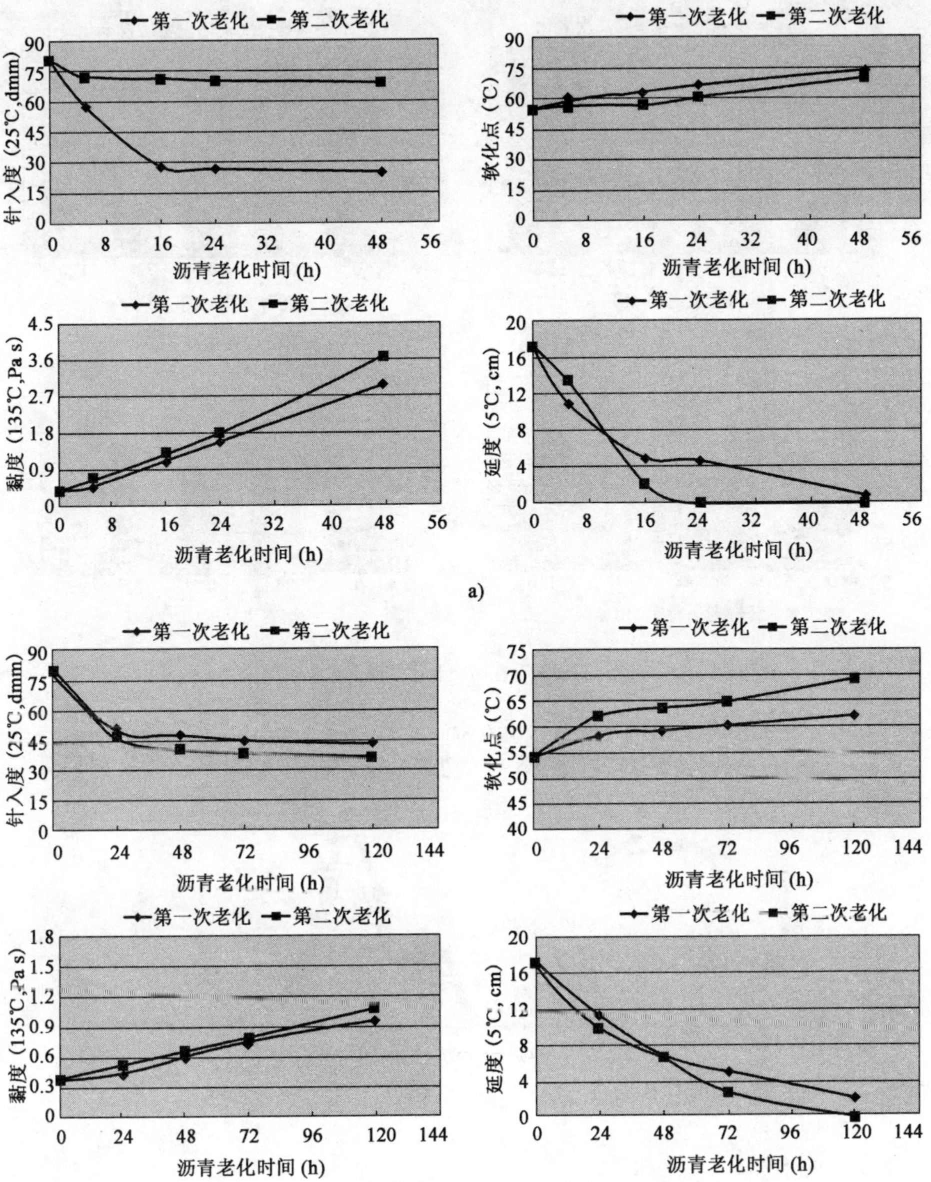

图 4-16 普通沥青在两次老化过程中的性能指标对比

a)系列一试验；b)系列二试验

将普通沥青在两次老化过程中的组分进行对比分析，对比结果见图4-17。

将普通沥青在两次老化过程中的分子量分布进行对比分析，对比结果见图4-18。

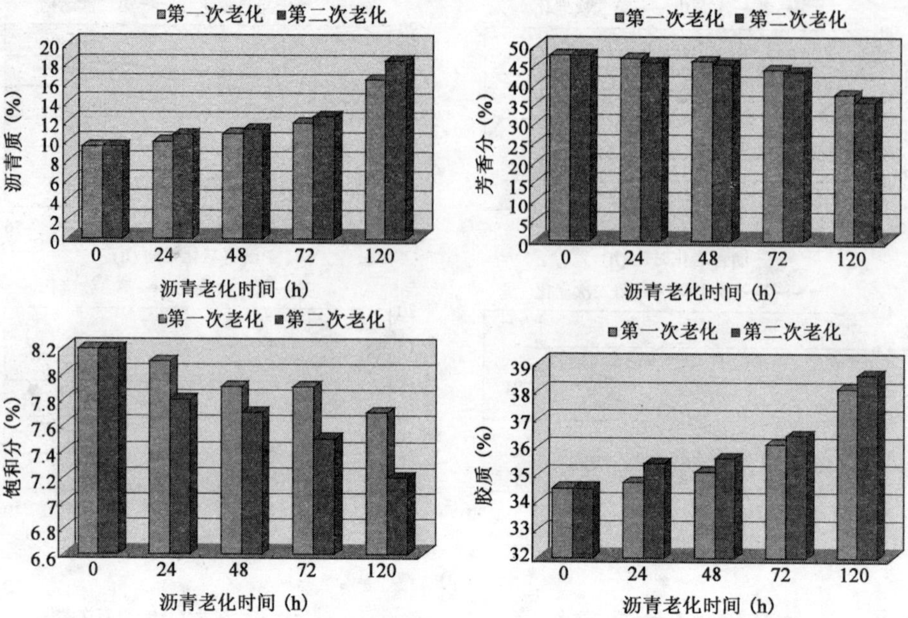

图 4-17 普通沥青在两次老化过程中组分对比

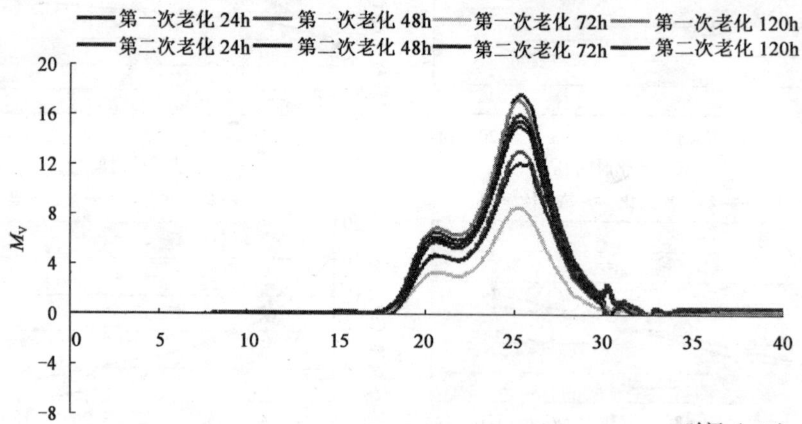

图 4-18 普通沥青在两次老化过程中分子量分布对比

4.3.2 SBS 改性沥青两次老化规律的对比分析

将 SBS 改性沥青两次老化的同一性能指标变化进行对比分析，对比结果见图 4-19。

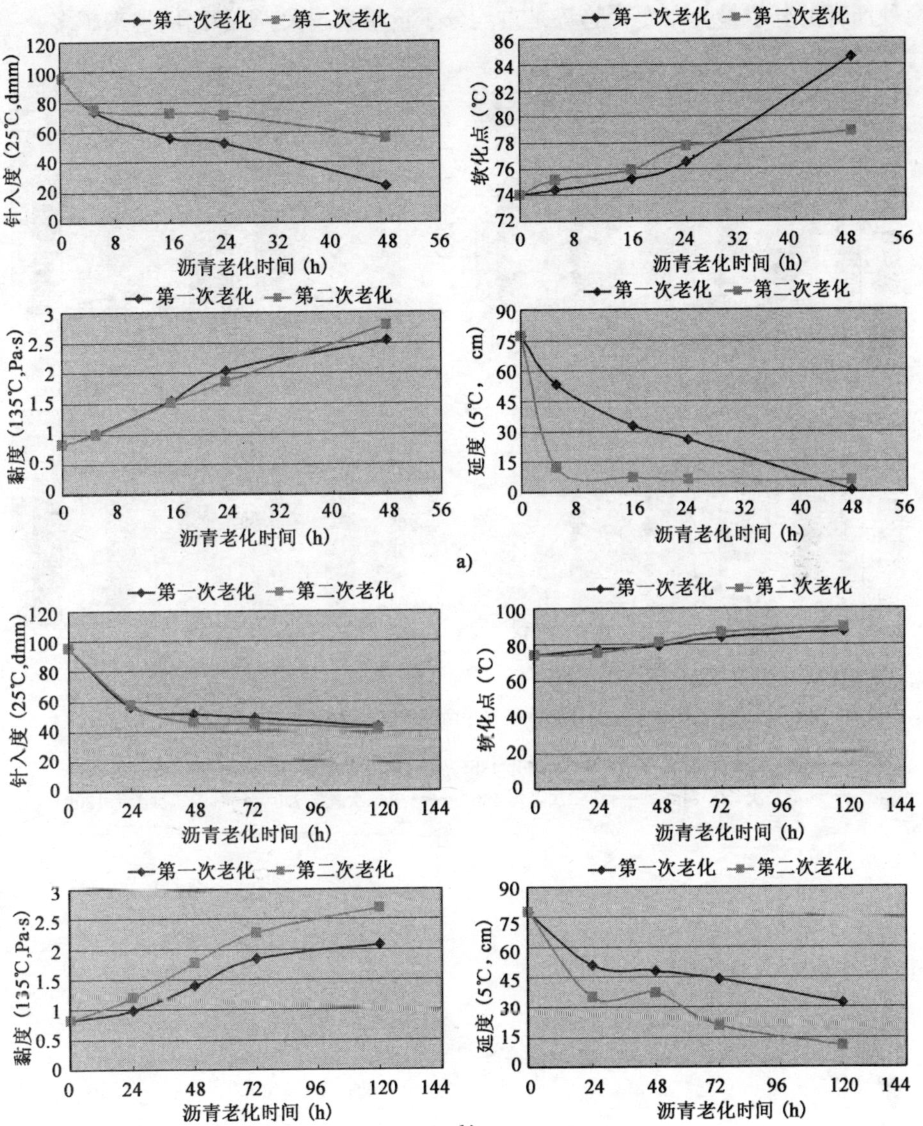

图 4-19 SBS 改性沥青两次老化后性能指标对比

a)系列一试验；b)系列二试验

将 SBS 改性沥青在两次老化过程中的组分分布变化进行对比分析，见图 4-20。

将 SBS 改性沥青在两次老化过程中的分子量分布进行对比分析，见图 4-21。

(1)从沥青两次老化的对比数据可知，随着老化时间的增加，两种沥青的变化趋势是针入度越来越小，软化点越来越大，黏度越来越大，延度越来越小；两种沥青的变化趋势是饱和分基本不变，芳香分逐渐减少，胶质越来越小，沥青质越来越多；

两种沥青的分子量分布变化趋势是重均分子量越来越大，所占比例越来越多。

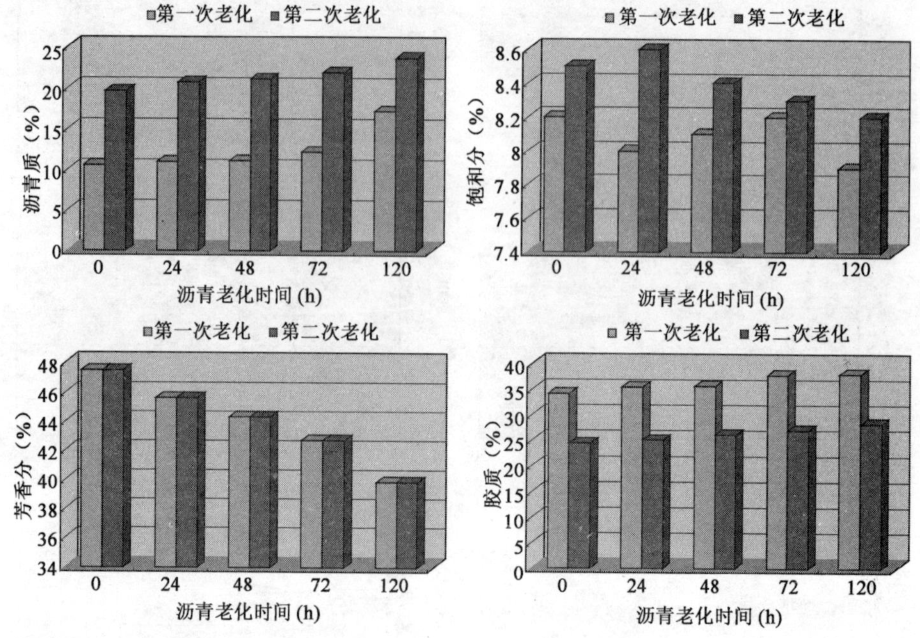

图 4-20　SBS 改性沥青在两次老化过程中组分对比

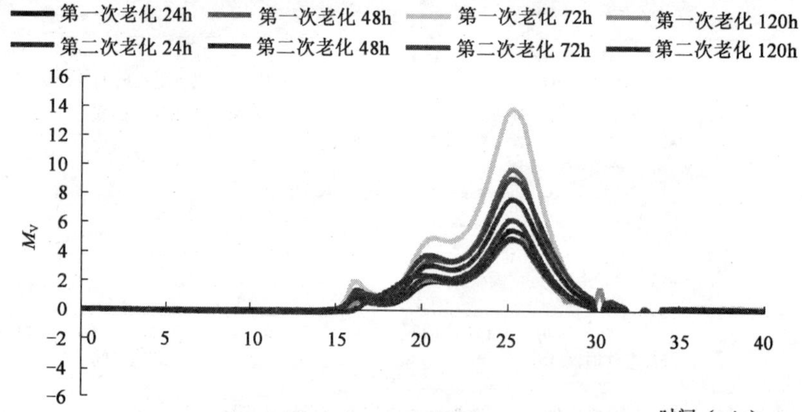

图 4-21　SBS 改性沥青在两次老化过程中分子量分布对比

(2)从沥青性能指标的变化幅度对比，沥青第二次老化的性能指标变化幅度明显高于第一次老化的性能指标，说明沥青经过重复老化后，其抗老化性在下降。

4.3.3　沥青两次老化规律对比分析

(1)两种沥青在两次老化过程中的老化指数是不同的，图 4-22 为沥青在两次

老化过程中的 C 值对比图。

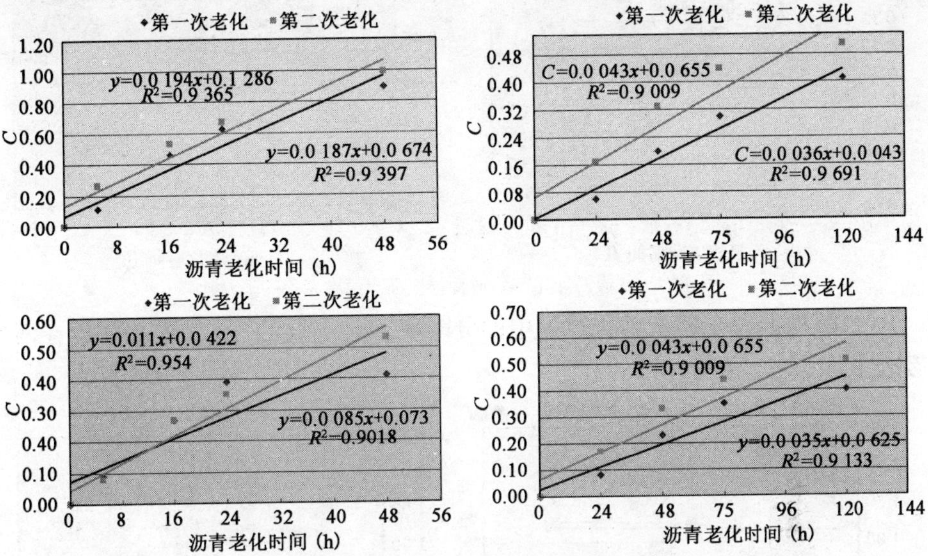

图 4-22 普通再生沥青和 SBS 改性再生沥青在两次老化过程中的 C 对比

(2)两种沥青在两次老化过程中的老化速率是不同的，图 4-23 为沥青在两次老化过程中的 M 值对比图。

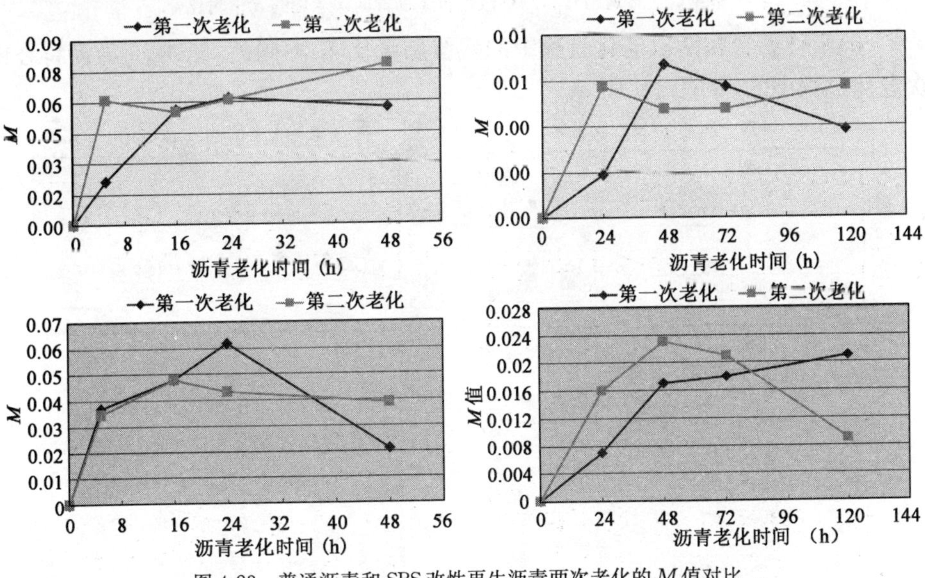

图 4-23 普通沥青和 SBS 改性再生沥青两次老化的 M 值对比

(3)两种沥青在两次老化过程中的胶体不稳定指数是不同的，图 4-24 为沥青在两次老化过程中的 I_c 值对比图。

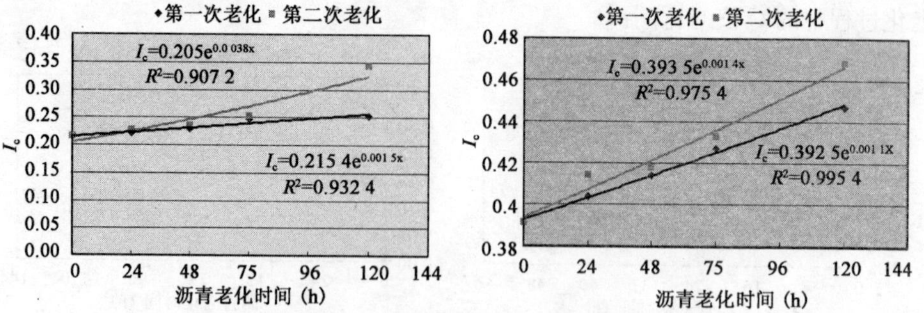

图 4-24　普通沥青和 SBS 改性再生沥青两次老化的 I_c 对比

(4)两种沥青在两次老化过程中的分散度 d 是不同的，图 4-25 为沥青在两次老化过程中的 d 值对比图。

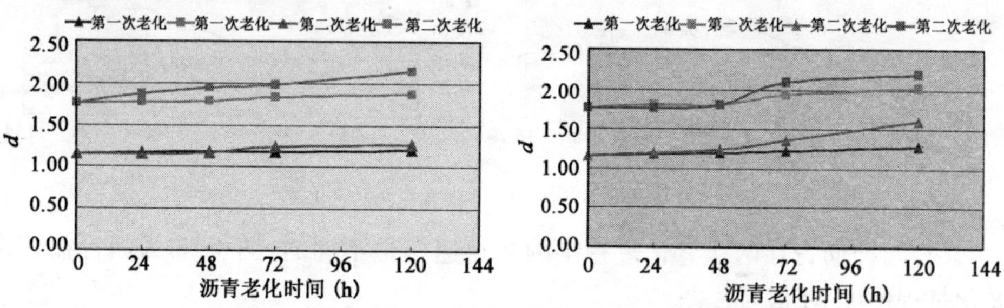

图 4-25　普通沥青和 SBS 改性再生沥青两次老化的 d 值对比

(5)两种沥青在两次老化过程中的残留黏度比 K 不同的，图 4-26 为沥青在两次老化过程中的 K 值对比图。

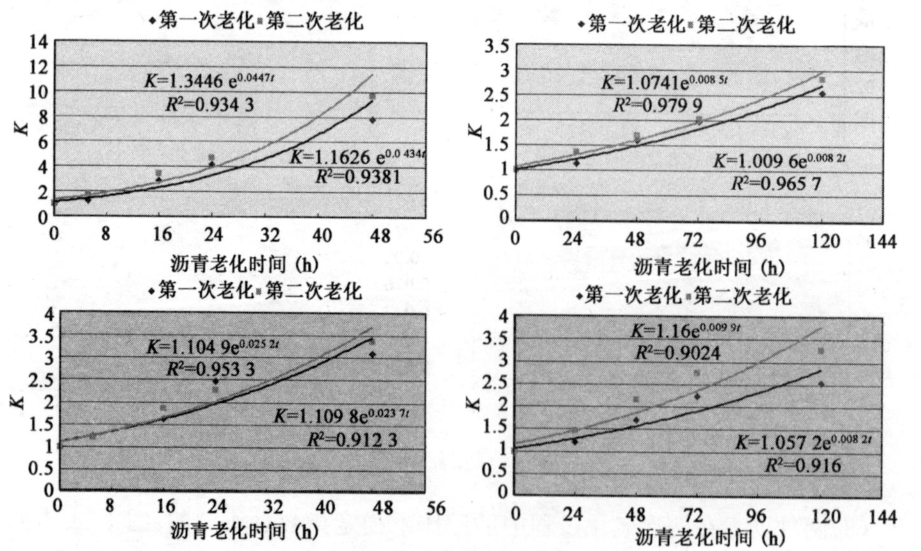

图 4-26　普通再生沥青和 SBS 改性再生沥青在两次老化过程中的 K 值对比

从试验中可知：

(1)对于同种沥青在两次老化过程中老化指标值(C、M、I_c、d、K 等)与老化时间之间的关系保持一致。

(2)对于同种沥青在两次老化过程中各项老化指标均有所不同，在同一个老化时间段内沥青在第二次老化过程中的老化指标值(C、M、I_c、d、K 等)明显大于第一次老化的老化指标值，说明沥青的抗老化性能随着老化次数的增加而不断下降。

4.4 再生沥青第二次再生性能分析

4.4.1 普通再生沥青第二次再生后性能分析

按最佳再生剂剂量计算公式对第二次老化后的普通再生沥青进行二次再生，其性能结果见表4-14和表4-15。普通再生沥青在第二次再生后的组分分布及分子量分布见图4-27、图4-28。

普通再生沥青第二次再生后的性能指标 表4-14

老化试验	老化时间(h)	最佳再生剂剂量(%)	针入度(25℃,0.1mm)	软化点(℃)	黏度(135℃,Pa·s)	延度(5℃,cm)
系列一	5	12	75.8	50.8	0.374	9.4
	16	18	76.1	53.2	0.372	7.4
	24	20	77.4	49.6	0.369	5.3
	48	27	78.2	49.3	0.371	3.5
系列二	24	4	77.2	48.0	0.383	10.1
	48	5	78.1	50.2	0.386	9.2
	72	6	73.9	49.7	0.378	7.1
	120	9	75.1	49.3	0.391	4.8

普通再生沥青第二次再生后的组分 表4-15

老化时间(h)	最佳再生剂剂量(%)	饱和分(%)	芳香分(%)	胶质(%)	沥青质(%)
0	0	8.2	47.8	34.5	9.5
24	4	8.2	46.9	34.7	10.2
48	5	8.4	47.1	34.8	9.7
72	6	8.3	46.5	34.7	10.5
120	9	8.1	46.4	34.6	10.9

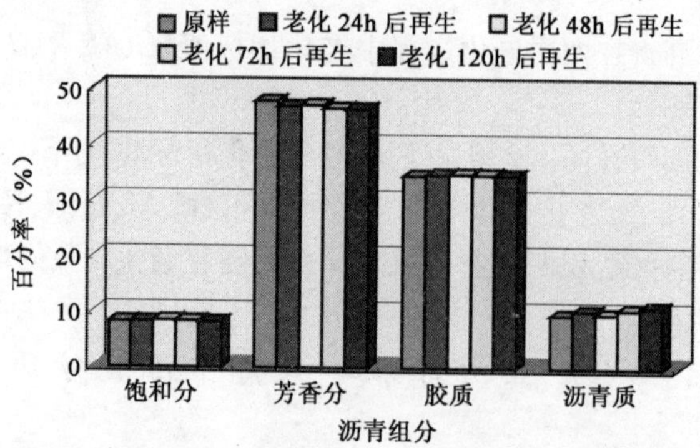

图 4-27　普通再生沥青在第二次再生后的组分分布

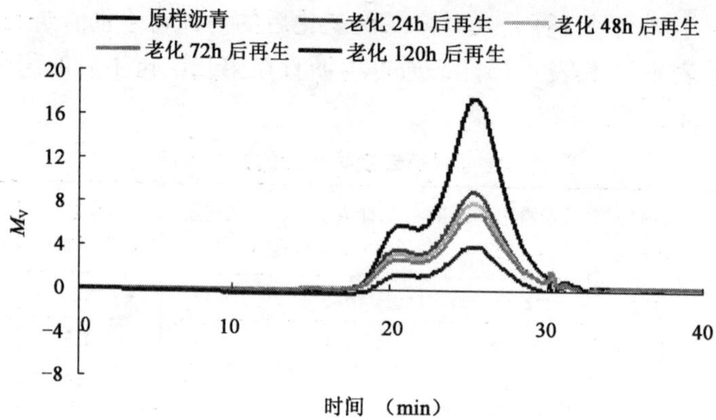

图 4-28　普通再生沥青在第二次再生后的分子量分布

4.4.2　SBS 再生沥青第二次再生后性能分析

按最佳再生剂剂量计算公式对第二次老化后 SBS 改性再生沥青进行第二次再生，其性能结果见表 4-16 和表 4-17、图 4-29 和图 4-30。

SBS 改性再生沥青第二次再生后的性能指标　　表 4-16

老化试验	老化时间(h)	最佳再生剂剂量(%)	针入度(25℃,0.1mm)	软化点(℃)	黏度(135℃,Pa·s)	延度(5℃,cm)
系列一	5	10	93.8	72.9	0.886	39.1
	16	12	89.2	76.6	0.812	37.1
	24	17	92.3	72.5	0.872	37.3
	48	25	92.8	78.7	0.879	32.7

续上表

老化试验	老化时间(h)	最佳再生剂剂量(%)	针入度(25℃,0.1mm)	软化点(℃)	黏度(135℃,Pa·s)	延度(5℃,cm)
系列二	24	2	89	78.5	0.993	30
	48	3	91	77.4	0.886	25
	72	4	98	74.6	0.957	30
	120	7	95	74.7	0.852	28

SBS改性再生沥青第二次再生后的组分 表4-17

老化时间(h)	最佳再生剂剂量(%)	饱和分(%)	芳香分(%)	胶质(%)	沥青质(%)
0	0	8.5	47.5	24.4	19.6
24	2	8.5	47.5	24.4	19.6
48	3	8.4	47.1	24.7	19.8
72	4	8.4	47.6	24.6	19.4
120	7	8.6	47.5	24.7	19.2

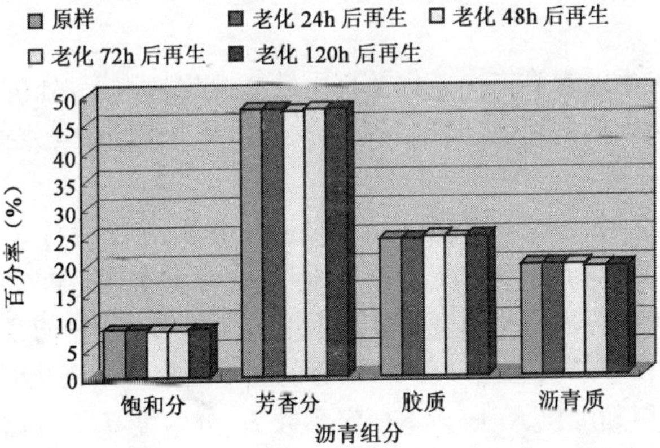

图4-29 SBS改性再生沥青第二次再生后的组分分布

从试验可知:

(1)再生沥青经过第二次老化后,如果加入合适的再生剂剂量,其路用性能指标可以得到恢复。根据最佳再生剂剂量计算公式仍可以确定再生沥青经过第二次老化后所需的最佳再生剂剂量,并在最佳再生剂剂量作用下,其性能恢复得最好,但相对于沥青的第一次再生所需的最佳再生剂剂量要高。

(2)沥青经历两次老化及再生,尤其是第二次再生后的沥青性能指标仍能恢复到原样沥青的水平,说明再生沥青经过第二次老化并进行合理的再生后,可以使用,但从加入最佳再生剂剂量的多少可知,沥青的抗老化性随着老化次数的增加而逐渐下降。

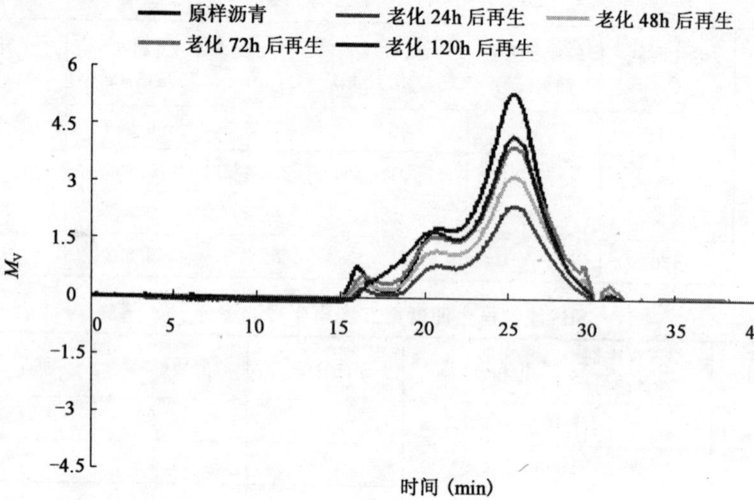

图 4-30　SBS 改性再生沥青第二次再生后分子量分布

4.5　小　　结

本章在研究再生沥青第二次老化及再生性能变化基础上，分析了再生沥青经过第二次老化及再生后的性能，对比沥青两次老化及再生的变化规律，得出的主要结论如下：

(1)再生沥青在第二次老化过程中性能指标、组分、分子量分布的变化规律与第一次老化的性能指标变化规律基本相近，但变化幅度不同。再生沥青在第二次老化过程中的各种指标的变化幅度明显高于第一次老化过程中的变化幅度。

(2)再生沥青在第二次老化过程中，沥青的老化指数 C 与老化时间 t 之间也存在线性的关系，残留黏度比 K、胶体不稳定系数 I_c、分散度 d 与老化时间 t 之间存在指数关系，且相关性较好，说明沥青在两次老化过程中的老化规律基本相同。

(3)再生沥青在第二次老化过程中，再生沥青的黏度与重均分子量之间存在着良好的线性关系，说明再生沥青的宏观性能与微观性能之间存在着一定的联系。

(4)从再生沥青在第二次老化过程中的老化速率 M 可知，沥青在不同老化时间内有不同的老化速率，根据普通再生沥青和 SBS 改性再生沥青 M 值的变化趋势发现，当再生沥青第二次老化到一定时间后，其 M 值突然出现了一个“峰值”，在出现这个“峰值”之后，再生沥青的 M 值趋于稳定，变化幅度很小。这说明再生沥青在这个“峰值”之前其老化程度严重，而在这个“峰值”之后其老化程度趋于稳定。

(5)普通再生沥青第二次老化过程中相对于系列一试验的临界老化时间 H 为5h,相对于系列二试验的临界老化时间 H 为24h,而SBS改性再生沥青第二次老化过程中相对于系列一试验的临界老化时间 H 为16h,相对于系列二试验的临界老化时间 H 为48h。同其第一次老化过程中的临界老化时间相比,沥青在第二次老化过程中的临界老化时间明显小于第一次老化过程中的临界老化时间,说明沥青达到临界老化时间所需的时间相对缩短,因此,沥青的抗老化性能在下降。

(6)再生沥青经过第二次老化后,如果加入合适的再生剂剂量,其性能指标可以得到恢复。根据最佳再生剂剂量计算公式仍可以确定再生沥青经过第二次老化后的最佳再生剂剂量,在这个最佳再生剂剂量作用下,沥青的性能指标基本上能恢复到原样沥青的水平,但延度指标恢复的不是很好。

(7)从沥青两次老化过程中的最佳再生剂剂量的用量上可知,对于相同老化程度下的老化沥青所需的最佳再生剂剂量不同,沥青第二次老化过程中所需的最佳再生剂剂量要明显高于第一次再生所需的最佳再生剂剂量,这说明沥青的抗老化性在下降。

第5章 再生沥青混合料耐久性评价

目前人们对原样沥青混合料的路用性能及其耐久性均进行了深入的研究，但对于再生沥青混合料路用性能的评价及其耐久性还没有形成系统的评价体系。本研究中的第2章、第3章和第4章是研究了室内模拟两次老化及再生后沥青的微观性能和宏观性能，而在实际道路中真正应用的是沥青混合料而非沥青，本章针对以原样沥青和两次老化及再生的沥青为结合料配制沥青混合料，系统地评价其耐久性。

5.1 配合比设计及路用性能评价指标体系的建立

5.1.1 再生沥青混合料配合比设计方法

对于热再生沥青混合料的配合比设计，目前多采用 Marshall 试验法，其流程见图5-1。

1)回收沥青混合料性能的评价

对于回收的沥青混合料应做抽提试验和矿料的筛分试验，以确定回收沥青的性能指标（针入度、黏度等），并确定其级配组成。

2)确定回收沥青混合料的掺配率

回收沥青混合料的掺配率由加工再生沥青混合料的拌和设备、回收沥青混合料的性能、再生后的沥青混合料的使用结构层位和交通量等多种因素确定。

3)再生剂的选择和用量的确定

是否使用再生剂是根据回收沥青的老化程度而定的，若回收沥青老化的程度不严重，可不选用再生剂；若回收沥青的老化程度严重，则需要采用再生剂，并按照本研究所提出的基于黏度指标的方程，确定其最佳再生剂剂量，见第3章式(3-7)。

4)新沥青的用量

在回收沥青混合料中也可以通过加入新沥青来调节回收沥青的黏度，改善回收沥青的性质。其用量可由下式确定：

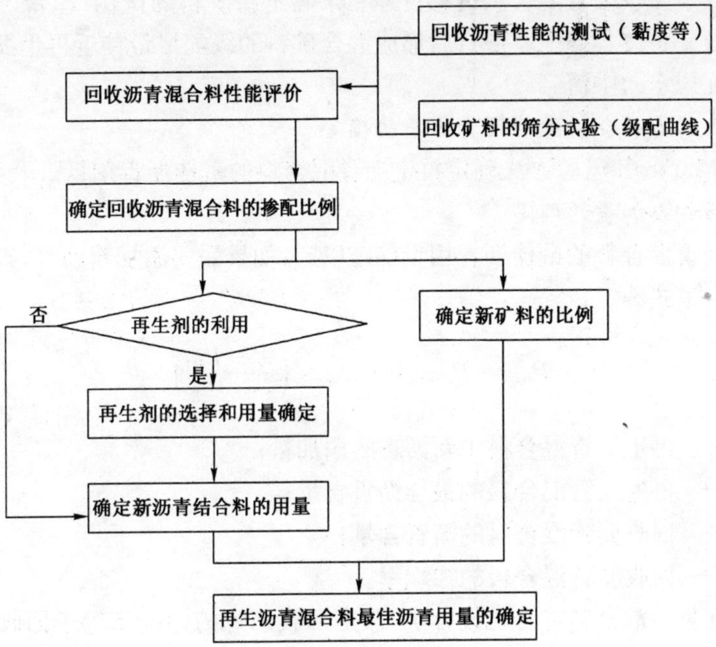

图5-1 热再生沥青混合料配合比设计流程

$$X = \frac{P_b - P_{bR} \cdot P}{P_b} \tag{5-1}$$

式中：X——新沥青的掺配比例；

P_b——再生沥青混合料的设计沥青含量；

P_{bR}——回收沥青混合料的沥青含量；

P——回收沥青混合料的掺配率。

经过再生后其针入度可由下式进行计算：

$$\lg P_R = X^{1.02}(\lg P_b - 4.6569) + (1 - X)^{1.02} \cdot (\lg P_o - 4.6569) + 4.6569 \tag{5-2}$$

式中：P_R——再生后沥青的针入度(0.1mm)；

P_b——新沥青结合料的针入度(0.1mm)；

P_o——回收沥青的针入度(0.1mm)；

X——新沥青结合料的掺配率。

5)新矿料比例的确定

根据再生沥青混合料的设计级配，对照回收矿料的级配和掺配率（回收矿料的掺配率等于回收沥青混合料的掺配率）来确定新矿料的比例，即新矿料按照其比例和回收矿料按其掺配率混合后形成混合矿料的级配尽量接近再生沥青混合料的设计级配规定的中值。

6)再生沥青混合料最佳沥青用量的确定

采用 Marshall 试验方法确定再生沥青混合料的最佳沥青用量。

7)新沥青添加量的确定

再生沥青混合料的最佳沥青用量确定以后，如果需要添加新沥青，则新沥青的添加量可由下式确定：

$$P_{bn} = P_b - P \cdot P_{bR} \cdot \left(\frac{1-P_b}{1-P_{bR}}\right) \tag{5-3}$$

式中：P_{bn}——再生沥青混合料中新沥青的添加量；

P_b——再生沥青混合料的最佳沥青含量；

P_{bR}——回收沥青混合料的沥青含量；

P——回收沥青混合料的掺配率。

由于在再生混合料配合比设计中，假定回收沥青的掺配率等于回收沥青混合料的掺配率，故使得真正的回收沥青混合料的掺配率变为 $P \cdot \left(\frac{1-P_b}{1-P_{bR}}\right)$。

5.1.2 路用性能评价指标体系的建立

以原样沥青和两次老化过程中不同老化程度的沥青及再生沥青为结合料，采用 Marshall 试验方法配制基于同种级配（AC－16C）的原样沥青混合料、老化沥青混合料以及再生沥青混合料，对比分析、评价不同类型沥青混合料的路用性能。

对不同类型原样和再生沥青混合料分别进行短期老化和长期老化，然后评价其路用性能，以比较其耐久性。建立的沥青混合料路用性能评价指标体系见图 5-2。

5.1.3 再生沥青混合料配合比设计

5.1.3.1 矿料

配制 AC-16C 型沥青混合料，采用 5 种矿料，分别对其进行了原材料性能试验，结果如下。

(1)粗集料

采用的粗集料为石灰岩碎石，有 10～20mm 和 5～10mm 两种规格，对其进行相关测试，其测试结果见表5-1。

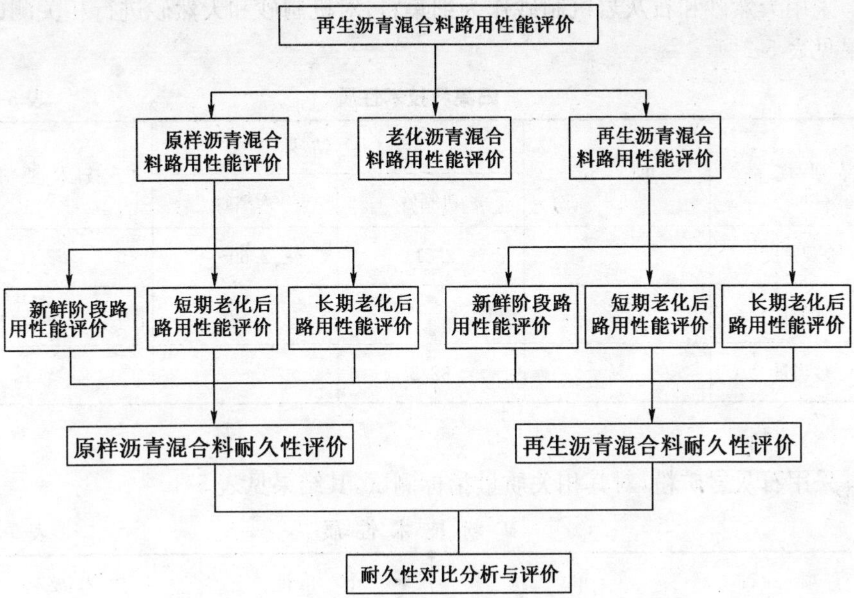

图5-2 再生沥青混合料路用性能评价指标体系

粗集料技术性质 表5-1

指标	单位	试验结果		技术指标
		10～20mm	5～10mm	
压碎值	%	14.2		≤28
洛杉矶磨耗率	%	18.9		≤30
表观相对密度	—	2.83	2.831	≥2.50
吸水率	%	0.59	0.73	≤3.0
针片状含量 大于9.5mm 小于9.5mm	% % %	6.8 6.8 —	8.1 — 8.1	≤18 ≤15 ≤20
水洗法 <0.075mm 颗粒含量	%	0.6	0.8	≤1
软石含量	%	0	0	<5

(2)细集料

采用天然砂和石灰岩机制砂作为细集料,对机制砂和天然砂进行相关测试,其结果见表5-2。

细集料技术性质　　表5-2

品种规格	单位	试验结果		技术要求
		机制砂	天然砂	
表观密度	—	2.811	2.605	≥2.50
含泥量	%	—	2.9	≤3
砂当量	%	82.2	—	≥60

(3)填料

采用石灰岩矿粉,对其相关质量指标测试,其结果见表5-3。

矿粉技术性质　　表5-3

项目	单位	矿粉	技术要求
视密度	g/cm³	2.785	≥2.50
亲水系数	—	0.8	≤1.0
含水率	%	0.3	<1.0
粒度范围 <0.6mm	%	100	100
<0.15mm	%	99.0	90~100
<0.075mm	%	91.5	75~100
外观	—	符合要求	无团粒结块

5.1.3.2　矿质混合料设计

按AC-16C型沥青混合料进行矿料级配设计,设计级配范围和中值见表5-4,级配曲线见图5-3。

5.1.3.3　沥青

采用的沥青分别为原样普通沥青和SBS改性沥青、两次老化过程中的不同老化程度的沥青及其再生沥青,沥青的性能指标在上述各章中均有测试结果,在此不再赘述。

矿质混合料合成级配曲线 表5-4

材料名称		下列筛孔(mm)的通过百分率(%)										
		19.0	16.0	13.2	9.5	4.75	2.36	1.18	0.6	0.3	0.15	0.075
各种矿料在混合料中的级配	10～20mm (33%)	33	30	20	4	0.2	0.2	—	—	—	—	—
	5～10mm (17%)	17	17	17	17	3	0.4	0.3	0.2	0.2	0.2	0.2
	天然砂 (12%)	12	12	12	12	11	8	7	6	4	2	1
	机制砂 (32%)	32	32	32	32	32	23	16	9	4	2	1
	矿粉 (6%)	6	6	6	6	6	6	6	6	6	6	5
矿质混合料的合成级配		100	96.9	87.2	71.3	53.3	37.0	29.3	21.8	14.8	10.5	7.9
设计级配范围		100	95～100	75～90	58～78	42～63	32～50	22～37	16～28	11～21	7～15	4～8

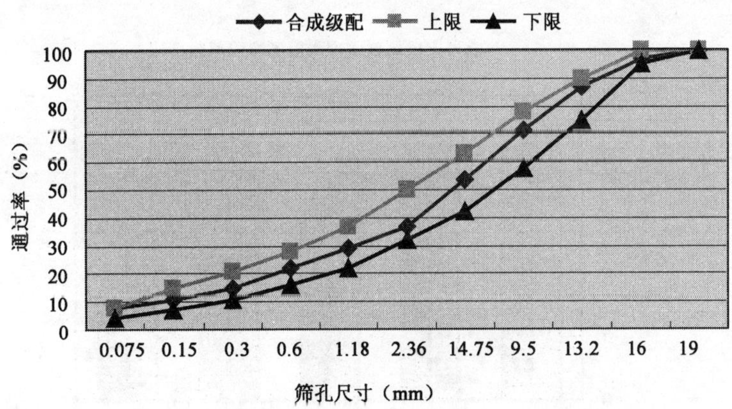

图5-3 沥青混合料的级配曲线

5.1.3.4 最佳沥青用量的确定

通过Marshall试验确定再生沥青混合料的最佳沥青用量，对于普通沥青混合料的最佳沥青用量为4.9%，对于SBS改性沥青混合料的最佳沥青用量为4.6%。

5.2 第一次再生沥青混合料性能及耐久性评价

对第一次再生沥青混合料的路用性能，从高温稳定性、低温抗裂性、水稳定性等方面来进行评价。

5.2.1 第一次老化沥青混合料路用性能评价

5.2.1.1 普通老化沥青混合料路用性能评价

以普通原样沥青 60/80 和在第一次老化过程中不同老化程度的沥青为结合料来配制 AC-16C 型沥青混合料。其中，N 表示原样普通沥青混合料，5A 表示以第一次老化 5h 后的普通沥青配制的混合料，16A 表示以第一次老化 16h 后的普通沥青配制的混合料，24A 表示以第一次老化 24h 后的普通沥青配制的混合料，48A 表示以第一次老化 48h 后的普通沥青配制的混合料，其路用性能评价如下。

1)水稳定性(表 5-5、图 5-4)

水稳定性试验结果　　表 5-5

类型	浸水残留稳定度(%)	劈裂残留强度比(%)	类型	浸水残留稳定度(%)	劈裂残留强度比(%)
N	90	84	24A	67	50
5A	84	73	48A	54	34
16A	75	66			

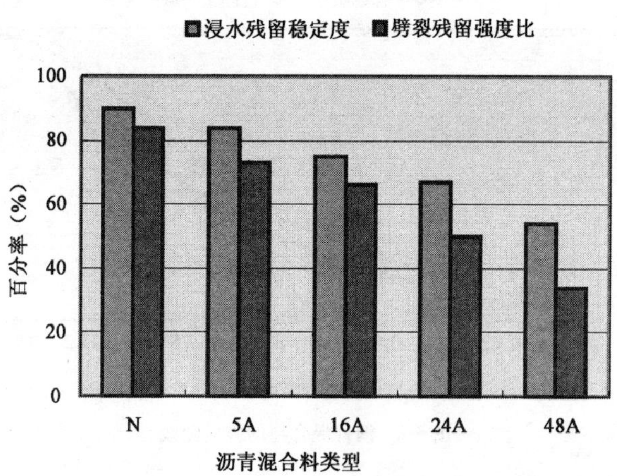

图 5-4　水稳定性对比

2)低温抗裂性(表 5-6、图 5-5)

低温抗裂性试验结果　　表 5-6

类　型	低温劈裂强度(MPa)	类　型	低温劈裂强度(MPa)
N	2.58	24A	2.25
5A	2.49	48A	2.09
16A	2.38		

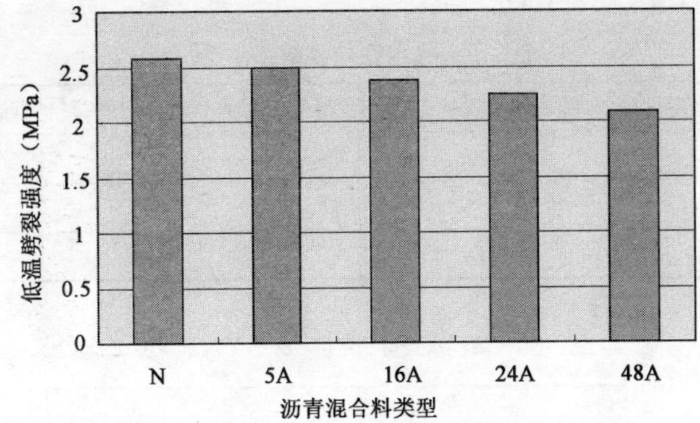

图 5-5　低温抗裂性对比

3)高温稳定性(表 5-7、图 5-6)

高温稳定性试验结果　表 5-7

类　型	动稳定度(次/mm)	类　型	动稳定度(次/mm)
N	1 654	24A	5 673
5A	2 501	48A	7 223
16A	2 982		

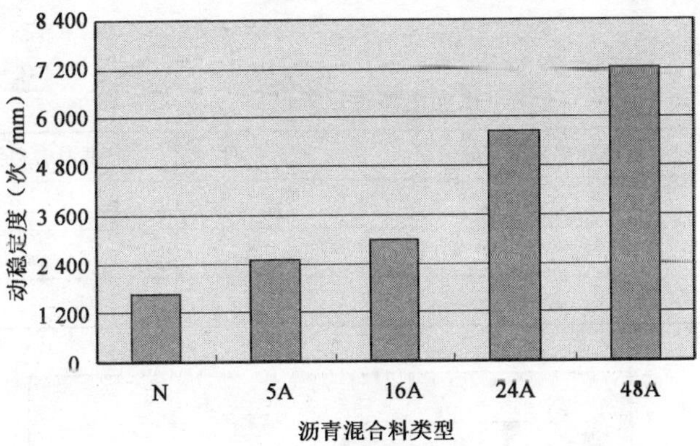

图 5-6　高温稳定性对比

5.2.1.2　SBS 改性老化沥青混合料路用性能评价

以原样 SBS 改性沥青和在第一次老化过程中不同老化程度的 SBS 改性沥青为结合料来配制 AC-16C 型沥青混合料。其中,SN 表示原样 SBS 改性沥青混合料,5SA 表示以第一次老化 5h 后的 SBS 改性沥青配制的混合料,16SA 表示以第一次老化 16h 后的 SBS 改性沥青配制的混合料,24SA 表示以第一次老化 24h 后的 SBS 改性沥青配制的混合料,48SA 表示以第一次老化 48h 后的 SBS 改性沥青配制的混合料,其路用性能评价如下。

1)水稳定性(表5-8、图5-7)

水稳定性试验结果 表5-8

类型	浸水残留稳定度(%)	劈裂残留强度比(%)	类型	浸水残留稳定度(%)	劈裂残留强度比(%)
SN	93	85	24SA	70	65
5SA	86	74	48SA	66	64
16SA	74	70			

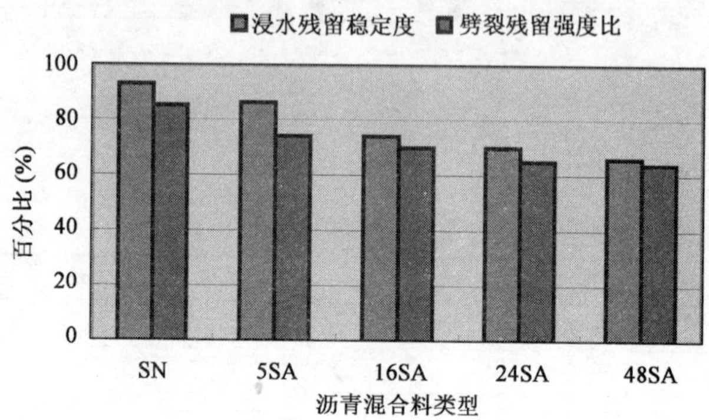

图5-7 水稳定性对比

2)低温抗裂性(表5-9、图5-8)

低温抗裂性试验结果 表5-9

类　型	低温劈裂强度(MPa)	类　型	低温劈裂强度(MPa)
SN	2.86	24SA	2.45
5SA	2.78	48SA	2.37
16SA	2.56		

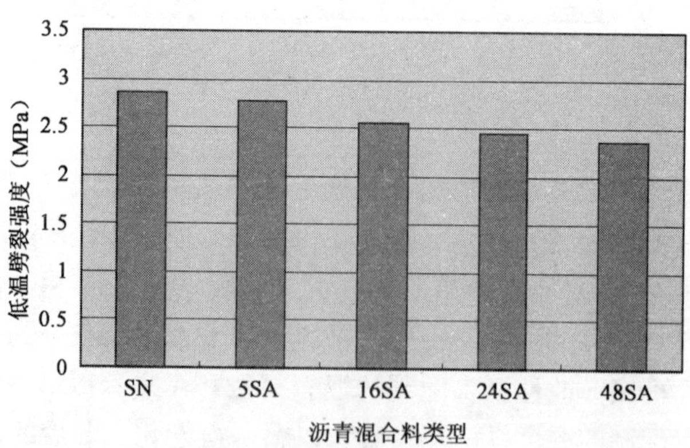

图5-8 低温抗裂性对比

3)高温稳定性(表 5-10、图 5-9)

高温稳定性试验结果　　表 5-10

类　型	动稳定度(次/mm)	类　型	动稳定度(次/mm)
SN	5 005	24SA	7 621
5SA	6 605	48SA	7 847
16SA	7 021		

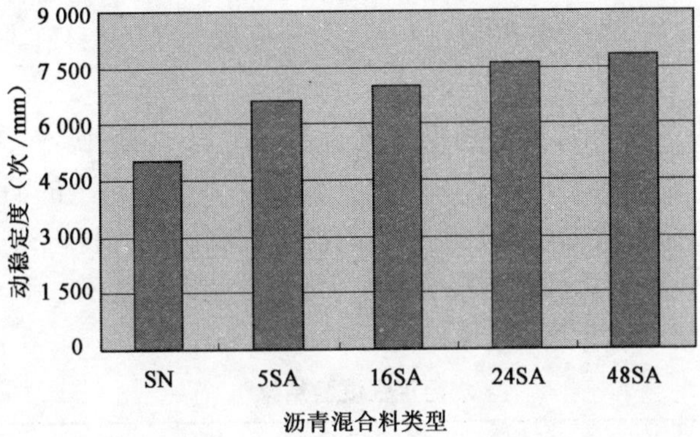

图 5-9　高温稳定性对比

从试验结果可知:利用第一次老化过程中不同老化程度的沥青为结合料来配制 AC-16C 型沥青混合料与原样沥青混合料相比,其路用性能变化如下。

(1)在水稳定性方面:老化沥青混合料的水稳定性有明显的下降,普通老化沥青混合料的残留劈裂强度比由 84%下降到 34%,浸水残留稳定度从 90%下降到 54%。SBS 改性老化沥青混合料的残留劈裂强度比从 85%下降到 64%,浸水残留稳定度从 93%下降到 66%。

(2)低温抗裂性方面:老化沥青混合料的低温抗裂性也有下降,普通老化沥青混合料从 2. 58MPa 下降到 2. 09MPa;SBS 改性老化沥青混合料从 2. 86MPa 下降到 2. 37MPa。

(3)高温稳定性方面:老化沥青混合料的高温稳定性有一定程度的提高,普通老化沥青混合料的动稳定度由原来的 1 654 次/mm 提高到 7 223 次/mm,SBS 改性老化沥青混合料的动稳定度由原来的 5 005 次/mm 提高到 7 847 次/mm。

(4)对于采用中度或重度老化沥青拌制的沥青混合料,其路用性能(水稳定性)不满足规范要求,而对于利用轻度老化沥青拌制的沥青混合料,其路用性能良好。这说明沥青的老化程度直接影响混合料的路用性能,中度和重度老化的沥青必须进行充分再生后,其路用性能才能满足规范要求。

5.2.2 第一次再生沥青混合料路用性能评价

5.2.2.1 普通再生沥青混合料路用性能评价

以普通原样沥青60/80和在第一次再生过程中的再生沥青为结合料来配制AC-16C型沥青混合料，并分别对其进行短期老化和长期老化。沥青混合料的短期老化是将沥青混合料在135℃烘箱中放置4h后，再成型试件，以模拟沥青混合料在拌和、运输和施工中的老化；沥青混合料的长期老化是将成型好的沥青混合料试件在85℃烘箱中放置120h，以模拟沥青混合料在使用过程中的老化。

在此，分别用N表示原样普通沥青混合料，5R表示采用第一次老化5h后再生的沥青配制的混合料，16R表示采用第一次老化16h后再生的沥青配制的混合料，24R表示采用第一次老化24h后再生的沥青配制的混合料，48R表示采用第一次老化48h后再生的沥青配制的混合料，其路用性能评价如下。

1)水稳定性(表5-11、图5-10)

水稳定性试验结果　　表5-11

类　型	未老化					短期老化后					长期老化后				
	N	5R	16R	24R	48R	N	5R	16R	24R	48R	N	5R	16R	24R	48R
浸水残留稳定度(%)	90	89	88	87	83	88	85	79	73	70	72	69	67	60	55
劈裂残留强度比(%)	84	82	80	76	73	79	78	70	66	61	68	67	60	55	50

2)高温稳定性(表5-12、图5-11)

高温稳定性试验结果　　表5-12

类　型	未老化					短期老化后					长期老化后				
	N	5R	16R	24R	48R	N	5R	16R	24R	48R	N	5R	16R	24R	48R
动稳定度(次/mm)	1 654	1 732	1 765	1 967	2 783	2 787	2 812	3 021	3 589	3 788	5 351	5 408	5 631	5 639	6 234

3)低温抗裂性(表5-13、图5-12)

低温抗裂性试验结果　　表5-13

类　型	未老化					短期老化后					长期老化后				
	N	5R	16R	24R	48R	N	5R	16R	24R	48R	N	5R	16R	24R	48R
低温劈裂强度(MPa)	2.58	2.56	2.52	2.46	2.28	2.47	2.41	2.39	2.33	2.30	2.43	2.32	2.28	2.14	2.10

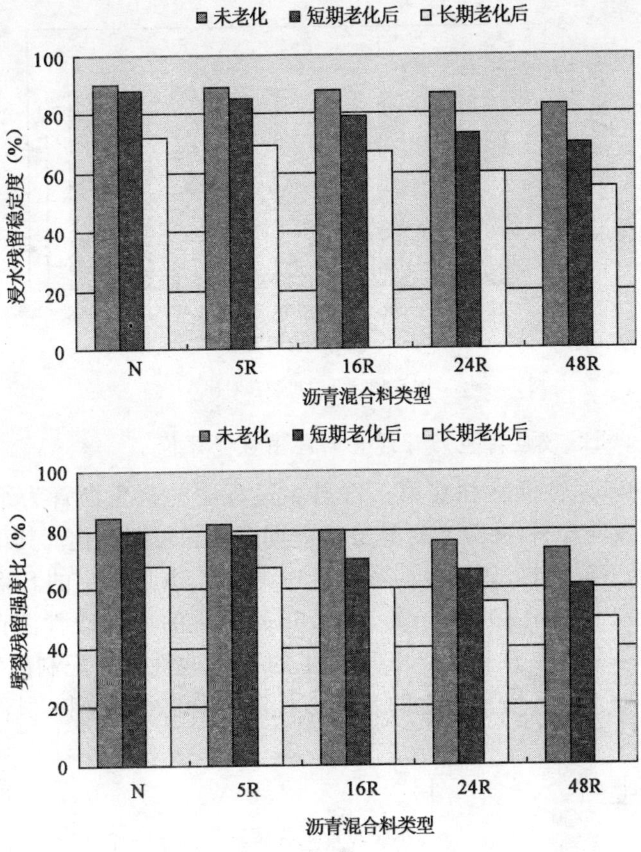

图 5-10 水稳定性对比

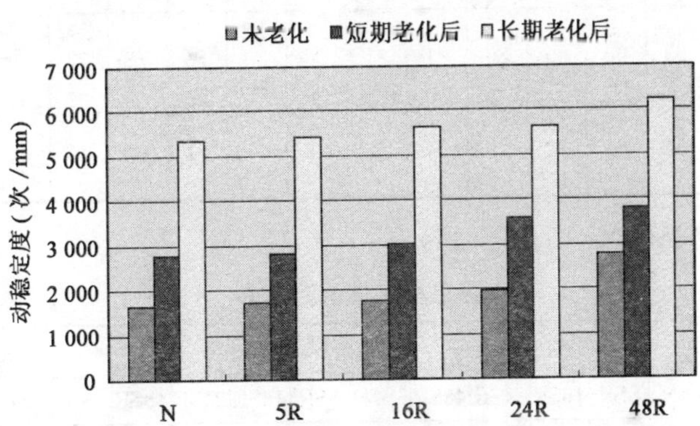

图 5-11 高温稳定性对比

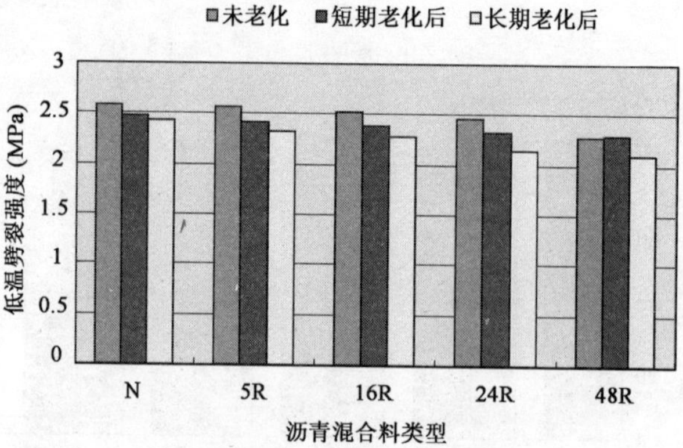

图 5-12 低温抗裂性对比

5.2.2.2 SBS 改性再生沥青混合料路用性能评价

以原样 SBS 改性沥青和在第一次再生过程中的再生沥青为结合料来配制 AC-16C 型沥青混合料，并分别对其进行短期老化和长期老化。其中，SN 表示原样 SBS 改性沥青混合料，5SR 表示采用第一次老化 5h 后再生的 SBS 改性沥青配制的混合料，16SR 表示采用第一次老化 16h 后再生的 SBS 改性沥青配制的混合料，24SR 表示采用第一次老化 24h 后再生的 SBS 改性沥青配制的混合料，48SR 表示采用第一次老化 48h 后再生的 SBS 改性沥青配制的混合料，其路用性能评价如下。

1）水稳定性（表 5-14、图 5-13）

水稳定性试验结果 表 5-14

类型	未老化					短期老化后					长期老化后				
	SN	5SR	16SR	24SR	48SR	SN	5SR	16SR	24SR	48SR	SN	5SR	16SR	24SR	48SR
浸水残留稳定度（%）	93	90	89	86	81	91	88	80	76	71	72	69	61	59	55
劈裂残留强度比（%）	84	83	82	79	74	80	78	77	71	67	69	64	62	58	52

2）高温稳定性（表 5-15、图 5-14）

高温稳定性试验结果 表 5-15

类型	未老化					短期老化后					长期老化后				
	SN	5SR	16SR	24SR	48SR	SN	5SR	16SR	24SR	48SR	SN	5SR	16SR	24SR	48SR
动稳定度（mm/次）	5 005	5 010	5 014	5 074	5 039	7 345	6 834	6 234	5 777	5 747	9 305	8 841	8 523	8 351	7 567

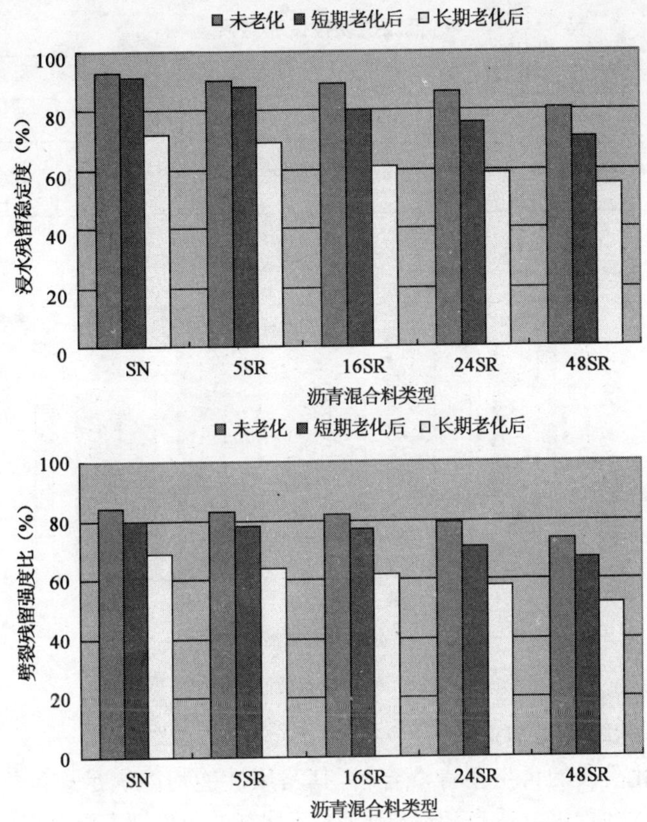

图 5-13 水稳定性对比

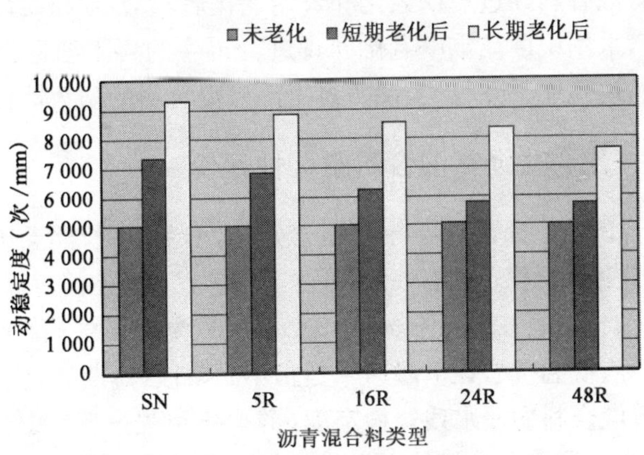

图 5-14 高温稳定性对比

3)低温抗裂性(表 5-16、图 5-15)

低温抗裂性试验结果

表 5-16

类型	未老化					短期老化后					长期老化后				
	SN	5SR	16SR	24SR	48SR	SN	5SR	16SR	24SR	48SR	SN	5SR	16SR	24SR	48SR
低温劈裂强度(MPa)	2.86	2.71	2.63	2.59	2.43	2.83	2.65	2.61	2.51	2.41	2.56	2.48	2.31	2.25	2.19

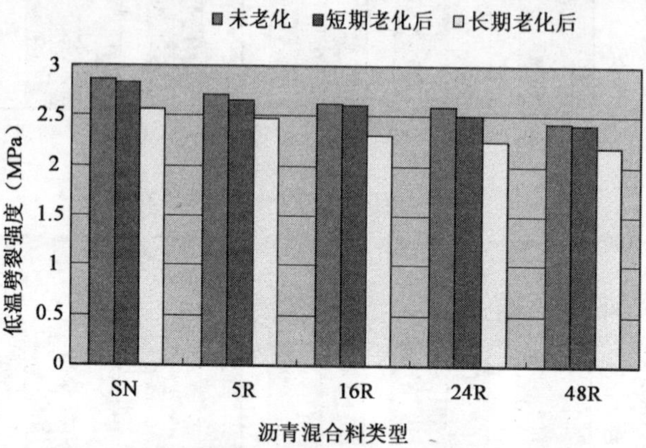

图 5-15 低温抗裂性对比

从上述试验结果可知：

(1)未老化阶段的再生沥青混合料，其路用性能均能满足规范规定的技术要求，这说明老化沥青进行适当合理再生后，其配制的再生沥青混合料的使用性能基本上能达到原样沥青混合料的使用品质。

(2)再生沥青混合料经过短期老化和长期老化后，其各项路用性能指标均有所下降。相对而言，采用中度或重度老化沥青进行再生的再生沥青为结合料配制的沥青混合料，其路用性能下降较快，说明再生沥青混合料的耐久性较差。

5.2.3 第一次再生沥青混合料耐久性评价

与未老化阶段的再生沥青混合料相比，经过短期老化和长期老化后的再生沥青混合料的水稳定性和低温稳定性有一定程度的下降，尤其是水稳定性下降较为明显。图 5-16 为再生沥青混合料在不同阶段的水稳定性、低温抗裂性下降速率对比图。

所谓水稳定性、低温抗裂性下降速率是指不同阶段(短期老化阶段和长期老化阶段)的再生沥青混合料的浸水残留稳定度(劈裂残留强度比)或低温劈裂强度相对于未老化阶段再生沥青混合料的浸水残留稳定度(劈裂残留强度比)或低温劈裂强度的相对比值。

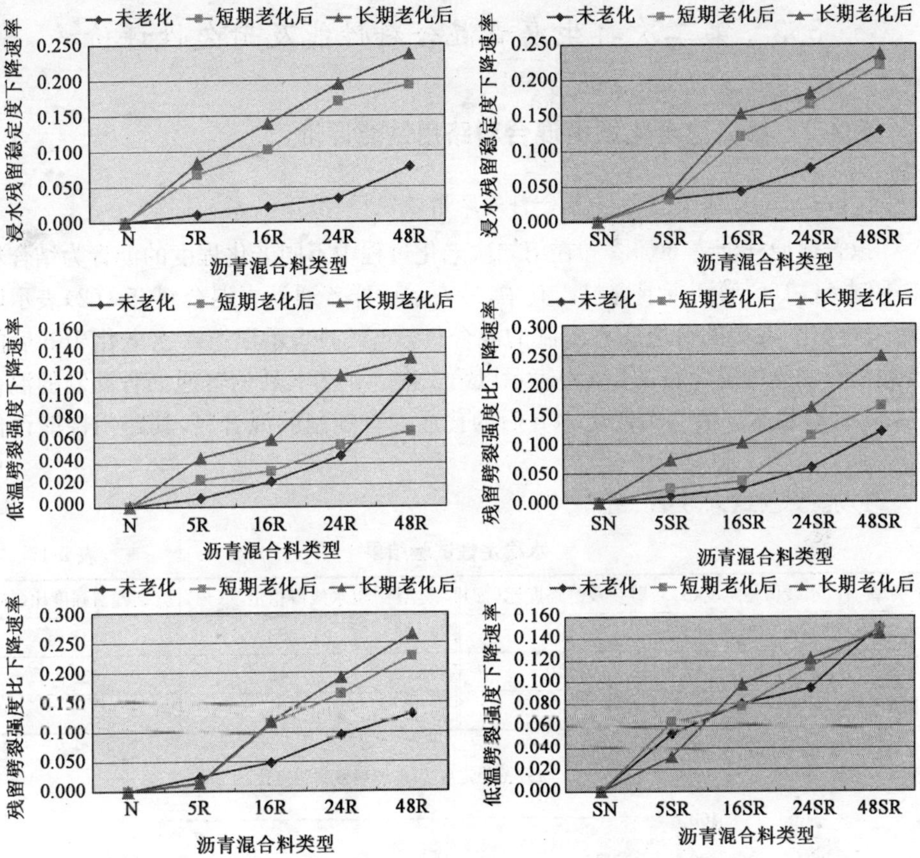

图 5-16　再生沥青混合料水稳定性和低温抗裂性下降对比

(1)从水稳定性和低温抗裂性下降速率对比中可以看出,不同类型的再生沥青混合料经过短期老化和长期老化后其水稳定性和低温抗裂性均有不同程度的下降,但下降的趋势不同。

(2)对于三大阶段(未老化、短期老化后、长期老化后)的再生沥青混合料,其长期老化阶段的水稳定性和低温抗裂性下降速率＞短期老化阶段的水稳定性和低温抗裂性下降速率＞未老化阶段的水稳定性和低温抗裂性下降速率,尤其是在长期老化阶段的再生沥青混合料,其水稳定性和低温抗裂性的下降速率基本呈直线上升。

(3)在水稳定性下降速率和低温抗裂性下降速率中存在的“折点”所对应再生沥青混合料中的沥青结合料是对中度老化沥青进行再生的再生沥青,这说明沥青的老化程度直接关系到混合料路用性能的耐久性,沥青老化越严重,混合料的耐久性越差。

5.3 第二次再生沥青混合料性能及耐久性评价

5.3.1 第二次老化沥青混合料路用性能评价

5.3.1.1 普通老化沥青混合料的路用性能评价

以普通原样沥青 60/80 和在第二次老化过程中不同老化程度的沥青为结合料来配制 AC-16C 型沥青混合料。其中，N 表示原样普通沥青混合料，5A(2)表示以第二次老化 5h 后的普通沥青配制的混合料，16A(2)表示以第二次老化 16h 后的普通沥青配制的混合料，24A(2)表示以第二次老化 24h 后的普通沥青配制的混合料，48A(2)表示以第二次老化 48h 后的普通沥青配制的混合料，其路用性能评价如下。

1)水稳定性(表 5-17、图 5-17)

水稳定性试验结果　　表 5-17

类型	浸水残留稳定度(%)	劈裂残留强度比(%)	类型	浸水残留稳定度(%)	劈裂残留强度比(%)
N	90	84	24A(2)	53	48
5A(2)	80	70	48A(2)	43	30
16A(2)	64	61			

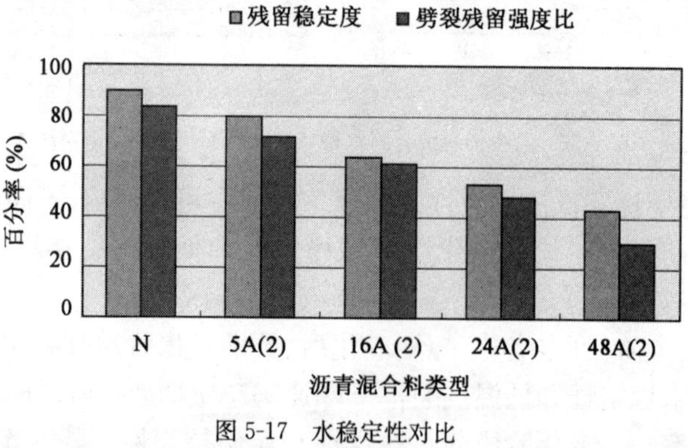

图 5-17　水稳定性对比

2)低温抗裂性(表 5-18、图 5-18)

低温抗裂性试验结果　　表 5-18

类　型	低温劈裂强度(MPa)	类　型	低温劈裂强度(MPa)
N	2.58	24A(2)	2.15
5A(2)	2.25	48A(2)	2.08
16A(2)	2.23		

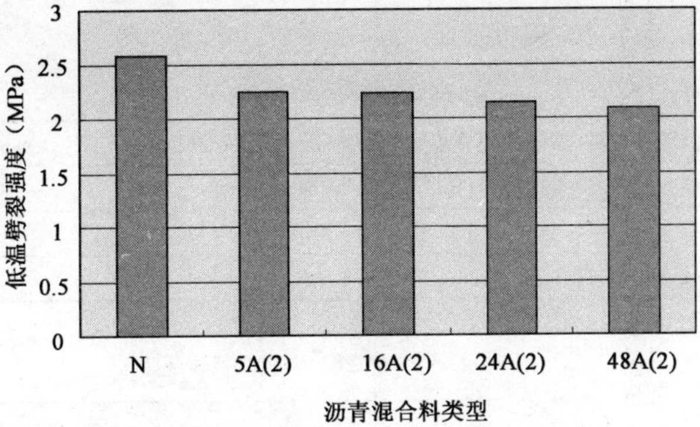

图 5-18 低温抗裂性对比

3)高温稳定性(表 5-19、图 5-19)

高温稳定性试验结果 表 5-19

类　型	动稳定度(次/mm)	类　型	动稳定度(次/mm)
N	1 654	24A(2)	6 910
5A(2)	2 103	48A(2)	9 122
16A(2)	2 499		

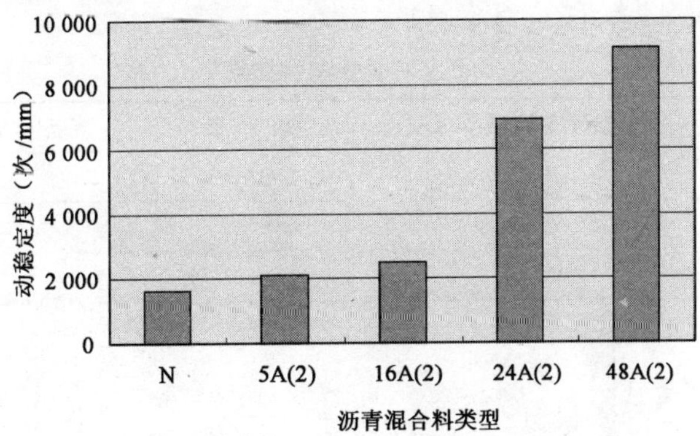

图 5-19 高温稳定性对比

5.3.1.2 SBS 改性老化沥青混合料路用性能评价

以原样 SBS 改性沥青和在第二次老化过程中的老化沥青为结合料来配制 AC-16C 型沥青混合料。其中，SN 表示原样沥青混合料，5SA(2)表示以第二次老化 5h 后的 SBS 改性沥青配制的混合料，16A(2)表示以第二次老化 16h 后的 SBS 改性沥青配制的混合料，24A(2)表示以第二次老化 24h 后的 SBS 改性沥青配制的混合料，48A(2)表示以第二次老化 48h 后的 SBS 改性沥青配制的混合料，其路用性能评价如下。

1)水稳定性(表 5-20、图 5-20)

水稳定性试验结果　　　　表 5-20

类型	浸水残留稳定度(%)	劈裂残留强度比(%)	类型	浸水残留稳定度(%)	劈裂残留强度比(%)
SN	93	85	24SA(2)	65	60
5SA(2)	84	73	48SA(2)	53	52
16SA(2)	71	66			

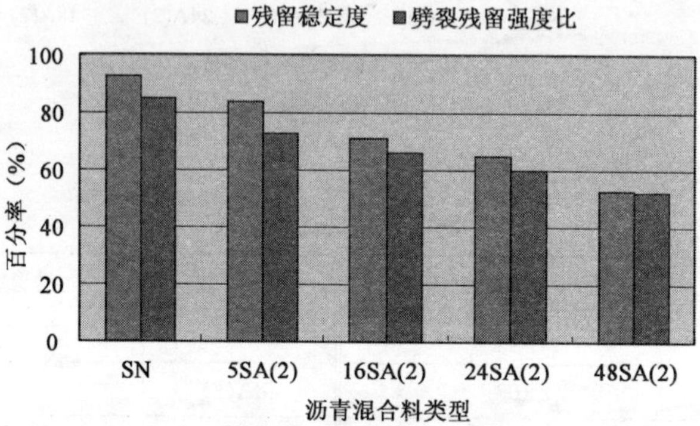

图 5-20　水稳定性对比

2)低温抗裂性(表 5-21、图 5-21)

低温抗裂性试验结果　　　　表 5-21

类　型	低温劈裂强度(MPa)	类　型	低温劈裂强度(MPa)
SN	2.86	24SA(2)	2.32
5SA(2)	2.69	48SA(2)	2.17
16SA(2)	2.45		

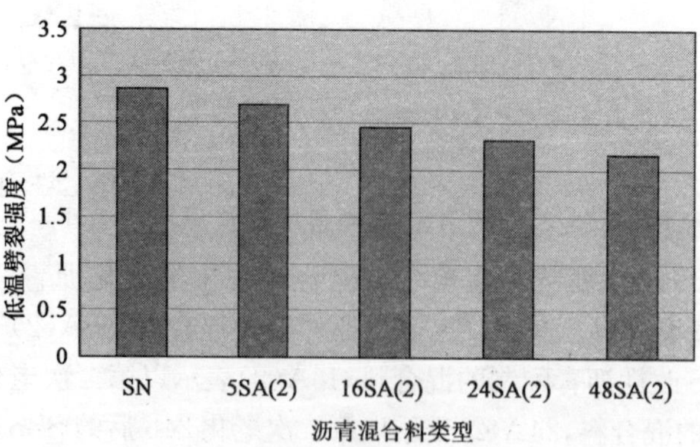

图 5-21　低温抗裂性对比

3)高温稳定性(表 5-22、图 5-22)

高温稳定性试验结果 表 5-22

类 型	动稳定度(次/mm)	类 型	动稳定度(次/mm)
SN	5 005	24SA(2)	7 326
5SA(2)	5 432	48SA(2)	8 678
16SA(2)	6 401		

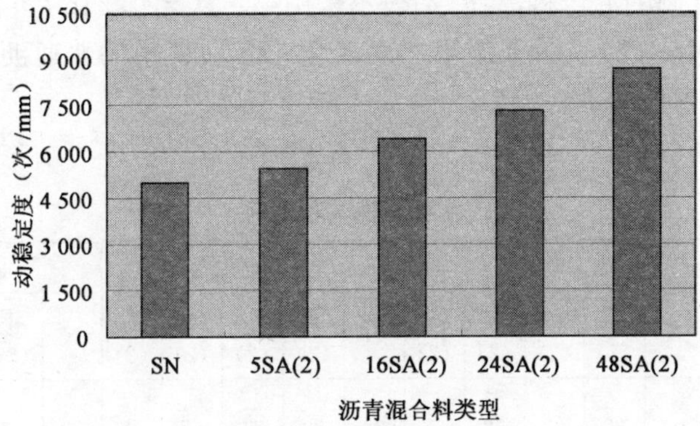

图 5-22 高温稳定性对比

在第二次老化过程中以不同老化程度的普通沥青和 SBS 改性沥青为结合料来配制 AC-16C 型沥青混合料与原样沥青混合料相比,其路用性能变化如下:

(1)水稳定性方面:第二次老化沥青混合料的水稳定性有明显的下降,普通沥青混合料劈裂残留强度比从 84%下降到 30%,浸水残留稳定度从 90%下降到 43%;SBS 改性老化沥青混合料的劈裂残留强度比从 85%下降到 52%,浸水残留稳定度从 93%下降到 53%。

(2)低温抗裂性方面:第二次老化沥青混合料的低温抗裂性也有下降,普通老化沥青混合料从 2. 58MPa 下降到 2. 08MPa;SBS 改性老化沥青混合料从2. 86 MPa 下降到 2. 17MPa。

(3)高温稳定性方面:第二次老化沥青混合料的高温稳定性有一定程度的提高,普通老化沥青混合料的动稳定度由原来的 1 654 次/mm 提高到 9 122 次/mm,SBS 改性老化沥青混合料的动稳定度由原来的 5 005 次/mm 提高到8 678 次/mm。

(4)对于采用中度或重度老化沥青拌制的沥青混合料,其路用性能(水稳定性)不满足规范要求,而对于利用轻度老化沥青拌制的沥青混合料,其路用性能良好。这说明沥青的老化程度直接影响混合料的路用性能,对于中度和重度老化的沥青必须进行充分再生后,其路用性能才能满足规范要求。

5.3.2 第二次再生沥青混合料路用性能评价

5.3.2.1 普通再生沥青混合料路用性能评价

以普通原样沥青 60/80 和在第二次再生过程中的再生沥青为结合料来配制 AC-16C 型沥青混合料，其中，N 表示原样普通沥青混合料，5R(2)表示采用第二次老化 5h 后再生的普通沥青配制的混合料，16R(2)表示采用第二次老化 16h 后再生的普通沥青配制的混合料，24R(2)表示采用第二次老化 24h 后再生的普通沥青配制的混合料，48R(2)表示采用第二次老化 48h 后再生的普通沥青配制的混合料，其路用性能评价如下。

1)水稳定性(表 2-23、图 2-23)

水稳定性试验结果　　表 5-23

类　型	未　老　化					短期老化后					长期老化后				
	N	5R(2)	16R(2)	24R(2)	48R(2)	N	5R(2)	16R(2)	24R(2)	48R(2)	N	5R(2)	16R(2)	24R(2)	48R(2)
浸水残留稳定度(%)	90	87	82	78	75	88	80	74	67	65	72	67	62	52	48
劈裂残留强度比(%)	84	79	75	73	71	79	70	65	60	54	68	65	61	43	30

2)高温稳定性(表 2-24、图 2-24)

高温稳定性试验结果　　表 5-24

类　型	未　老　化					短期老化后					长期老化后				
	N	5R(2)	16R(2)	24R(2)	48R(2)	N	5R(2)	16R(2)	24R(2)	48R(2)	N	5R(2)	16R(2)	24R(2)	48R(2)
动稳定度(次/mm)	1 654	1 720	1 804	2 176	3 023	2 787	2 641	2 463	2 579	2 301	7 351	6 366	5 277	6 763	6 382

3)低温抗裂性(表 2-25、图 2-25)

低温抗裂性试验结果　　表 5-25

类　型	未　老　化					短期老化后					长期老化后				
	N	5R(2)	16R(2)	24R(2)	48R(2)	N	5R(2)	16R(2)	24R(2)	48R(2)	N	5R(2)	16R(2)	24R(2)	48R(2)
低温劈裂强度(MPa)	2.58	2.42	2.30	2.21	2.18	2.47	2.01	1.95	1.87	1.75	2.43	1.86	1.78	1.76	1.73

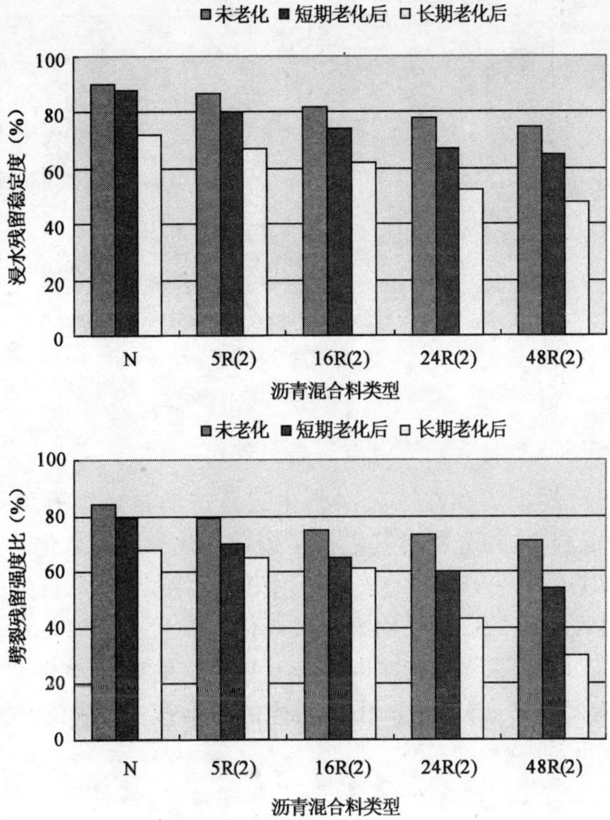

图 5-23　水稳定性对比

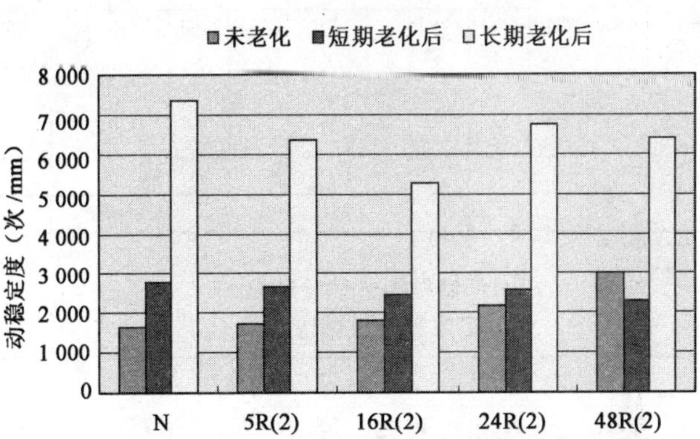

图 5-24　高温稳定性对比

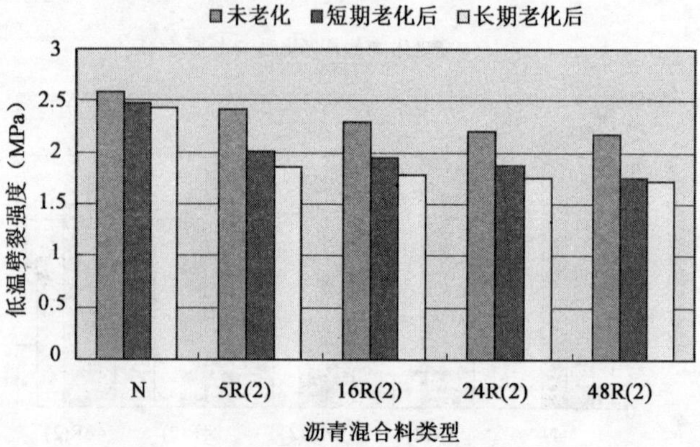

图 5-25 低温抗裂性对比

5.3.2.2 SBS 改性再生沥青混合料路用性能评价

以原样 SBS 改性沥青和在第二次再生过程中的再生沥青为结合料来配制 AC-16C 型沥青混合料，并分别对其进行了短期老化和长期老化。其中，SN 表示原样 SBS 改性沥青混合料，5SR(2)表示采用第二次老化 5h 后再生的 SBS 改性沥青配制的混合料，16SR(2)表示采用第二次老化 16h 后再生的 SBS 改性沥青配制的混合料，24SR(2)表示采用第二次老化 24h 后再生的 SBS 改性沥青配制的混合料，48SR(2)表示采用第二次老化 48h 后再生的 SBS 改性沥青配制的混合料，其路用性能评价如下。

1)水稳定性(表 5-26、图 5-26)

水稳定性试验结果　　表 5-26

类　型	未　老　化					短期老化后					长期老化后				
	SN	5SR(2)	16SR(2)	24SR(2)	48SR(2)	SN	5SR(2)	16SR(2)	24SR(2)	48SR(2)	SN	5SR(2)	16SR(2)	24SR(2)	48SR(2)
浸水残留稳定度(%)	93	90	86	82	76	91	83	75	70	67	72	68	60	54	50
劈裂残留强度比(%)	84	81	80	76	73	80	77	69	62	57	69	62	58	50	44

2)高温稳定性(表 5-27、图 5-27)

高温稳定性试验结果　　表 5-27

类　型	未　老　化					短期老化后					长期老化后				
	SN	5SR(2)	16SR(2)	24SR(2)	48SR(2)	SN	5SR(2)	16SR(2)	24SR(2)	48SR(2)	SN	5SR(2)	16SR(2)	24SR(2)	48SR(2)
动稳定度(次/mm)	5 005	4 921	3 678	3 721	3 987	7 345	5 562	4 350	4 298	4 282	9 305	8 034	7 698	7 755	8 396

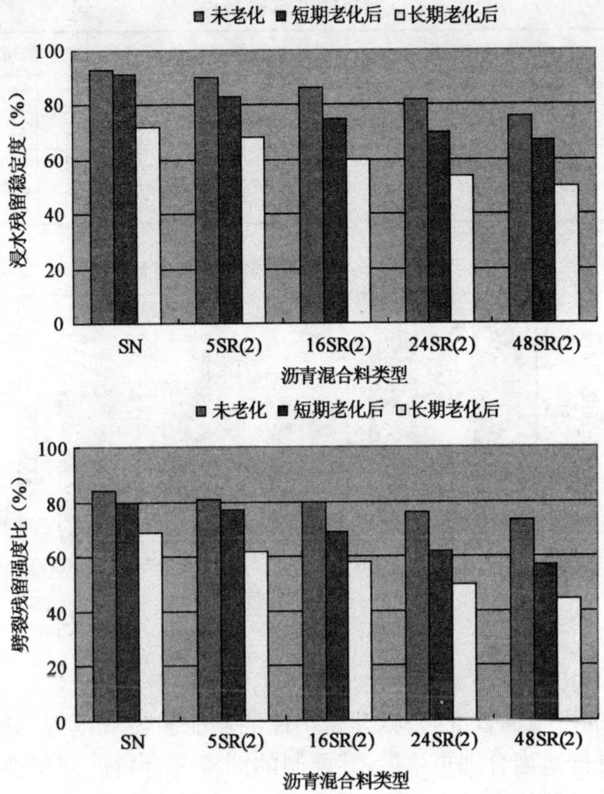

图 5-26 水稳定性对比

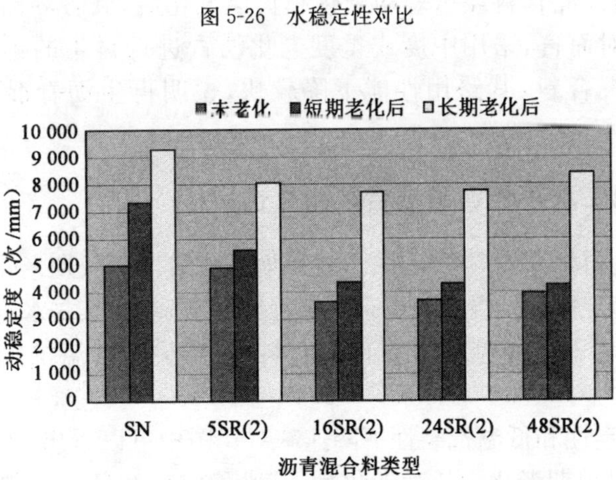

图 5-27 高温稳定性对比

3)低温抗裂性(表 5-28、图 5-28)

低温抗裂性试验结果 表 5-28

类型	未老化					短期老化后					长期老化后				
	SN	5SR(2)	16SR(2)	24SR(2)	48SR(2)	SN	5SR(2)	16SR(2)	24SR(2)	48SR(2)	SN	5SR(2)	16SR(2)	24SR(2)	48SR(2)
低温劈裂强度(MPa)	2.86	2.62	2.53	2.48	2.26	2.83	2.41	2.08	1.93	1.81	2.56	2.01	1.84	1.77	1.67

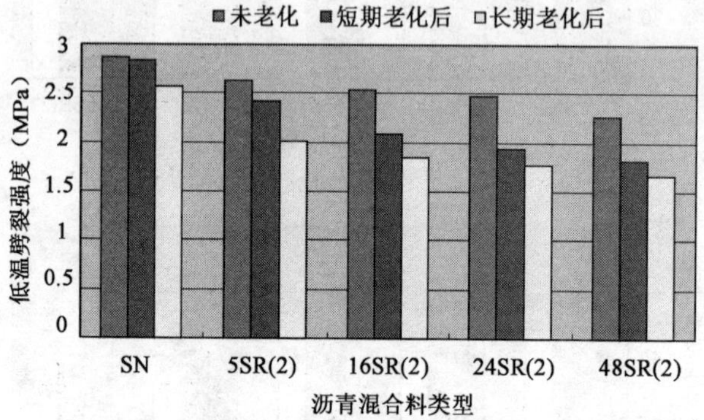

图 5-28 低温抗裂性对比

从试验结果可知：

(1)未老化的再生沥青混合料，其路用性能均能满足规范规定的技术要求，这说明老化沥青进行适当合理再生后，其配制的沥青混合料的使用性能基本上能达到原样沥青混合料的使用品质。

(2)再生沥青混合料经过短期老化和长期老化后，其各项路用性能指标均有所下降。相对而言，采用中度或重度老化沥青进行再生的再生沥青为结合料配制的沥青混合料，其路用性能下降较快，说明再生沥青混合料的耐久性较差。

5.3.3 第二次再生沥青混合料耐久性评价

与未老化的再生沥青混合料相比，在短期老化阶段和长期老化阶段的再生沥青混合料的水稳定性和低温抗裂性有一定程度的下降，尤其是水稳定性下降较为明显。图 5-29 为不同类型再生沥青混合料水稳定性、低温抗裂性下降速率对比图。

(1)从水稳定性和低温抗裂性下降速率对比图中可以看出，不同类型的再生沥青混合料经过短期老化和长期老化后，其水稳定性和低温抗裂性均有不同程度的下降。

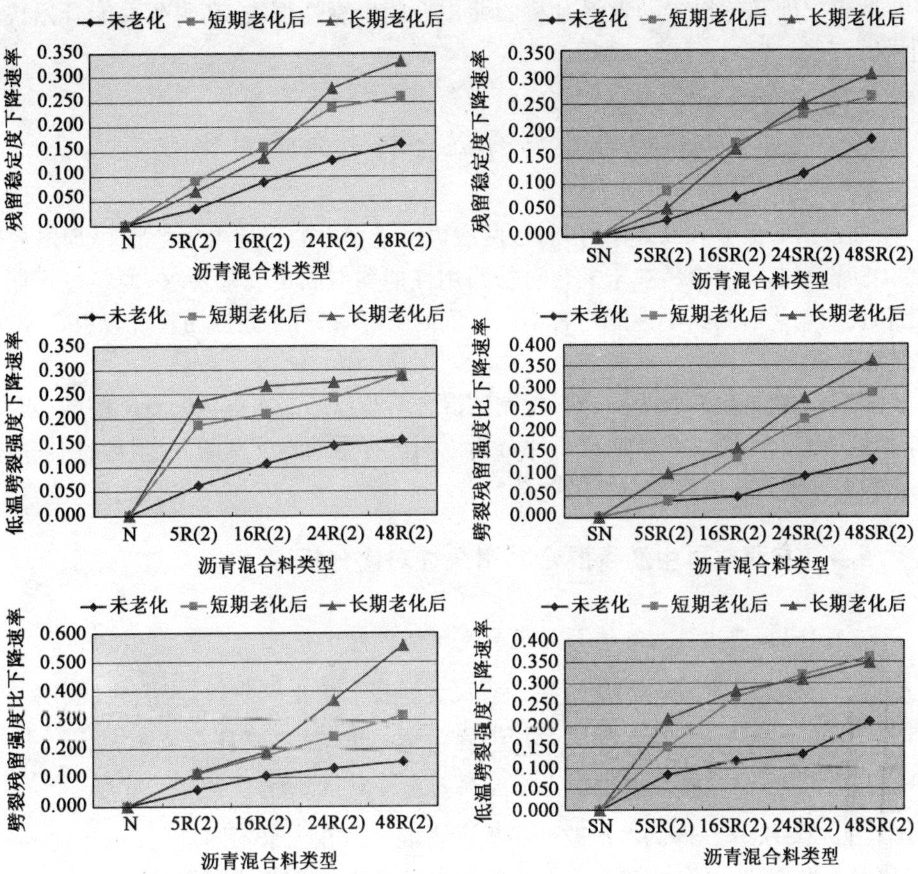

图 5-29　再生沥青混合料水稳定性和低温抗裂性下降对比

(2)对于三大阶段(未老化、短期老化后、长期老化后)的再生沥青混合料，其长期老化阶段的水稳定性和低温抗裂性下降速率>短期老化阶段的水稳定性和低温抗裂性下降速率>未老化的水稳定性和低温抗裂性下降速率，尤其是在长期老化阶段的再生沥青混合料，其水稳定性和低温抗裂性的下降速率基本呈直线变化。

(3)无论是从低温抗裂性下降速率对比还是水稳定性下降速率对比中都可以发现，经过长期老化的再生沥青混合料在其下降速率中存在“折点”。在这个“折点”前，不同类型再生沥青混合料的水稳定性下降速率和低温抗裂性下降速率呈上升趋势，但比较缓慢，但在这个“折点”后，水稳定性下降速率和低温抗裂性下降速率上升得很快。

(4)在水稳定性下降速率和低温抗裂性下降速率中的“折点”所对应再生沥青混合料中的沥青结合料是对中度老化沥青的再生(沥青的老化时间为临界老化时间)，这说明当沥青老化时间大于临界老化时间时，沥青的性能衰降加剧。

同时,相应配制的再生沥青混合料的路用性能也衰降很快,其耐久性能开始快速下降。

5.4 两次再生沥青混合料耐久性对比分析

通过第 5.2 节和 5.3 节可知,在两次再生过程中的普通再生沥青和 SBS 改性再生沥青配制的混合料在未老化时的路用性能均能满足规范要求,但经过短期老化和长期老化后其路用性能均有不同程度的下降,相对于原样沥青混合料,下降幅度较大。

以第一次再生沥青为结合料配制的混合料与以第二次再生沥青配制的混合料路用性能有所不同。本节通过对比分析以两次再生沥青配制的混合料路用性能的不同,来评价再生沥青混合料的耐久性。

5.4.1 两次再生沥青混合料耐久性对比分析

5.4.1.1 两次再生普通沥青混合料耐久性对比分析

图 5-30 和图 5-31 为两次再生沥青混合料在三个不同阶段(未老化、短期老化和长期老化)低温抗裂性下降速率和水稳定性下降速率对比图。

5.4.1.2 两次再生改性沥青混合料耐久性对比分析

图 5-32 和图 5-33 为两次改性再生沥青混合料在三个不同阶段(未老化、短期老化和长期老化)低温抗裂性下降速率和水稳定性下降速率对比图。

从试验结果可知:

(1)原样沥青混合料和两次再生沥青混合料经过短期老化和长期老化后,其水稳定性、低温抗裂性方面均有所下降,但下降速率不同,且经过长期老化再生沥青混合料的水稳定性和低温抗裂性下降速率>经过短期老化再生沥青混合料的水稳定性和低温抗裂性下降速率>未老化原样沥青混合料的水稳定性和低温抗裂性下降速率。

(2)对于普通再生沥青混合料和 SBS 改性再生沥青混合料,第二次再生沥青混合料的水稳定性和低温抗裂性下降速率>第一次再生沥青混合料的水稳定性和低温抗裂性下降速率>原样沥青混合料的水稳定性和低温抗裂性下降速率。尤其是经过长期老化后的第二次再生沥青混合料其水稳定性和低温抗裂性下降速率基本上是第一次再生沥青混合料下降速率的 2 倍,这说明第二次再生沥青混合料的抗老化性能明显低于第一次再生沥青混合料的抗老化性能。

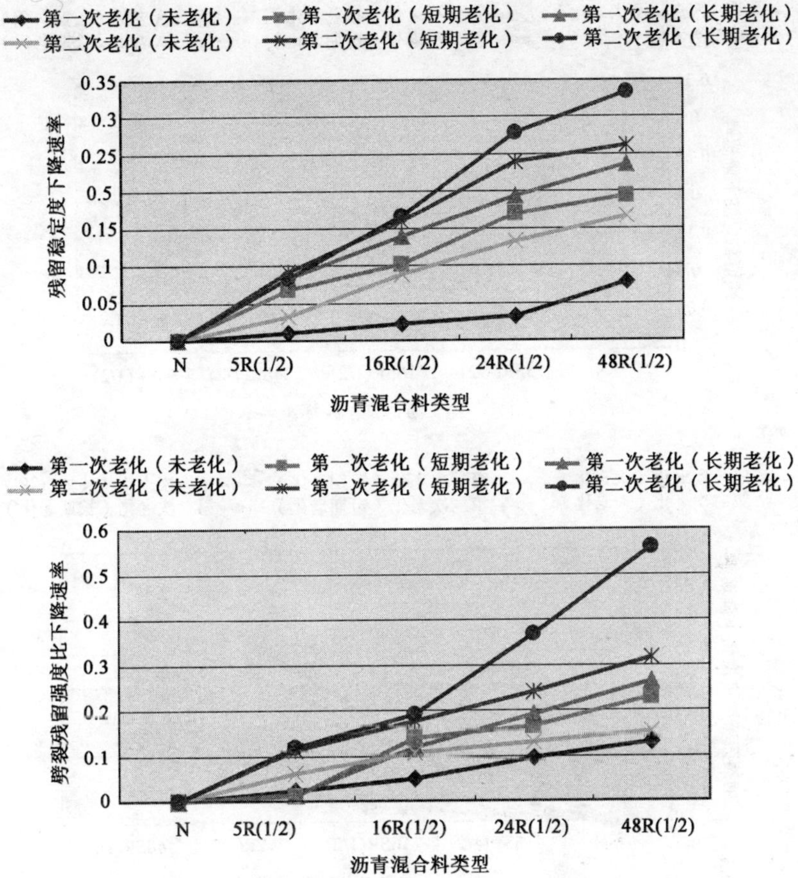

图 5-30 两次再生普通沥青混合料水稳定性下降速率对比

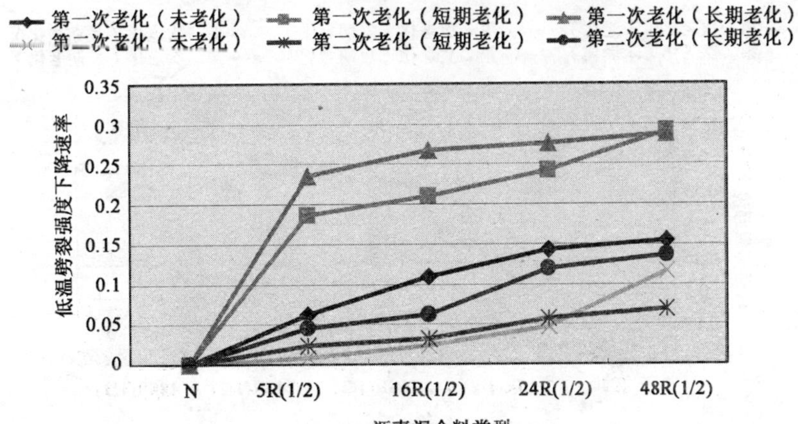

图 5-31 两次普通再生沥青混合料低温抗裂性下降速率对比

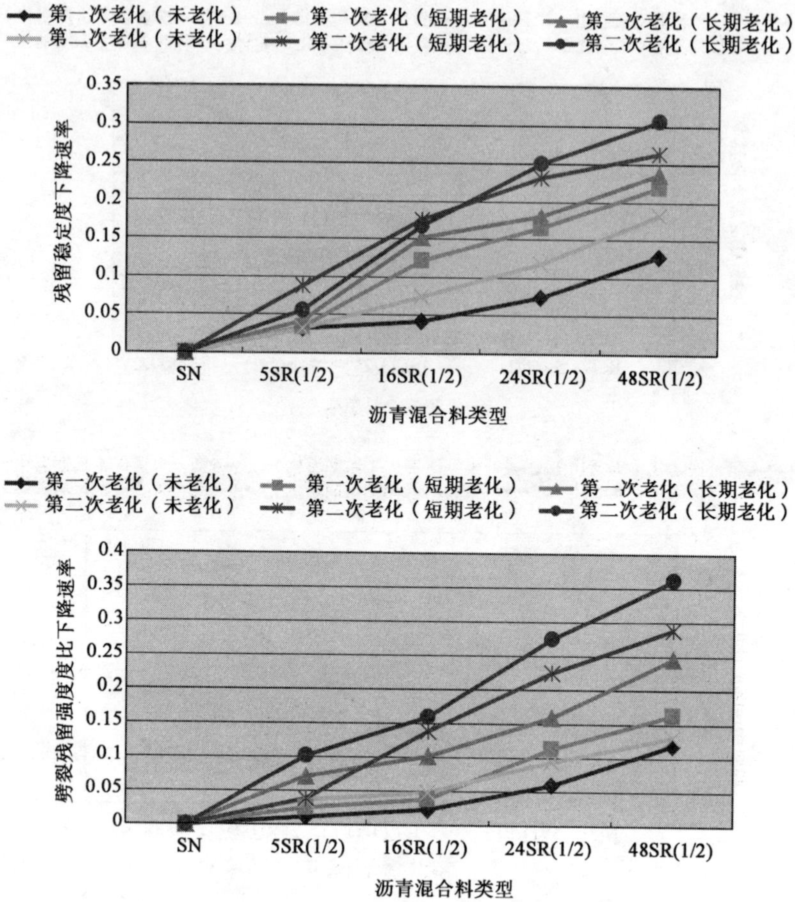

图 5-32　两次再生改性沥青混合料水稳定性下降速率对比

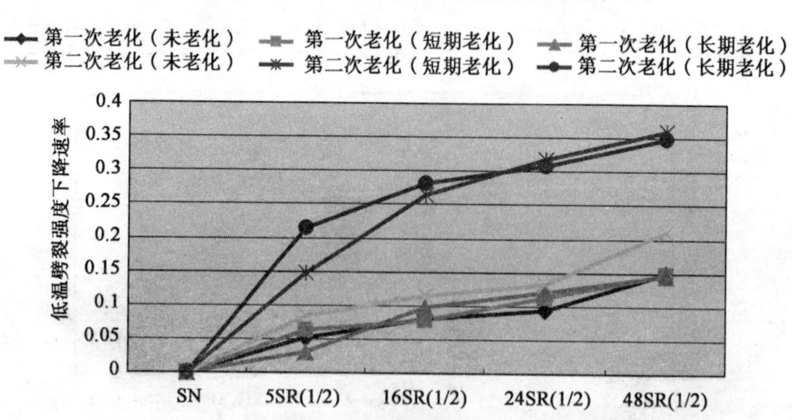

图 5-33　两次 SBS 改性再生沥青混合料低温抗裂性下降速率对比

(3)从两次再生沥青混合料的低温抗裂性和水稳定性下降速率中可知，两次再生沥青混合料的下降速率随沥青老化程度的不同而不同，沥青老化程度越严重，其经过再生后形成的混合料的路用性能下降速率越快，抗老化性越差。无论是普通再生沥青混合料还是SBS改性再生沥青混合料，其下降速率之间存在如下的规律：5R(1/2)<16R(1/2)<24R(1/2)<48R(1/2)。

(4)从图5-30～图5-33可知，对应于两次再生沥青混合料的水稳定性、低温抗裂性下降速率曲线中均存在一个“折点”，这个“折点”处的再生沥青混合料中所采用的沥青正是对老化时间为临界老化时间的沥青经过第一次再生和第二次再生的沥青。这说明沥青的老化程度对再生沥青混合料的路用性能的影响至关重要，沥青老化程度越严重，混合料的路用性能越差。

5.4.2 改进措施

通过以上试验可知，无论第一次再生还是第二次再生沥青混合料，以中度或重度老化沥青再生后的沥青为结合料配制的混合料，其路用性能下降很快，尤其是在短期老化阶段的水稳定性均不能满足规范要求。因此，需对其进行改进。为了提高再生沥青混合料的路用性能，可在再生沥青中加入适当的SBS改性剂(在再生沥青中加入4%SBS改性剂)，以提高其路用性能，增加其耐久性。

5.4.2.1 普通改性再生沥青混合料路用性能评价

表5-29为第一次普通改性再生沥青混合料的路用性能试验结果表。

第一次普通改性再生沥青混合料路用性能试验结果 表5-29

类型	浸水残留稳定度(%)	劈裂残留强度比(%)	动稳定度(次/mm)	低温劈裂强度(MPa)
第一次老化24h普通改性再生沥青混合料	99	92	5 640	2.76
第一次老化24h普通改性再生沥青混合料(短期老化)	95	87	7 230	2.58
第一次老化24h普通改性再生沥青混合料(长期老化)	82	71	9 821	2.32
第一次老化48h普通改性再生沥青混合料	98	92	8 003	2.67
第一次老化48h普通改性再生沥青混合料(短期老化)	88	79	9 932	2.50
第一次老化48h普通改性再生沥青混合料(长期老化)	81	69	10 032	2.28

表5-30为第二次普通改性再生沥青混合料的路用性能试验结果表。

第二次普通改性再生沥青混合料路用性能试验结果 表5-30

类　型	浸水残留稳定度(%)	劈裂残留强度比(%)	动稳定度(次/mm)	低温劈裂强度(MPa)
第二次老化16h普通改性再生沥青混合料	88	81	4 789	2.66
第二次老化16h普通改性再生沥青混合料(短期老化)	80	75	7 326	2.51
第二次老化16h普通改性再生沥青混合料(长期老化)	76	70	8 832	2.21
第二次老化24h普通改性再生沥青混合料	87	80	5 120	2.62
第二次老化24h普通改性再生沥青混合料(短期老化)	79	71	7 783	2.48
第二次老化24h普通改性再生沥青混合料(长期老化)	72	68	8 943	2.14
第二次老化48h普通改性再生沥青混合料	84	79	5 612	2.55
第二次老化48h普通改性再生沥青混合料(短期老化)	75	70	7 919	2.38
第二次老化48h普通改性再生沥青混合料(长期老化)	67	66	9 002	2.09

从表5-29和表5-30可知,两次再生沥青混合料经过再生剂和SBS改性剂改性再生后,其各种路用性能均有很大程度的提高,无论是短期老化还是长期老化的各种再生沥青混合料,其路用性能均能达到规范规定的技术要求。

5.4.2.2 改性再生沥青混合料路用性能评价

表5-31为第一次改性再生沥青混合料的路用性能试验结果表。

第一次改性再生沥青混合料路用性能试验结果 表5-31

类　型	浸水残留稳定度(%)	劈裂残留强度比(%)	动稳定度(次/mm)	低温劈裂强度(MPa)
第一次老化48h改性再生沥青混合料	94.8	91.6	9 898	2.97

续上表

类型	浸水残留稳定度(%)	劈裂残留强度比(%)	动稳定度(次/mm)	低温劈裂强度(MPa)
第一次老化48h改性再生沥青混合料(短期老化)	89.2	72.6	11 891	2.84
第一次老化48h改性再生沥青混合料(长期老化)	75.9	72.1	13 264	2.68

表5-32为第二次改性再生沥青混合料的路用性能试验结果表。

第二次改性再生沥青混合料路用性能试验结果 表5-32

类型	浸水残留稳定度(%)	劈裂残留强度比(%)	动稳定度(次/mm)	低温劈裂强度(MPa)
第二次老化24h改性再生沥青混合料	85	79	9 121	2.52
第二次老化24h改性再生沥青混合料(短期老化)	80	71	10 891	2.49
第二次老化24h改性再生沥青混合料(长期老化)	72	66	11 342	2.10
第二次老化48h改性再生沥青混合料	83	77	9 621	2.51
第二次老化48h改性再生沥青混合料(短期老化)	75	70	11 034	2.39
第二次老化48h改性再生沥青混合料(长期老化)	67	62	12 056	2.19

从表5-31和表5-32可知,两次再生沥青混合料经过再生剂和SBS改性剂改性再生后,其各种路用性能均有很大程度的提高,无论是短期老化还是长期老化的各种再生沥青混合料,其路用性能均能达到规范规定的技术要求。

5.5 小 结

本章基于同种级配(AC-16C)采用不同类型的沥青(原样沥青、两次老化及其再生沥青)配制沥青混合料(原样沥青混合料、老化沥青混合料以及再生沥青混合料),并对沥青混合料分别进行短期老化和长期老化,测试三个阶段(未老化、短期老化阶段、长期老化阶段)沥青混合料路用性能,对比分析和评价再生沥青混合料的耐久性。通过大量的室内试验，主要得出了以下结论：

(1)在再生沥青混合料的配合比设计中，利用公式 $\eta_2=\eta_1\cdot e^{-k\cdot R_{ob}}+e^{-8(1-R_{ob})}\cdot\eta_0$ 来确定需要添加的最佳再生剂剂量，从而恢复老化沥青的性能，保证再生沥青混合料具有良好的路用性能。

(2)对于老化沥青混合料，随着沥青的老化程度加深，其配制的沥青混合料的路用性能越来越差，尤其是由中度和重度老化沥青配制的老化沥青混合料，其路用性能不能满足使用要求。

(3)对于以再生沥青为结合料的沥青混合料，其在未老化时的各项路用性能均能满足规范规定的技术要求，这说明再生沥青混合料基本上能达到原样沥青混合料的使用品质。但再生沥青混合料经过短期老化和长期老化后，其路用性能均有一定程度的下降。从水稳定性和低温抗裂性下降速率可知，对于再生沥青混合料，其长期老化阶段的水稳定性和低温抗裂性下降速率＞短期老化阶段的水稳定性和低温抗裂性下降速率＞未老化的水稳定性和低温抗裂性下降速率，尤其是经过长期老化的再生沥青混合料其水稳定性和低温抗裂性的下降速率基本呈直线变化。

(4)无论是从低温抗裂性下降速率还是水稳定性下降速率中都可以发现，经过长期老化的再生沥青混合料在其下降速率中存在“折点”。而这个“折点”所对应再生沥青混合料中的沥青结合料是对中度老化后的再生沥青(老化时间为临界老化时间)，这说明当沥青老化时间大于临界老化时间时，沥青的性能衰降加剧。同时，相应配制的再生沥青混合料的耐久性也开始快速下降，沥青的老化程度越深，其混合料的耐久性下降速率越快。

(5)通过试验发现，两次再生沥青混合料的路用性能下降速率随沥青老化程度的不同而不同，沥青老化程度越严重，其再生后形成的混合料下降速率越快，耐久性越差。无论是普通再生沥青混合料还是改性再生沥青混合料，其路用性能下降速率之间存在如下的规律：$5R(1/2)<16R(1/2)<24R(1/2)<48R(1/2)$。

(6)评价了两次再生沥青混合料的路用性能，发现再生沥青混合料的路用性能下降速率随老化次数的增加而加快，无论是普通再生沥青混合料还是改性再生沥青混合料，其路用性能下降速率之间存在如下的规律：第二次再生沥青混合料水稳定性和低温抗裂性下降速率＞第一次再生沥青混合料水稳定性和低温抗裂性下降速率＞原样沥青混合料水稳定性和低温抗裂性下降速率。说明再生沥青混合料的耐久性随老化次数的增加而下降。

(7)对于耐久性较差的第二次再生沥青混合料，采用了在加入再生剂的同时又加入 SBS 改性剂的改性再生，以便提高其路用性能，增加第二次再生沥青混合料的耐久性。

下　　篇

温拌沥青混合料性能评价

第6章 绪 论

6.1 研究温拌沥青混合料的意义

热拌沥青混合料 HMA（Hot Mix Asphalt）是将沥青从常温加热到 150～175℃左右，矿料从常温加热到 160～190℃，然后再将沥青和矿料进行拌和，拌和后的热拌沥青混合料温度为 150～180℃，以保证正常的摊铺和碾压，图 6-1 为 HMA 拌和和施工温度示意图。将沥青和矿料加热到如此高的温度，不仅要消耗大量的燃料，排放大量的废气，而且在拌和生产和施工过程中，HMA 还会排放出大量的废气和热量，严重影响周围的环境质量。

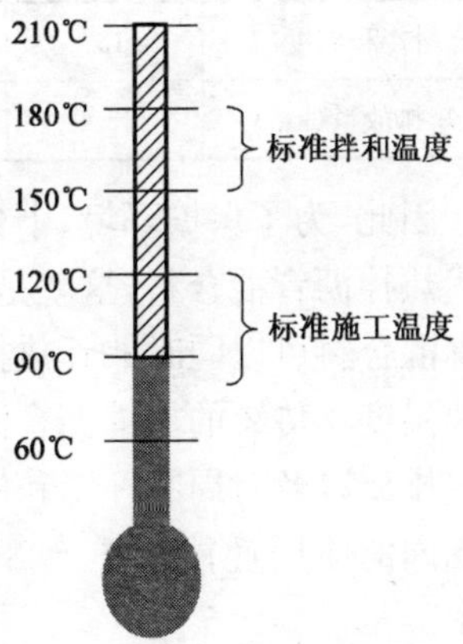

图 6-1 HMA 拌和和施工温度示意图

在日本及欧洲等国家，由于签署了《京都议定书》，限制空气中 CO_2 的排放量。因此，人们都在为降低环境污染、减少温室气体排放而努力。我国作为《京都议定书》的签约国，“十一五”规划已明确提出以单位 GDP 能耗比“十五”末降低 20%，主要污染物排放总量减少 10%作为约束性指标。同时，“十一五”规划也提出“以节约能源资源、保护生态环境为重点，大力发展节能环保的新型建筑材料、保温材料”。2005 年 11 月，胡锦涛主席在“北京国际可再生能源大会”上致辞说：随着世界经济的不断发展，能源和环境问题日益突出。如果能源和环境问题得不到有效解决，不仅人类社会可持续发展的目标难以实现，而且人类的生存环境和生活质量也会受到严重影响。可见，环境污染和能源枯竭已受到全球范围的关注。为保护生存环境，节约能源，世界各国都对温室气体、有害气体以及固体粉尘等排放进行了严格限制。2007 年，国务院下达了《节能减排统计监测及考核实施方案和办法的通知》，国家发改委、统计局和环保总局会同有关部门制定了《单位 GDP 能耗统计指标体系实施方案》、《单位 GDP 能耗检测体系实施方案》、《单位 GDP 能耗考核体系实施方案》等 6 个节能减排统计考核实施方案。2009 年 12 月 19 日，温家宝总理在哥本哈根发表了题为《凝聚共识，加强合作，推进应对气候变化历史进程》的重要讲话，宣布我国将在 2020 年使单位国内生产总值 CO_2 排放比 2005 年下降 40％到 45％。

在产生温室效应的众多气体中，CO_2 是最主要的温室气体，其分担率占 55％。1996 年，日本道路建设共排放 CO_2 776 万吨，其中绝大多数是在生产沥青混合料时产生的。而中国也是温室气体的排放大国，近年来道路建设的快速发展使得生产沥青混合料时的 CO_2 排放量急剧增加。有资料显示：我国道路每年消耗 2 亿 4 000万吨沥青混合料，其中拌和、运输和施工 1t 热拌沥青混合料会排放近 20kg CO_2。因此，每年我国道路建设排放 CO_2 近 480 万吨。

表 6-1 为沥青混合料生产过程中的 CO_2 排放量与温度的关系表。

沥青混合料生产过程中的 CO_2 排放量与温度的关系 表 6-1

混合料拌和温度(℃)	130	140	150	160	170	180
CO_2 排放量(kg/t)	15.9	16.7	17.6	18.5	19.4	20.3

因此，为了保护环境，十分有必要开发一种“绿色环保型”的新型沥青混合料来取代热拌沥青混合料，这就是温拌沥青混合料 WMA(Warm Mix Asphalt)。温拌沥青混合料可以同时兼具热拌沥青混合料和冷拌沥青混合料的优点，它的拌和与摊铺温度比传统的热拌沥青混合料低 30℃以上，可以大大降低能源的消耗，减少废气排放以及对周围环境和施工人员的危害，同时又能保持与热拌沥青混合料基本相同的使用性能。图 6-2 为温拌沥青混合料和热拌沥青混合料技术温度对比图。

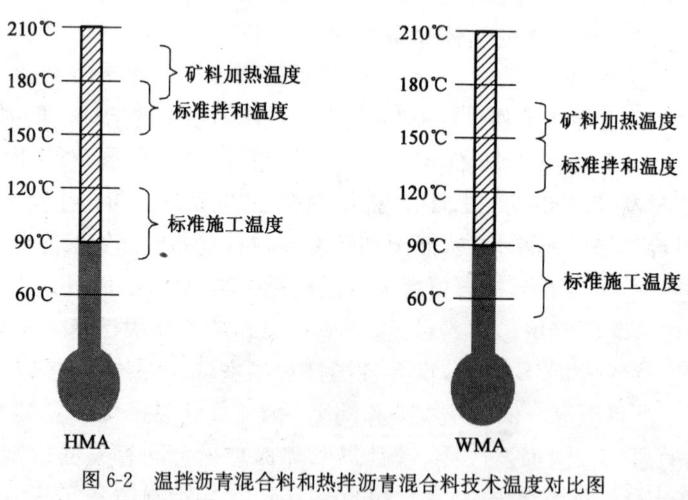

图 6-2 温拌沥青混合料和热拌沥青混合料技术温度对比图

国内外大量的室内和现场研究资料表明，相对于热拌沥青混合料，温拌沥青混合料具有以下优点：

(1)节约能源。根据有关资料,沥青混合料拌和温度从150～180℃降至130℃左右,可降低能源消耗30%左右。图6-3为HMA和WMA能源消耗对比图。

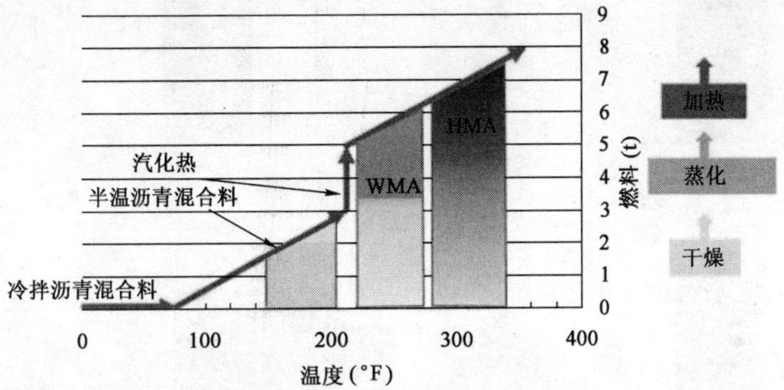

图6-3 WMA和HMA能源消耗对比图

(2)保护环境。较低的拌和及摊铺温度可大大减少拌和厂与摊铺现场周围有害气体、烟雾及粉尘等的产生,减少对环境的污染和对人身体健康的损害。

表6-2、图6-4分别是国外根据实际工程统计的WMA和HMA生产时油料消耗和尾气排放的对比表及对比图。

WMA和HMA生产时油料消耗、废气排放对比表(国外)　　表6-2

混合料类型	燃料消耗(L/t)	CO_2(t/h)	CO(t/h)	NO_x(kg/h)
HMA WAgb 11R15	4.5	2.888	0.049	1.5
WMA WAgb 11R15	2.7	1.98	0.035	0.3
降低比例(%)	40	31.4	28.5	80

表6-3、图6-5分别为国内根据实际工程统计的WMA和HMA生产时废气排放对比表及对比图。

WMA和HMA生产时废气排放对比表(国内)　　表6-3

混合料类型	CO_2(mg/m^3)	NO_x(mg/m^3)	CO (mg/m^3)	烟尘(mg/m^3)
WMA	1	40	91.3	2.59
HMA	2.6	151	104	5.6
降低比例(%)	61.5	73.5	12.2	53.8

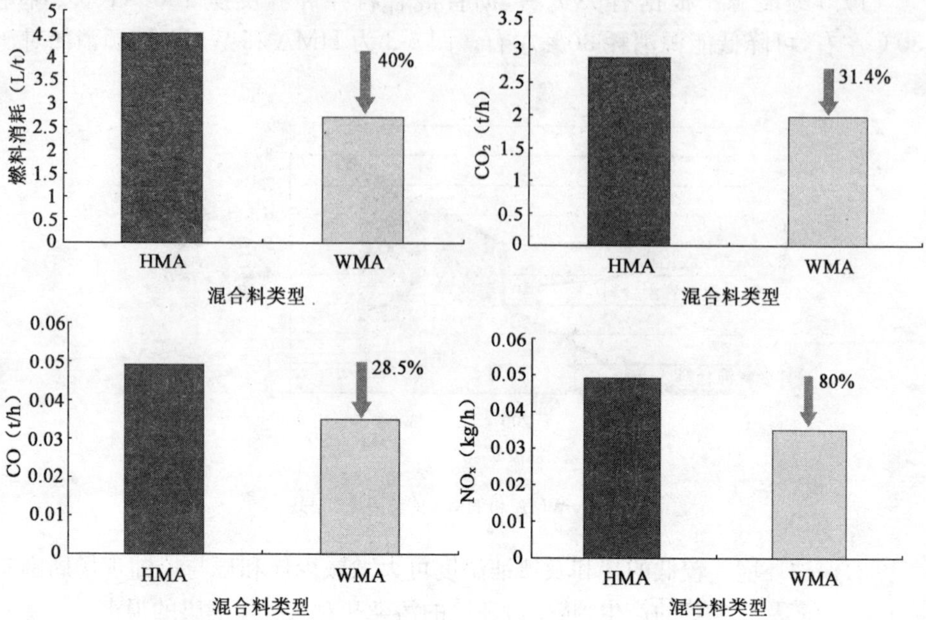

图 6-4　生产 WMA 和 HMA 时油料消耗、废气排放对比图

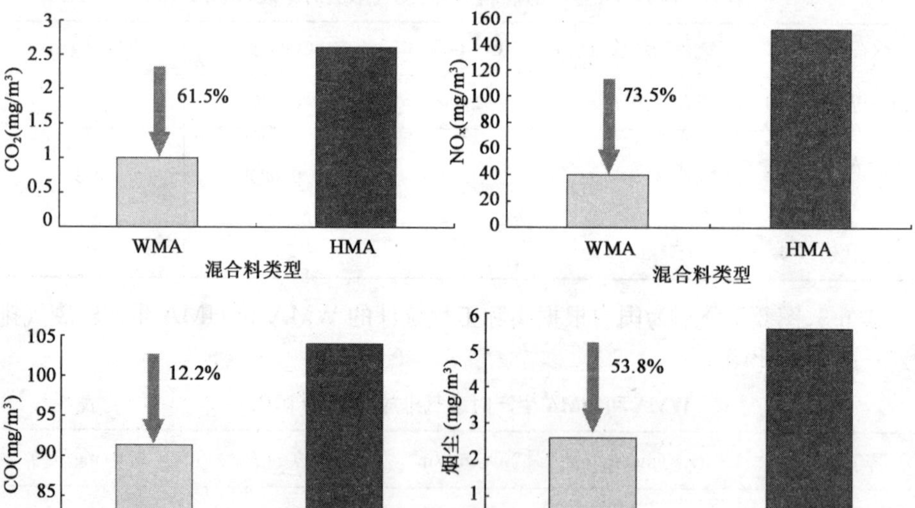

图 6-5　生产 WMA 和 HMA 时废气排放对比图

图 6-6 为生产 WMA 和 HMA 时产生的烟雾排放对比图。图 6-7 为 WMA 和 HMA 施工现场产生的烟雾排放对比图。

图 6-6 生产 WMA 与 HMA 时产生的烟雾排放对比图

WMA

HMA

图 6-7 WMA 与 HMA 施工现场产生的烟雾排放对比图

表 6-4、图 6-8 分别为国内根据实际工程统计的 WMA 和 HMA 施工现场废气排放对比表及对比图。

WMA 和 HMA 摊铺现场废气排放对比表(国内) 表 6-4

混合料类型	沥青烟 (mg/m³)	苯可溶物(mg/m³)	苯并芘(mg/m³)
乳化温拌沥青混合料	2.06	0.58	0.019
热拌沥青混合料	21.1	19.5	0.094
降低比例(%)	90.2	97.0	79.8

(3)较低的生产设备损耗。由于生产温度降低,温拌沥青混合料在生产过程中对生产设备的损耗也相应降低,可以延长设备使用期,降低设备维修成本。

(4)由于降低了摊铺温度,温拌沥青混合料可在较冷天气下施工,减小了其对天气的依赖性,从而延长了施工季节;同时,温拌沥青混合料铺好后,冷却到可通车

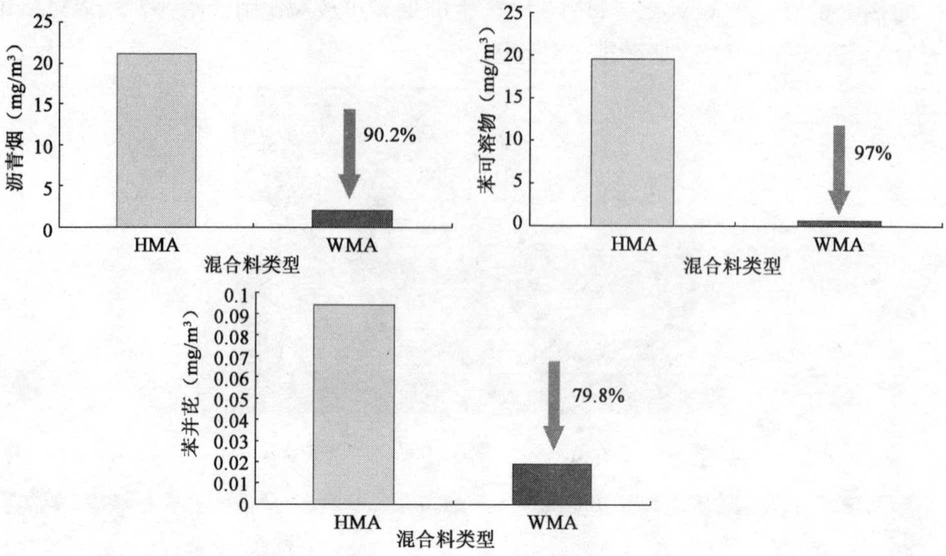

图 6-8　WMA 和 HMA 施工现场废气排放对比图

温度的时间较快，缩短了开放交通的时间。

(5)相对较低温度的拌和与施工，可大大减轻沥青老化的程度，能够使沥青更久地保持其弹性和抗疲劳性能，提高沥青的耐久性，从而改善温拌沥青混合料的路用性能。

(6)温拌沥青混合料的拌和、摊铺及碾压等设备与热拌沥青混合料基本相同，不需要进行大的改造。

(7)利于施工组织，低排放利于拌和厂的设置，同时运输距离允许更长。

(8)适用范围广，不仅适用于密级配沥青混合料(AC)、沥青玛蹄脂碎石(SMA)、开级配排水式沥青磨耗层(OGFC)等类型的沥青混合料，对于再生沥青混合料、彩色沥青混合料、大粒径沥青混合料、浇注式沥青混合料等也适用。

6.2　国外温拌沥青混合料技术研究和应用现状

温拌沥青混合料首先是在欧洲由 Shell 和 Kolo-veidekke 于 1995 年联合研制出来，并在 1996 年进行了现场试验。在研制和使用初期，是利用软沥青和乳化沥青来生产温拌沥青混合料，这样生产出来的温拌沥青混合料虽然在性能上能和 HMA 相媲美，但生产成本却高 20%。为了降低成本，同时又不降低温拌沥青混合料的性能，Shell 和 Kolo-veidekke 在 1998 年开始用泡沫沥青和软沥青来生产温拌沥青，并制备温拌沥青混合料，且于 1999 年和 HMA 进行了现场对比试验。经过

1年的跟踪观测，使用性能良好。因此，Shell和Kolo-veidekke在2000年的Eurobitumen/Euroasphalt国际会议上第一次提出了WMA。

随后，日本和欧洲等国开始逐步使用温拌沥青混合料，2001年WMA的使用量达8 000t，2002年增长到15 000t，2003年就高达30 000t。表6-5是2000～2003年温拌沥青混合料在欧洲应用的实际工程项目。

WMA在欧洲应用情况 表6-5

年份	混合料类型	硬沥青等级	调和沥青等级（针入度）	拌和楼形式	工程名称
2000	WAb 11	50/70	70/100	间歇	RV 120 Hobøl
2001	WAgb 11 R15	50/70	—	连续	RV 24
2001	WAgb 11	50/70	160/220	间歇	FV 82
2001	WAgb 11	70/100	160/220	间歇	RV120 Kirkebygda
2002	WAgb 11，WSka 11	10/20	40/60，50/70	间歇	Grandeveien，Drøbak
2002	WAgb 11	30/50	70/100	间歇	FV33Siggerud-Oslo grense
2002	WSka 11	50/70	70/100	间歇	Exit/entrance ramp Highway Korsegården
2002	Wska11	50/70	70/100	间歇	E6 Asurthern-Oslo grense
2002	WAb 11	50/70	70/100	间歇	RV 120 Elvestad
2002	WAgb 11 R15	50/70	160/220	连续	Seljesvingen
2003	WAb 11	50/70	70/100	间歇	E18 Østfold grense
2003	WSka 11	50/70	70/100	间歇	E18 Vinterbro
2003	WSka 11	50/70	70/100	间歇	RV 152 Kolbotn
2003	WSka 11	50/70	70/100	间歇	RV 152 Drøbak
2003	WSka 11	50/70	70/100	间歇	FV 76 Ottarsrud
2003	WAb 11	50/70	70/100	间歇	RV 115 Østfold
2003	WSka 11	50/70	70/100	间歇	RV 152 Kolbotn centre
2003	WAb 11	50/70	70/100	间歇	RV 155 Krokhol
2003	WAb 11	50/70	70/100	间歇	RV 22 Trøgstad

通过大量的室内试验以及实际工程的验证，发现温拌沥青混合料与热拌沥青混合料的路用性能基本一致，如图6-9～图6-11所示（这三组试验数据为欧洲应用WMA混合料的试验路检测结果）。

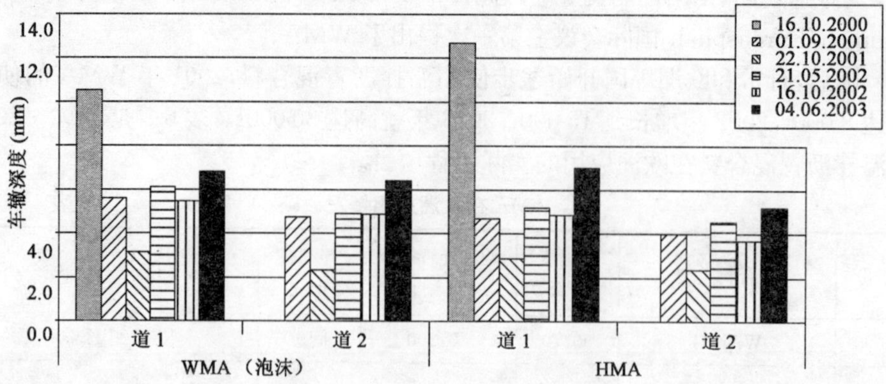

图 6-9 WMA 与 HMA 的车辙深度对比(欧洲某路使用三年后)

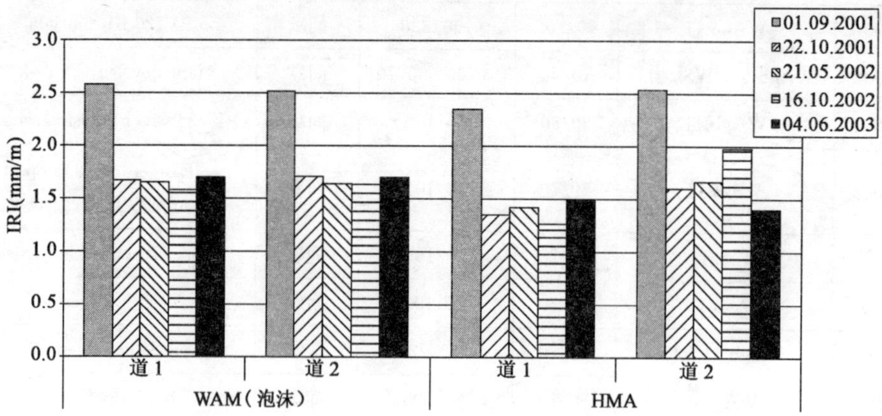

图 6-10 WMA 与 HMA 的 IRI 对比(欧洲某路铺筑两年后)

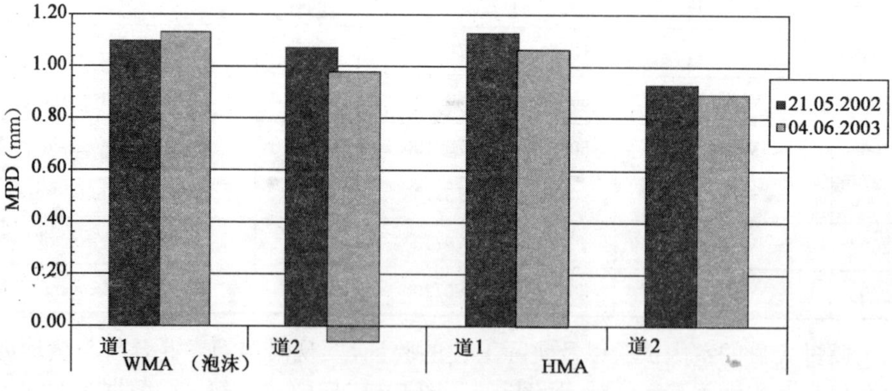

图 6-11 WMA 与 HMA 的 MPD 对比

2003年，美国开始引入WMA。2003年1月，在美国圣地亚哥召开的NAPA年会上，邀请欧洲有关公司的代表对温拌沥青混合料做了详尽的介绍，引起了美国政府有关部门和业界极大的兴趣。2004年3月，在美国纳什维尔召开的“沥青世界”会议上，温拌沥青混合料成功地进行了现场演示。同年，NAPA、美国联邦公路局(FHWA)以及一些厂商联合设立基金给美国国家沥青技术中心(NCAT)，专门用于温拌沥青混合料的研究。2006年3月美国第一次温拌沥青混合料技术工作组会议在NAPA所在地召开，成员有来自NAPA、FHWA、NCAT、伊利诺依、得克萨斯和华盛顿的交通部门官员，以及美国各州公路及运输工作者协会(AASHTO)。该会议重在评估温拌沥青混合料，协调有关工作，进一步推广温拌沥青混合料概念等。

由于温拌沥青混合料能够更好地满足高性能和环境友好型的要求，近年来世界各国都非常重视这项技术的开发和推广，出现了越来越多的温拌沥青新技术或新产品，同时也越来越多地应用于工程实践中，取得了良好的效果。但作为一项新技术，温拌沥青及其混合料还需要进一步的研究和完善。

6.3 国内温拌沥青混合料技术研究和应用现状

我国从2005年开始引进温拌沥青混合料技术，并在近几年铺筑了一些试验路。2005年11月，由交通部公路科学研究院、同济大学、北京路桥路兴物资中心和美国Mead Westvaco公司合作，在北京铺设了我国第一条温拌沥青混合料路面，标志着我国在温拌沥青路面的研发和应用上迈出了可喜的一步。该试验段采用乳化温拌沥青混合料，拌和及压实温度均保持在120℃左右，比相应的热拌沥青混合料降低约30℃。试验结果表明，乳化温拌沥青混合料的性能与热拌沥青混合料处于同一水平，在抗水损害、抗车辙性能方面甚至优于热拌沥青混合料。试验路的现场检测结果也表明温拌沥青路面具有良好的使用品质。

2006年，由上海建设机场道路工程有限公司、上海市虹口区市政和水务管理署、美国Mead Westvaco公司和Shell(中国)有限公司等共同参与了上海首条(国内第二条)温拌沥青混合料试验路的铺筑。试验路选择了虹口区的新市路，路线长约500m，铺筑厚度为3cm，共摊铺260t AC-13型乳化温拌沥青混合料。该温拌沥青混合料的出厂温度为110℃左右，摊铺温度100℃左右，施工过程中没有产生难闻的烟雾和气味，而且2h后即开放交通，减少了对沿线居民出行和车辆行驶的影响。

同年，北京建筑工程学院、北京市道路工程质量监督站等单位在北京顺密路铺筑了一条长800m的乳化温拌沥青混合料试验段。该试验段不仅铺设了普通乳化温拌沥青混合料，还铺设了SBR改性乳化温拌沥青混合料。试验结果表明，乳化温拌沥青混合料的路用性能与普通热拌沥青混合料相当，而且其抗车辙性能明显改善，低温抗裂性与水稳定性也有所提高。三种混合料性能优劣顺序为：SBR 改性乳化温拌沥青混合料优于乳化温拌沥青混合料，乳化温拌沥青混合料优于热拌沥青混合料。

2007 年上海建设机场道路工程有限公司、同济大学和美国 Mead Westvaco 公司等在上海 A4 高速公路颛桥出口处进行了近 2 000m^2 路面维修养护工程。该试验路采用改性温拌沥青混合料作为超薄面层，铺筑厚度仅为 2.5cm，实际摊铺温度为 90～110℃，摊铺现场基本闻不到刺鼻的气味，既节能又环保。

2007 年，在河南省郑州至石人山高速公路具茨山隧道沥青路面施工中，应用了温拌沥青混合料技术，这也是目前国内温拌沥青混合料施工作业量最大的一个项目。具茨山隧道内路面结构设计采用复合式路面，其沥青混凝土面层（包括 6cmAC—20C 型中粒式沥青混凝土和 4cmAC—13C 型细粒式沥青混凝土）均采用乳化温拌沥青混合料。施工过程中，沥青混合料的摊铺温度在 120～130℃，产生的热气较少，隧道内环境温度仅为 40℃左右，施工人员作业较为舒适，不用另外开启通风设备及配备防毒、防烟面具，同时避免了施工机械由于温度过高而发生故障等问题。

Sasobit 作为一种温拌技术近几年在国内已有所研究，并在重庆机场高速公路、南广高速公路、成绵高速公路、广西柳州红光大桥桥面铺装等工程中得到了成功应用。东南大学、同济大学等多家单位都对掺入 Sasobit 后的沥青及沥青混合料性能变化做了一些研究和分析，认为 Sasobit 可以显著提高沥青的高温性能，而且具有独特的改性机理，即在低温（60℃）时改性沥青的黏度高于基质沥青，在高温（100℃以上）时改性沥青的黏度低于基质沥青，其施工温度较基质沥青低 20～30℃。在加热条件下，Sasobit 仅需简单的机械搅拌，不必采用高速剪切或胶体磨的加工方法即可稳定分散于沥青中，克服了一般聚合物改性剂的缺点。在沥青混合料性能评价方面，研究表明，Sasobit 沥青混合料试件的空隙率、水稳定性及抗疲劳性能等与热拌沥青混合料试件相比基本保持不变，同时，其高温稳定性提高较大。

2000 年，我国开始引入硫磺（SEAM）沥青混合料温拌技术，并于 2002 年在天津成功地铺筑了试验路——津沽公路、津榆公路。近年来，在天津、北京、陕西、黑龙江、云南、内蒙古、河南等省市地区又铺筑了一定量的试验段，大都取得了较好的应用效果。但无论国内还是国外，都将硫磺（SEAM）作为一种能够增强沥青混合料高温抗车辙能力的改性剂来研究，而对其温拌技术的研究关注不多。

图 6-12 和图 6-13 分别为在北京、上海、辽宁等省市铺筑温拌沥青混合料试验路段时的施工情况。

图 6-12 北京蓝靛厂南路温拌沥青混合料路面

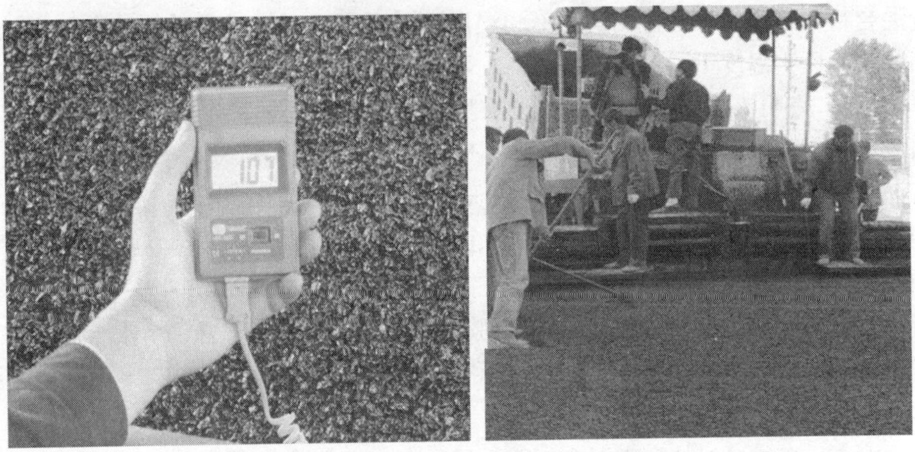

图 6-13 辽宁新北新区温拌沥青混合料路面

6.4 温拌沥青混合料的类型和特点

通常,适宜于沥青混合料拌和的沥青黏度范围为 0.15～0.19Pa·s,适宜压实的沥青黏度范围为 0.25～0.31Pa·s。因此,对于普通的道路石油沥青,就必须加热到 150～175℃的高温才具有足够的流动性和可拌和性,否则难以与矿料拌和均匀。而对于 SBS 等聚合物改性沥青,所需要的温度则更高。因此,温拌沥青混合料制备技术的关键是如何降低拌和与压实时沥青的黏度,使矿料在较低温度下能被充分裹覆,从而降低生产温度,生产出温拌沥青混合料。

目前,温拌沥青混合料制备技术主要有以下六种。

6.4.1 Aspha-Min(沥青—矿物法)

Aspha-Min是一种人工合成的沸石(铝硅酸盐矿物),是德国Eurovia Services公司开发的一种产品,外观为非常细的白色粉末,内部为连通多孔结构,比表面积很大,可吸收其质量21%的水分,这些水分会在85~182℃时析出。在沥青混合料拌和过程中将Aspha-Min加入进去,其挥发出的水蒸气使沥青体积膨胀形成泡沫沥青,这样可降低沥青的黏度,使沥青与矿料在较低温度下拌和均匀。Eurovia Services公司推荐Aspha-Min的用量为沥青混合料质量的0.3%,比热拌沥青混合料生产温度降低20℃,可以节省30%的燃料消耗。

美国的Graham C. Hurley和Brian D. Prowell研究了Aspha-Min在温拌沥青混合料中的应用。通过测试在不同温度下采用振动方式成型试件的空隙率,表明在相同压实温度下,掺加Aspha-Min可降低沥青混合料的空隙率。通过APA车辙试验,表明掺入Aspha-Min并没有提高沥青混合料的抗车辙能力,随着拌和与成型温度的降低,车辙深度会增加。通过冻融劈裂试验,表明掺入Aspha-Min后沥青混合料的劈裂强度减小,抗水损害能力降低,这可能是因为较低的拌和与成型温度导致矿料的干燥不完全,矿料中的残留水分引起水损害。2004年2月,美国利用此项技术在Florida的Orlando铺筑了掺加Aspha-Min的温拌沥青混合料,并与热拌沥青混合料进行了对比试验。与对比试验段的热拌沥青混合料相比,掺加Aspha-Min的温拌沥青混合料拌和与摊铺温度下降了20~30℃,降温效果显著。

沥青—矿物法温拌沥青混合料路面见图6-14。

图6-14 沥青—矿物法温拌沥青混合料路面

6.4.2 WAM-Foam(泡沫沥青法)

WAM-Foam是由Shell(壳牌)国际石油有限公司和Kolo-Veidekke公司联合开发的一种两阶段法生产温拌沥青混合料的技术。在第一阶段先将软质沥青与矿料在100～120℃左右拌和,使软质沥青完全裹覆于矿料表面;在第二阶段将硬质沥青以泡沫沥青的形式喷入并迅速拌和。由于沥青发泡后体积增加数倍且黏度明显降低,因此可在90～110℃下拌和均匀。这种技术的关键在于必须选择合适的软、硬沥青种类以及二者的比例,以满足温拌沥青混合料相应的路用性能要求。另外,在第一阶段必须保证矿料干燥,防止水分存在于矿料表面,必要时可掺加抗剥落剂以增强抗水损害能力。据有关资料显示,WAM-Foam生产过程中可以减少30%的燃料消耗,30%～40%的CO_2排放量以及50%～60%的粉尘排放量。

自2003年以来,WAM-Foam在欧洲得到了广泛应用,铺筑了大量的试验路。2006年,意大利Speed Firenze-Pisa-Livorno高速公路上的试验段就使用了该技术,使用效果良好。与对比试验段的热拌沥青混合料相比,WAM-Foam在生产过程中减少了40%的CO_2、70%的NO_x及60%的粉尘排放量。

美国专利也介绍了泡沫温拌沥青混合料技术,该技术将石料加热到120℃后加入软质沥青(100℃黏度小于0.3Pa•s),拌和均匀后再将硬质沥青(25℃针入度小于100(0.1mm))发泡后喷入。这种技术可节约30%～40%的能量消耗,降低30%～40%的CO_2排放量。为进一步降低拌和温度,Jenkins开发出采用泡沫沥青制备半温沥青混合料(Half-Warm Mix Asphalt)技术。这种技术拌和温度控制在100℃以下,沥青结合料全部采用泡沫形式加入。试验结果表明,采用25℃针入度为80(0.1mm)的沥青进行发泡后在100℃与矿料拌和,发现沥青可较好地包裹矿料;同时在90℃条件下成型马歇尔试件,其空隙率可达到4.0%的要求。这种温拌沥青混合料的疲劳寿命与热拌沥青混合料基本相当,但其抗剪强度相对较小。

图6-15为泡沫温拌沥青混合料的生产工艺。首先把100℃左右下软沥青与加热后的矿料(矿料的加热温度在120～130℃)注入搅拌罐中,在黏结料和矿料拌和几分钟后,再把硬沥青通过泡沫产生器加进去。硬沥青发泡后,体积临时增加15～20倍,可以非常有效的黏附在已被软沥青包裹了的矿料上。软、硬沥青的使用比例可以根据不同的配方进行调整。

图6-16为泡沫温拌沥青混合料路面。

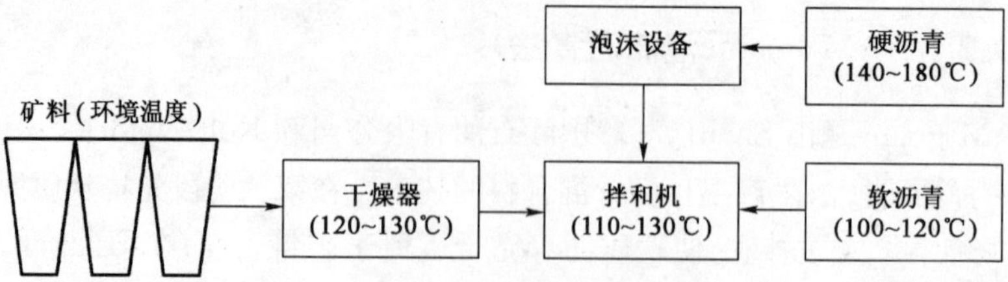

图 6-15　泡沫温拌沥青混合料的生产工艺

图 6-16　泡沫温拌沥青混合料路面

6.4.3　沥青降黏剂技术

这项温拌技术是将沥青降黏剂掺入到沥青混合料中，从化学角度来改变沥青的黏温曲线。但值得注意的是，使用沥青降黏剂的目的是降低沥青结合料的高温黏度，而不能降低沥青结合料的低温黏度。这样既可降低沥青混合料的拌和温度，而又不影响其正常的路用性能。目前成功应用的沥青降黏剂有两类：合成蜡（如德国 Sasol Wax 公司生产的 Sasobit）和低分子量酯类化合物（如德国 Romonta 公司生产的 Asphaltan B）。

Sasobit 被称为改性剂或“沥青流动性改善剂”，使用 Fischer-Tropsch（费托，FT）方法从煤炭气化中获取，因此也称为 FT 石蜡。Sasobit 的熔点约 100℃，在温度超过 115℃时可以完全溶解于沥青结合料中，减小沥青的黏度，从而降低沥青混合料的生产温度。在温度低于熔点时，Sasobit 会在沥青中形成网状的晶格结构以提高稳定性和抗车辙变形的能力。Sasobit 还可使较软的沥青提高到较高等级以克服高温下的变形和泛油。Sasol Wax 公司建议生产温拌沥青混合料时，添加沥青结合料质量 0.8%以上的 Sasobit，最大不超过 5%。

2003 年，法兰克福机场的重建工程中非常成功的应用了 Sasobit 温拌沥青混合料。由于法兰克福机场是欧洲的重要交通枢纽，重建工程要求不能影响航班的起降，所以只能够在夜间分成小块施工，且必须能很快地让飞机正常起降。因此，对沥青混合料的施工温度要求为125℃，这是传统的热拌沥青混合料所达不到的。为了使沥青混合料在低温下能够顺利地摊铺，在普通沥青混合料中选择了加入Sasobit制备温拌沥青混合料，结果施工温度比平时降低了50℃，铺筑碾压过的路面温度约为100℃，经过1.5h后，会再冷却15℃左右。

美国的Graham C. Hurley和Brian D. Prowell研究了Sasobit在温拌沥青混合料中的应用。通过测试在不同温度下采用振动方式成型试件的空隙率，表明在相同压实温度下，掺加Sasobit可降低沥青混合料的空隙率。通过APA车辙试验，表明在相同压实温度下掺加Sasobit的沥青混合料车辙深度较小，这既可能与Sasobit的改性作用有关，又可能与其较小的空隙率有关。通过冻融劈裂试验，表明对于石灰岩混合料，掺加Sasobit后水稳定性明显提高；而对于花岗岩混合料，掺加Sasobit反而降低了沥青混合料的抗水损害能力。值得注意的是，掺加Sasobit的沥青混合料劈裂强度明显小于普通沥青混合料。研究结果还表明，对于Sasobit的加入方式，无论是采用将其加入热沥青中进行简单搅拌形成改性沥青的方式，还是采用将其直接投入到拌缸中与热沥青和矿料拌和的方式，这两种方法制备的沥青混合料性能差异不大。

Sasol Wax公司还开发了Sasobit和SBS聚合物同时改性的技术，以提高沥青高温性能分级(PG)同时减少对低温性能分级的影响。Sasobit和聚合物结合生成Sasoflex，它是一种塑性高分子物质(Sasobit)和弹性高分子物质(SBS)的复合物。塑性高分子物质成分减少了沥青混合料在拌和与摊铺温度时的黏性，并且在服务温度时黏结料变硬，而弹性高分子物质成分则保持了低温时的柔韧性。

Asphaltan B是一种粒状的低分子量酯化蜡，由一种基于Montan蜡的物质与高分子碳氢化合物混合而成。Asphaltan B的熔点约99℃，通过提高沥青的流动性来降低混合料的生产温度。加入Asphaltan B可提高沥青混合料的压实性能和抗车辙能力，其掺量为沥青结合料质量的2%～4%，它可以加入到沥青混合料拌和机中，或是直接加入到沥青中。

图6-17为Sasobit温拌沥青混合料路面。

图6-17 Sasobit温拌沥青混合料路面

6.4.4 基于乳化沥青的温拌技术

这种技术是美国 MeadWestvaco 公司近几年正在研发的制备温拌沥青混合料的新途径，在美国称为 Evotherm®。该方法是将一种特制的 80℃左右的乳化沥青与加热到 130℃左右的矿料直接拌和，其拌和与施工有较大的温度范围，沥青混合料在 100～120℃时可充分拌和，在 60～70℃条件下也有较好的碾压效果，施工所需设备和施工工序与热拌沥青混合料基本相同。用于生产这种特制乳化沥青的乳化剂中含有一些添加剂，这些添加剂能够提高沥青与矿料的裹覆能力，提高沥青混合料的施工和易性以及黏聚力。Evotherm®中的水分在与高温矿料拌和的过程中以水蒸气的形式释放出去，拌和完毕的温拌沥青混合料从外观上看其裹覆和颜色与热拌沥青混合料没有什么差别。研究资料表明，在达到相同的空隙率条件下，乳化温拌沥青混合料的拌和温度可比热拌沥青混合料低 40℃以上。

美国的 Graham C. Hurley 和 Brian D. Prowell 研究了 Evotherm®在温拌沥青混合料中的应用。研究表明，Evotherm®能够提高旋转压实成型试件和振动压实试件的密实性，空隙率平均减少了 1.4%，温度低至 88℃仍能改善密实。在相同的温度下，加入 Evotherm®提高了沥青混合料的抗车辙能力。APA 和 Hamburg 车辙试验表明，乳化温拌沥青混合料具有较好的抗车辙能力。较低的成型温度增加了水损害的可能性，主要是因为较低的拌和成型温度导致矿料干燥不完全，矿料中的残留水分引起水损害。

图 6-18 为乳化温拌沥青混合料路面。

图 6-18　乳化温拌沥青混合料路面

6.4.5 低能量沥青(LEA)技术

此方法来自法国 Fairco 的 LEA(Low Energy Asphalt)技术，是将湿冷的沙子(细集料)搅拌到 120～160℃干燥的覆盖有热沥青的粗集料里，水汽从集料里逸出并激发出泡沫，泡沫化的沥青完全拌和并覆盖集料，最终形成温拌沥青混合料。它的摊铺碾压温度在 70～90℃，而且易于操作，改进了施工工人的生产条件，降低了约 30%的能耗，减少了 80%的尘埃，减少了近 50%的 CO_2 排放量。荷兰在 2005 年底用 LEA 技术生产的温拌沥青混合料进行了试铺。图 6-19 为 LEA 温拌技术的生产流程图，图 6-20 为 LEA 温拌沥青混合料路面。

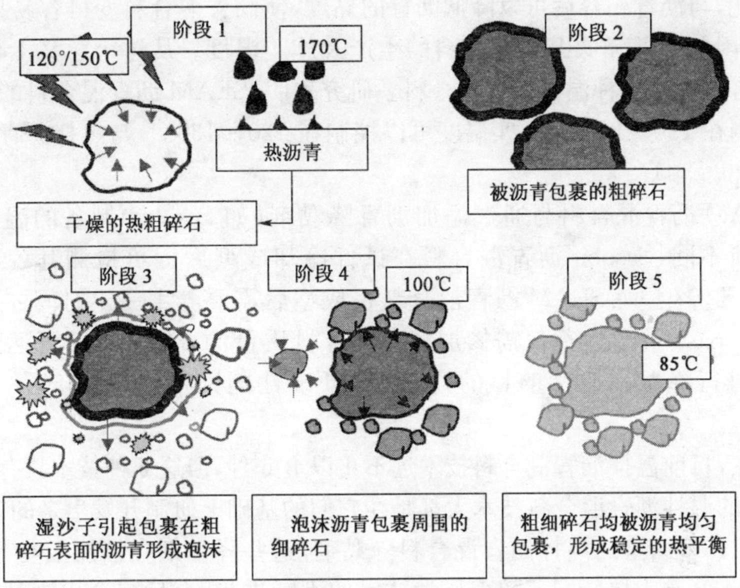

图 6-19 LEA 温拌技术生产流程示意图

图 6-20 LEA 温拌沥青混合料路面

6.4.6 基于硫磺改性的温拌技术

硫磺改性沥青技术早在 20 世纪 70 年代就在美国、加拿大等国家得到了广泛应用，近几年较为成熟的技术是采用一种叫做硫磺(SEAM)的改性剂。SEAM 是 Sulphur-Extended Asphalt Modifier 的简称，意为“硫磺强化沥青改性剂”，它是美国洛克邦得公司开发的一种新型沥青混合料改性剂，在常温下呈黑褐色颗粒状。SEAM 的主要成分为硫磺，硫磺在 70℃左右开始软化变为胶状体，至 115℃左右完全液化，与沥青相容后可以降低沥青的黏度，使沥青混合料变得容易拌和、摊铺及碾压，因此可以降低沥青混合料的生产及施工温度。从这个意义上说，SEAM 沥青混合料也是一种温拌沥青混合料。研究表明，SEAM 沥青混合料的拌和温度可以控制在 130～140℃，压实温度可以控制在 120～130℃，与热拌沥青混合料相比要低 20～30℃。

SEAM 沥青混合料与通过添加沥青降黏剂（如 Sasobit）制备的温拌沥青混合料有所不同，Sasobit 沥青混合料在试件冷却成型后即可检测其各项性能指标，不需要养生，而 SEAM 沥青混合料在成型后需要养生一定时间才可以检测其性能。Sasobit 改性剂仅需掺加沥青结合料质量的 3%左右即可达到对沥青混合料进行降温和改性的目的，而 SEAM 改性剂则可以取代 20%～40%的沥青。

当然，目前温拌沥青混合料技术远不止以上 6 种，但这 6 种技术具有普遍的代表性，新的温拌沥青混合料技术大都是在它们的基础上研制开发出来的，例如国内外出现了许多新型的温拌沥青混合料降黏剂，这些降黏剂在性能上与 Sasobit 或 Asphaltan B 等大体相同。随着科学技术的不断进步，今后将会出现越来越多的温拌沥青混合料技术。

表 6-6 为温拌沥青混合料技术的汇总表。

温拌沥青混合料技术汇总表 表 6-6

温拌方法	添加剂	添加量	生产温度
有机添加剂法	Sasobit	沥青质量的 0.8%～5%	生产温度比 HMA 低 20～30℃，推荐生产温度为 130～150℃
	Asphaltan B	沥青质量的 2%～4%	生产温度比 HMA 低 20～30℃，推荐生产温度为 130～150℃
沥青泡沫法	Aspha-Min	沥青混合料质量的 0.3%	生产温度比 HMA 低 20～30℃，推荐生产温度为 130～150℃
	WAM-Foam	—	生产温度比 HMA 低 30～50℃，推荐生产温度为 110～130℃
	LEA	—	生产温度比 HMA 低 50～70℃，推荐生产温度为 100～120℃
硫磺改性技术	SEAM	取代沥青质量的 20%～40%	生产温度比 HMA 低 20～30℃，推荐生产温度为 130～150℃
沥青乳化技术	Evotherm®	—	生产温度比 HMA 低 50～70℃，推荐生产温度为 100～120℃

6.5 温拌沥青混合料的技术发展趋势

纵观国内外温拌沥青混合料技术的发展状况可知，经过十几年的研究和初步应用，国外发达国家对温拌沥青混合料的设计与施工已经有了相对比较成熟的经验和技术，这为我国开展相关研究工作提供了很好的借鉴作用。但同时，其作为一项新技术，还有进一步完善和提升的空间。尤其是在我国，温拌沥青混合料技术的研究还处于刚刚起步阶段，仍需要在很多方面进行深入的探索和研究，例如：

(1)温拌沥青混合料技术目前的研究大多侧重于温拌沥青及其混合料的性能评价方面，而对它们的基础理论研究，比如温拌沥青微观结构、温拌沥青性能要求与配制原理、温拌沥青混合料强度形成机理等研究还显得较为缺乏。

(2)对温拌沥青混合料的耐久性、抗疲劳性能等研究较少，影响了温拌沥青混合料长期使用效果的评价。

(3)随着聚合物改性沥青在混合料生产及施工中的大量使用，沥青路面的质量得到了极大改善，但同时也消耗了更多能源，排放出更多的有害气体和粉尘。因此，如何在保证聚合物改性沥青混合料质量的同时实现温拌，将具有广阔的研究前景。

(4)在沥青路面维修养护工程中，沥青混合料再生技术得到了越来越广泛地应用，但混合料再生(主要指热再生)时，需要消耗大量能源，并排放出大量有害气体，污染周围的环境。因此，如何对再生沥青混合料实现温拌同样也具有广阔的研究前景。

(5)虽然目前世界各国研制开发的温拌沥青混合料技术或产品已越来越多，但对它们的材料与性能尚缺乏综合系统的对比分析和评价。

总之，随着科学技术的不断进步，未来的温拌沥青混合料技术将会更加完善，其应用范围也会更广。我国应根据现有的机械设备和材料自身条件，走自己的温拌沥青混合料技术之路，不依赖于国外昂贵的设备，加强温拌沥青及其混合料的基础理论与应用研究，开发出适合于我国现有设备条件和材料特点，研究出经济实用的温拌沥青混合料成套技术。

第 7 章　乳化温拌沥青混合料性能评价及工程应用

本章所指的乳化温拌沥青混合料是将特制的 80℃左右的乳化沥青与加热到 130℃左右的矿料在 120℃左右时进行充分拌和形成的一种温拌沥青混合料。

7.1　基于乳化的温拌沥青混合料材料技术要求和配合比设计

7.1.1　原材料性能

对于乳化温拌沥青混合料的原材料性能技术要求可参考《公路沥青路面施工技术规范》(JTG F40—2004)中的普通热拌沥青混合料的技术要求执行。

7.1.1.1　乳化沥青

采用以 Pen 80/100 沥青为基质沥青，生产两种不同的乳化沥青：普通乳化沥青和 SBR 改性乳化沥青。Pen 80/100 沥青、普通乳化沥青和 SBR 改性乳化沥青的技术要求及各项指标检测结果见表 7-1 和表 7-2。

Pen 80/100 沥青技术要求及检测结果　　表 7-1

试验项目	单　位	试验结果	技术指标
针入度(25℃,5S,100g)	0.1mm	92	80～100
针入度指数 PI	—	0.5	−1.5～+1.0
软化点	℃	47	≥45
60℃动力黏度	Pa·s	179	≥160
15℃延度	cm	>100	≥100
蜡含量(蒸馏法)	%	2.1	≤2.2
闪点	℃	296	≥245
溶解度	%	99.8	≥99.5
25℃相对密度	—	1.007	实测

续上表

试验项目		单 位	试验结果	技术指标
薄膜烘箱加热	质量变化	%	0.04	≤±0.8
	25℃残留针入度比	%	76	≥57
	10℃残留延度	cm	17	≥8
	15℃残留延度	cm	35	≥20

普通乳化沥青和SBR改性乳化沥青技术要求及检测结果 表7-2

试验项目		单位	乳化沥青		技术要求	
			普通型	SBR型	普通型	SBR型
固体含量		%	66	69	≥66	≥67
筛上残留物(1.18mm)		%	0.0	0.0	≤0.1	≤0.1
1d常温储存稳定性		%	0.6	0.4	≤1	≤1
蒸发残留物	残留分含量	%	67	70	≥65	≥66
	软化点	0.1mm	—	59	—	≥55
	5℃延度	cm	—	>30	—	≥25

从表7-1和表7-2的检测结果可知：Pen 80/100沥青、普通乳化沥青和SBR改性乳化沥青的各项指标均满足《公路沥青路面施工技术规范》(JTG F40—2004)的相关技术要求。

7.1.1.2 粗集料

粗集料必须洁净、干燥、表面粗糙，表7-3为粗集料的技术要求及各项指标检测结果。

粗集料的技术要求及检测结果 表7-3

试验项目	单 位	粒径(mm)		技术指标
		10～15	5～10	
石料压碎值	%	13	—	≤28
洛杉矶磨耗损失	%	16	14	≤30
表观相对密度	—	2.834	2.832	≥2.50
吸水率	%	0.5	0.6	≤3.0
坚固性	%	8.4	8.4	—
针片状颗粒含量	%	7.4	7.0	≤18
水洗法<0.075mm颗粒含量	%	0.2	0.5	≤1
软石含量	%	0.8	0.8	≤5
与沥青黏附性	—	>4级	>4级	≥4级

从表7-3的检测结果可知，粗集料的各项指标均符合《公路沥青路面施工技术规范》(JTG F40—2004)的相关技术要求。

7.1.1.3 细集料

细集料应洁净、干燥、无风化、无杂质，并有适当的颗粒级配，表7-4为细集料的技术要求及各项指标检测结果。

细集料的技术要求及检测结果 表7-4

检测指标	单位	粒径(mm)		技术指标
		天然砂	机制砂	
表观相对密度	—	2.713	2.812	≥2.50
含泥量	%	2.3	—	≤3
砂当量	%	—	76	≥60
棱角性	s	46	51	—

由表7-4的检测结果可知：细集料的各项指标均符合《公路沥青路面施工技术规范》(JTG F40—2004)中的相关技术要求。

7.1.1.4 填料

填料应洁净、干燥，并有适当的颗粒级配，表7-5为试验所用填料的技术要求及各项指标检测结果。

填料的技术要求及检测结果 表7-5

检测指标		单位	填料	技术指标
表观相对密度		—	2.810	≥2.50
含水率		%	<1	≤1
粒度范围	<0.6mm	%	100	100
	<0.15mm	%	98.7	90～100
	<0.075mm	%	88	75～100
外观		—	无团粒结块	无团粒结块
亲水系数		—	0.8	<1
塑性指数		%	3.5	<4
加热安定性		—	无色变	实测记录

从表7-5的检测结果可知，填料的各项指标均符合《公路沥青路面施工技术规范》(JTG F40—2004)中的相关技术要求。

7.1.2 乳化温拌沥青混合料配合比设计

7.1.2.1 矿料级配设计

用于乳化温拌沥青混合料的矿料级配设计方法及要求与热拌沥青混合料相同,可参照《公路沥青路面施工技术规范》(JTG F40—2004)执行。采用的AC—13C沥青混合料级配曲线见图7-1。

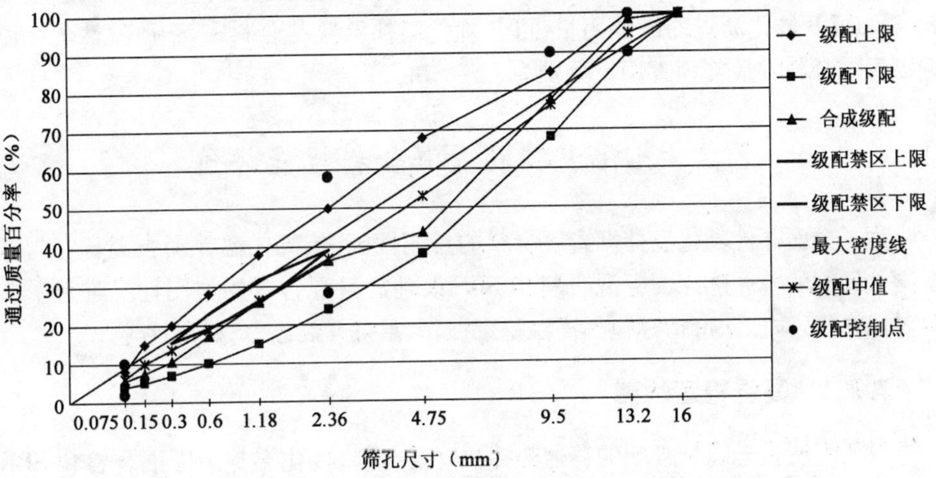

图7-1 AC—13C沥青混合料级配曲线图

7.1.2.2 乳化温拌沥青混合料的配制

乳化温拌沥青混合料的拌制在温度控制上不同于热拌沥青混合料。首先,将矿料和乳化沥青各自在130℃和80℃保温4h以上;然后,在120℃的温度下将乳化沥青和矿料充分拌和,一般拌和时间控制在3min;最后,将拌和好的沥青混合料在120℃的温度下保温2h后成型试件。每个试件在制作时,上、下两面各击实75次,室内静置24h后脱模。

7.1.2.3 最佳乳化沥青用量确定

尽管乳化温拌沥青混合料与热拌沥青混合料具有不同的成型特点,但两者确定最佳沥青用量的控制指标和步骤是相同的,采用马歇尔试验方法确定最佳沥青用量。具体的确定方法有两种:一是直接使用乳化沥青成型试件,根据混合料的稳定度、流值、空隙率和沥青饱和度等指标的控制范围确定最佳沥青用量;二是采用生产乳化沥青的基质沥青按热拌沥青混合料的马歇尔法确定最佳沥青用量,然后根据乳化沥青的固含量反算出乳化沥青的最佳用量。其计算公式如下:

$$M_{EM} = \frac{M_{OP}}{M_{RE}} \tag{7-1}$$

式中：M_{EM}——最佳乳化沥青或改性乳化沥青用量(%)；

M_{RE}——乳化沥青或改性乳化沥青蒸发残留物含量(%)；

M_{OP}——最佳基质沥青用量(%)。

根据《公路沥青路面施工技术规范》(JTG F40—2004)中规定的最佳沥青用量计算方法，首先确定AC—13C型基质沥青混合料的最佳沥青用量为5.0%。按照式(7-1)反算乳化沥青的最佳用量，可知乳化温拌沥青混合料和SBR改性乳化温拌沥青混合料的最佳沥青用量分别为7.5%和7.2%。

7.2 乳化温拌沥青混合料性能评价

为了全面评价乳化温拌沥青混合料的路用性能，将乳化温拌沥青混合料与基于同种级配的普通热拌沥青混合料和SBS改性沥青混合料的路用性能进行了全面对比评价，对比评价指标包括高温稳定性、低温抗开裂性、水稳定性等。

7.2.1 高温稳定性能

对所配制基于同种级配的普通热拌沥青混合料、乳化温拌沥青混合料和SBR改性乳化温拌沥青混合料以及SBS改性沥青混合料进行高温稳定性能的测试，试验结果见表7-6。

不同类型沥青混合料高温稳定性测试结果　　表7-6

指　标	普通热拌沥青混合料		SBS改性沥青混合料		乳化温拌沥青混合料		SBR改性乳化温拌沥青混合料	
	规范	实测	规范	实测	规范	实测	规范	实测
动稳定度(次/mm)	≥800	1 140	≥2 800	6 796	—	1 200	—	3 126

从表7-6试验结果可知：乳化温拌沥青混合料及SBR改性乳化温拌沥青混合料高温稳定性均高于普通热拌沥青混合料，但低于SBS改性沥青混合料。

7.2.2 水稳定性能

对所配制基于同种级配的普通热拌沥青混合料、乳化温拌沥青混合料、SBR改性乳化温拌沥青混合料以及SBS改性沥青混合料进行水稳定性能的测试，试验结果见表7-7。

不同类型沥青混合料水稳定性测试结果 表 7-7

指标	普通热拌沥青混合料		SBS 改性沥青混合料		乳化温拌沥青混合料		SBR 改性乳化温拌沥青混合料	
	规范	实测	规范	实测	规范	实测	规范	实测
劈裂残留强度比(%)	≥70	79.3	≥80	86.0	—	82.0	—	84.0
浸水残留稳定度(%)	≥75	83.1	≥85	93.1	—	89.0	—	92.0

从表 7-7 试验结果可知：乳化温拌沥青混合料及 SBR 改性乳化温拌沥青混合料水稳定性均高于普通热拌沥青混合料，但低于 SBS 改性沥青混合料。

7.2.3 低温抗裂性能

对所配制基于同种级配的普通热拌沥青混合料、乳化温拌沥青混合料、SBR 改性乳化温拌沥青混合料以及 SBS 改性沥青混合料进行低温稳定性能的测试，试验结果见表 7-8。

不同类型沥青混合料低温稳定性测试结果 表 7-8

指标	普通热拌沥青混合料		SBS 改性沥青混合料		乳化温拌沥青混合料		SBR 乳化温拌沥青混合料	
	规范	实测	规范	实测	规范	实测	规范	实测
破坏应变($\mu\varepsilon$)	≥2 000	2 887	≥2 500	4 126	—	2 800	—	3 100

从表 7-8 的试验结果可知：乳化温拌沥青混合料及 SBR 改性乳化温拌沥青混合料低温稳定性基本上与普通热拌沥青混合料相当，但低于 SBS 改性沥青混合料。

7.2.4 小结

(1)乳化温拌沥青混合料的配合比设计方法与热拌沥青混合料的设计方法相似。由于乳化温拌沥青混合料的特性，其成型温度条件及步骤不同于热拌沥青混合料，但成型仪器完全相同。

(2)乳化温拌沥青混合料中最佳乳化沥青用量的确定有两种方法：一是直接使用乳化沥青成型试件，根据沥青混合料的稳定度、流值、空隙率和沥青饱和度等指标的控制范围确定最佳沥青用量；二是采用生产乳化沥青的基质沥青按热拌沥青混合料的马歇尔法确定最佳沥青用量，然后根据乳化沥青的固含量反算出乳化沥青的最佳用量。

(3)乳化沥青温拌混合料的路用性能与普通热拌沥青混合料基本相当，但总体性能不如SBS改性沥青混合料。

7.3 乳化温拌沥青混合料在工程中的应用

7.3.1 工程概况

北京市顺密路南起顺平路(K11+213)，北止密云区城关镇，全长33.31km。该路是顺义中部地区一条重要的南北向干线公路，有效地连通了顺义中部及密云南部的广大地区，对地方经济的发展起了极大的促进作用。然而，由于交通量较大，特别是货车、拖挂车等重载车较多，路面不同程度存在龟裂、网裂、坑槽、松散等病害现象，部分路面破损率高达36.8%，严重影响了道路交通安全和当地经济的发展。

在积累了大量的室内操作经验和检测数据基础上，在北京顺义—密云段二级公路铺筑了乳化温拌沥青混合料试验路段，该试验路是顺密路的一段，起止桩号为K17+900～K18+700，全长800m，路基宽度12m，路面宽度8m，其中K18+200～K18+700段左幅采用SBR改性乳化温拌沥青混合料，其余试验路段均采用乳化温拌沥青混合料。

7.3.2 原路面使用性能评价

7.3.2.1 原路面结构

图7-2为顺密路(K18+200～K18+700段)原有路面结构示意图。

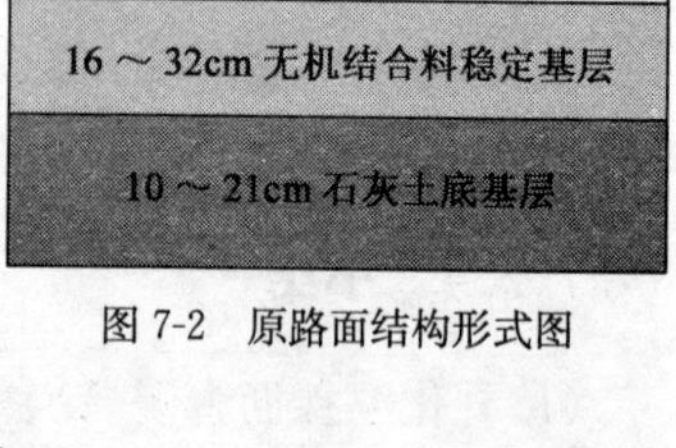

图7-2 原路面结构形式图

7.3.2.2 原路面破损状况调查

根据《公路沥青路面养护技术规范》(JTJ 073.2—2001)中的规定，对原路面破损状况进行详细调查，调查结果如表7-9所示。

原路面破损状况调查结果 表7-9

桩 号	路面综合破损率DR(%)	路面状况指数PCI	评价等级
K17+900～K18+700	34.91	35.17	差

由表7-9检测结果可知，试验段路面综合破损率DR均值为34.91%，最高值达36.80%，评价等级为“差”。

7.3.2.3　原路面弯沉调查

根据《公路沥青路面养护技术规范》(JTJ 073.2—2001)中的规定，对原路面弯沉进行检测，见表7-10。

原路面弯沉检测结果　　表7-10

桩　　号	实测弯沉均值 $\bar{l}_0$(0.01mm)		实测弯沉均方差		计算弯沉值 l_0(0.01mm)	
	左	右	左	右	左	右
K17+900～K18+700	68	66	33	27	118	107

从表7-10的检测结果可知，原路面的计算弯沉值偏大，并且结构强度分布不均匀。

7.3.3　设计方案

在对原路面进行破损状况和强度调查的基础上，依据顺密路路面结构设计年限为8年的设计情况，拟对试验段进行柔性补强和罩面处理，具体的路面结构设计方案见图7-3。

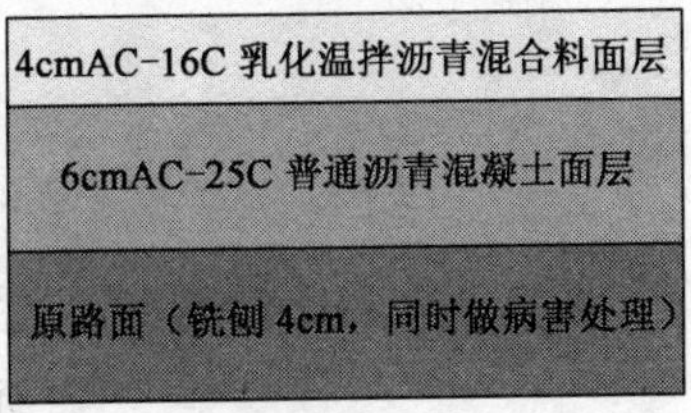

图7-3　试验路段路面结构设计方案图

7.3.4　沥青混合料配合比设计

7.3.4.1　矿料组成设计

根据北京地区的气候状况和交通状况，选择了AC-16C型混合料。表7-11为各档矿料级配表，图7-4为试验路段级配曲线图。

各档矿料级配表　　表7-11

通过率(%)	筛孔尺寸(mm)									
	16	13.2	9.5	4.75	2.36	1.18	0.6	0.3	0.15	0.075
10～20mm(31%)	31	26.1	8.95	0.49	0.31	0.31	0.27	0.27	0.24	0.03
5～10mm(28%)	28	28	28	13.21	0.92	0.44	0.28	0.25	0.22	0.05
机制砂(16%)	16	16	16	15.95	12.14	6.38	3.24	1.56	1	0.28
天然砂(20%)	20	20	19.82	17.58	16.74	11.88	10.18	5.84	2.72	1.46
矿粉(5%)	5	5	5	5	5	5	5	4.99	4.95	4.57
合成级配	100	95.1	77.77	52.23	35.11	24.01	18.97	12.91	9.13	6.39
设计级配范围	95～100	75～90	58～78	42～63	32～50	22～37	16～28	11～21	7～15	4～8

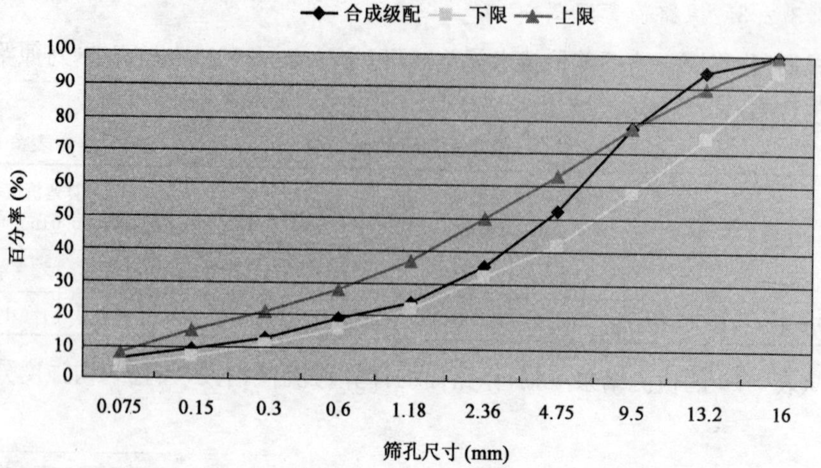

图 7-4 试验路段级配曲线图

7.3.4.2 最佳沥青用量确定

根据表 7-12 沥青混合料的马歇尔试验检测结果，确定最佳沥青用量为 4.9%。

沥青混合料马歇尔试验结果 表 7-12

沥青用量（%）	密度（g/cm³）		空隙率（%）	稳定度（kN）	流值（0.1mm）	VMA（%）	VFA（%）
	实测	理论					
4.5	2.441	2.581	5.4	9.65	2.27	16	66.2
5.0	2.459	2.57	4.3	9.25	2.52	16.2	73.4
5.5	2.472	2.559	3.4	8.63	2.9	17	79.5

根据式(7-1)，反算出沥青混合料中乳化沥青和 SBR 改性乳化沥青的用量分别为 7.3%和 7.0%。

7.3.4.3 沥青混合料的路用性能

为了检验乳化温拌沥青混合料和 SBR 改性乳化温拌沥青混合料的配合比设计，对其进行了高温稳定性、水稳定性、低温抗裂性等路用性能的检验，试验结果见表 7-13。

沥青混合料路用性能测试结果 表 7-13

检 验 项 目	乳化温拌沥青混合料	SBR 改性乳化温拌沥青混合料
浸水残留稳定度（%）	80.6	86.6
残留劈裂强度比（%）	75.6	77.1
动稳定度（次/mm）	1 432	3 025
破坏应变（με）	2 589	2 734

由表7-13结果可见，乳化温拌沥青混合料和SBR改性乳化温拌沥青混合料的配合比设计符合《公路沥青路面施工技术规范》（JTG F40—2004）中的技术要求，可在工程中应用。

7.3.5 乳化温拌沥青混合料生产与施工

7.3.5.1 乳化沥青的储存和运输

乳化温拌沥青混合料中所用乳化沥青的储存和运输应使用保温罐保温存储和运输，若所用储罐中有残留的慢裂或快裂乳化沥青，则应预先进行彻底清洗。

乳化温拌沥青混合料中所用乳化沥青在运输与储存期间应尽可能保温在80℃以上，但不要超过90℃。若温度降至80℃以下，则在使用时应提前加热至80℃以上，建议使用导热油间接加热，导热油温度应不超过90℃。

7.3.5.2 拌和工艺流程

如果拌和楼的回收粉尘设备不理想，可以根据实际情况改变混合料拌和流程，即在矿粉喷洒前先喷洒乳化沥青，改变后的混合料拌和流程见图7-5。图7-6和图7-7为改变拌和流程前后拌和楼的现场情况。

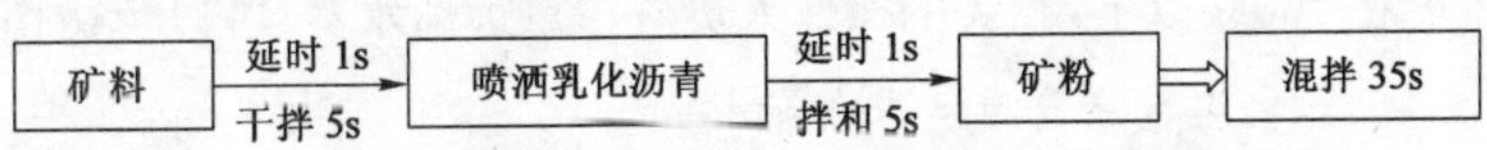

图7-5 拌和楼拌和工艺流程图

图7-6 灰色的粉尘和水汽

图7-7 青色的水汽（改变拌和工艺后）

7.3.5.3 乳化温拌沥青混合料生产

乳化沥青温拌混合料的生产一般预先确定一个混合料出料的目标温度，乳化沥青的温度一般在80℃左右，据此确定矿料的加热温度。本试验路的乳化温拌沥青混合料目标温度为120℃，因而矿料的加热温度在140℃左右，SBR改性乳化沥青混合料的目标温度为 130℃左右，因而矿料加热温度为 150℃左右。图 7-8 和图 7-9分别为乳化温拌沥青混合料和 SBR 改性乳化温拌沥青混合料出料时温度检测结果。

图 7-8　乳化温拌沥青混合料出料温度

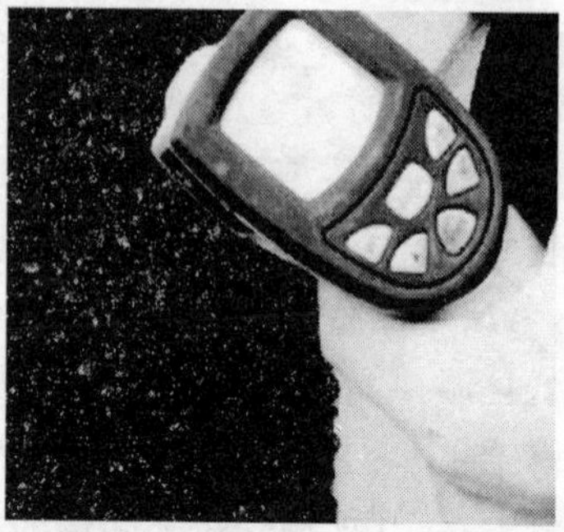

图 7-9　SBR 改性乳化温拌沥青混合料出料温度

在乳化温拌沥青混合料生产前，应使用热的矿料预热整个生产系统，包括拌和仓、石料输送带及料斗等，预热温度应比目标混合料温度高约 10℃。

由于乳化沥青中含有大量的水分，乳化温拌沥青混合料生产过程中会有水蒸气产生，温度在 100℃以上，相关的操作人员应注意远离水蒸气，以免烫伤。

7.3.5.4　乳化温拌沥青混合料的储运

在乳化温拌沥青混合料装料前，料斗上要涂隔离剂，防止污染。在拌和楼向料车放料时要本着“先两边，后中间”的原则，防止沥青混合料离析。乳化温拌沥青混合料在运输过程中要注意保温，在混合料装车后要加盖帆布保温并迅速运抵施工现场。

7.3.5.5　乳化温拌沥青混合料的摊铺与压实

摊铺前，路面应保证清洁并洒布黏层油，黏层油可使用快裂或慢裂的阳离子乳化沥青，黏层油洒布应均匀无花斑。

卸料后沥青混合料的摊铺温度应不低于目标混合料温度 10℃，可以加热摊铺机熨平板(非强制性规定)，建议定期加热熨平板以确保其温度比混合料温度高10～15℃。压路机应紧跟摊铺机进行压实，以防温拌沥青混合料温度降低过快。乳化温拌沥青混合料终压温度为 60℃，SBR 改性乳化温拌沥青混合料终压温度为 70℃。初压在摊铺后紧跟进行，碾压方式与机械组合可与普通热拌沥青混合料所使用的完全相同，也可使用不小于 10t 的钢轮压路机碾压，复压与终压使用轮胎压路机，终压用轮胎压路机应不小于 22t。根据气温情况和温拌沥青混合料的温度，压实遍数为 4 遍左右。摊铺和碾压现场见图 7-10～图 7-13。

图 7-10 摊铺乳化温拌沥青混合料

图 7-11 初压乳化温拌沥青混合料
（双钢轮振动压路机）

图 7-12 终压乳化温拌沥青混合料

图 7-13 经过终压后的乳化温拌沥青混合料

7.3.6 试验路段路面性能检测

为综合分析并比较乳化温拌沥青混合料路面与普通热拌沥青混合料路面性能上的差异，本研究将 K15＋100～K16＋100 段热拌沥青混合料路面的检测结果与试验路段 K17＋900～K18＋700 作了对比。

7.3.6.1 压实度检测

采用现场取芯方法对压实度进行评价，评价结果见表 7-14。

试验路压实度检测结果 表 7-14

桩 号	沥青混合料类型	现场取芯法		桩 号	沥青混合料类型	现场取芯法	
		实测值（g/cm³）	相对压实度（%）			实测值（g/cm³）	相对压实度（%）
K17＋930	乳化温拌沥青混合料	2.438	98.4	K18＋350	SBR 改性乳化温拌沥青混合料	2.489	100.7
K18＋000		2.464	99.5	K18＋430		2.503	101.3
K18＋060		2.483	100.2	K18＋510		2.333	94.4
K18＋120		2.431	98.1	K18＋590		2.441	98.8
K18＋200		2.443	98.6	K18＋670		2.430	98.3
均值		2.452	99	均值		2.439	98.7

从表 7-14 的检测结果可知，现场取芯法测定的压实度满足《沥青路面施工及验收规范》(GB 50092—96)的相关要求，而且乳化温拌沥青混合料和 SBR 改性乳化温拌沥青混合料测得的压实度基本相当。

7.3.6.2 平整度检测

表 7-15 为试验路段平整度检测结果。

试验路段平整度检测结果 表 7-15

桩号	SBR 改性乳化温拌沥青混合料		乳化温拌沥青混合料		热拌沥青混合料		允许偏差	
	平整度最大间隙(mm)	平整度标准差	平整度最大间隙(mm)	平整度标准差	平整度最大间隙(mm)	平整度标准差	平整度最大间隙(mm)	平整度标准差
K17+900～K18+200	—	—	2.38	0.74	—	—	5	2.5
K18+200～K18+700	2.49	0.76	—	—	—	—	5	2.5
K15+000～K16+000	—	—	—	—	2.51	0.74	5	2.5

从表 7-15 的检测结果可知，试验路段的平整度检测结果满足《沥青路面施工及验收规范》(GB 50092—96)的相关要求。

7.3.6.3 弯沉检测

表 7-16 为试验路段弯沉检测结果。

试验路段弯沉对比结果(单位:0.01mm) 表 7-16

桩号	SBR 改性乳化温拌沥青混合料		乳化温拌沥青混合料		热拌沥青混合料		设计弯沉值
	左	右	左	右	左	右	
K17+900～K18+200	—	—	37	32	—	—	44.3
K18+200～K18+700	43	37	—	—	—	—	
K15+000～K16+000	—	—	—	—	46	34	

从表 7-16 的检测结果可知，试验路段的弯沉检测结果均小于设计弯沉值要求。

7.3.6.4　抗滑性能

1)构造深度检测

表7-17为试验路段构造深度检测结果。

试验路段构造深度对比结果(单位:mm)　　表7-17

桩　号	乳化温拌沥青混合料	SBR改性乳化沥青混合料	热拌沥青混合料	技术要求
K15＋100～K16＋100	—	—	0.50	
K17＋900～K18＋200	—	0.40	—	≥0.5
K18＋200～K18＋700	0.53	—	—	

2)摩擦系数检测

表7-18为试验路段摩擦系数检测结果。

试验路段摩擦系数对比结果　　表7-18

桩　号	乳化温拌沥青混合料	SBR改性乳化沥青混合料	热拌沥青混合料	技术要求
K15＋100～K16＋100	—	—	55	
K17＋900～K18＋200	—	58	—	≥45
K18＋200～K18＋700	56	—	—	

从表7-17和表7-18的检测结果看,试验路段的抗滑性能与普通热拌沥青路面基本相当。

7.3.7　小结

乳化温拌沥青混合料路面的使用性能与普通热拌沥青混合料路面相当,满足热拌沥青混合料路面的相关技术要求。乳化温拌沥青混合料的拌和、摊铺和碾压温度均低于普通热拌沥青混合料,因而,在施工条件相同的情况下,施工变得更加容易,施工质量更易控制。

第8章 Sasobit 温拌沥青及其混合料性能评价

Sasobit 被称为沥青改性剂或“沥青流动性改善剂”,使用 Sasobit 的目的是降低沥青结合料的高温拌和黏度而不降低沥青结合料的路用黏度。因此,在沥青或沥青混合料中添加 Sasobit 后,可以降低沥青混合料的拌和和压实温度,同时,又不影响其正常的路用性能。

8.1 Sasobit 温拌沥青制备工艺

8.1.1 Sasobit 简介

Sasobit 是一种高熔点的有机添加剂,使用 Fischer-Tropsch(费托,FT)方法从煤炭气化中获取,因此也称为 FT 蜡。它是一种细结晶体,通常可提供两种形式:一种为粉末状,供熔融添加用;另一种为颗粒状(小球),供直接添加用,见图 8-1。

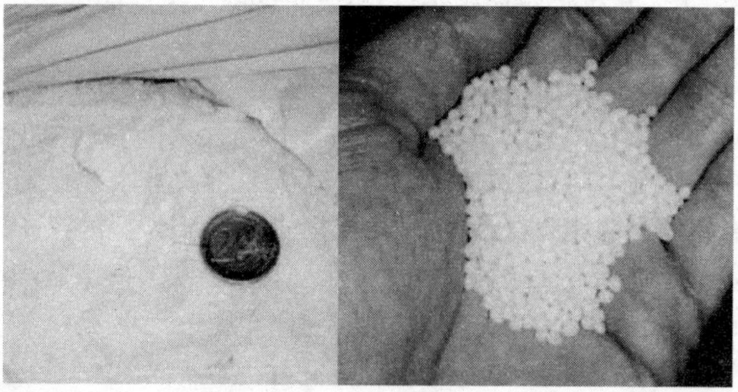

a)　　　　b)

图 8-1　Sasobit

a)粉状;b)球状

Sasobit 是一种窄分布的合成饱和碳氢化合物的混合物,是一种硬蜡,而沥青中蜡含量偏高会对沥青的性能产生明显的负面影响,但是掺入一定量的 Sasobit 却不会出现这种问题。这是因为 Sasobit 与沥青中的蜡在分子结构上有很大的不同,沥青中的蜡分子一般只含有 22～40 个碳原子,而 Sasobit 分子是含有 40～120

个碳原子的长链脂肪烃，如图 8-2 所示。

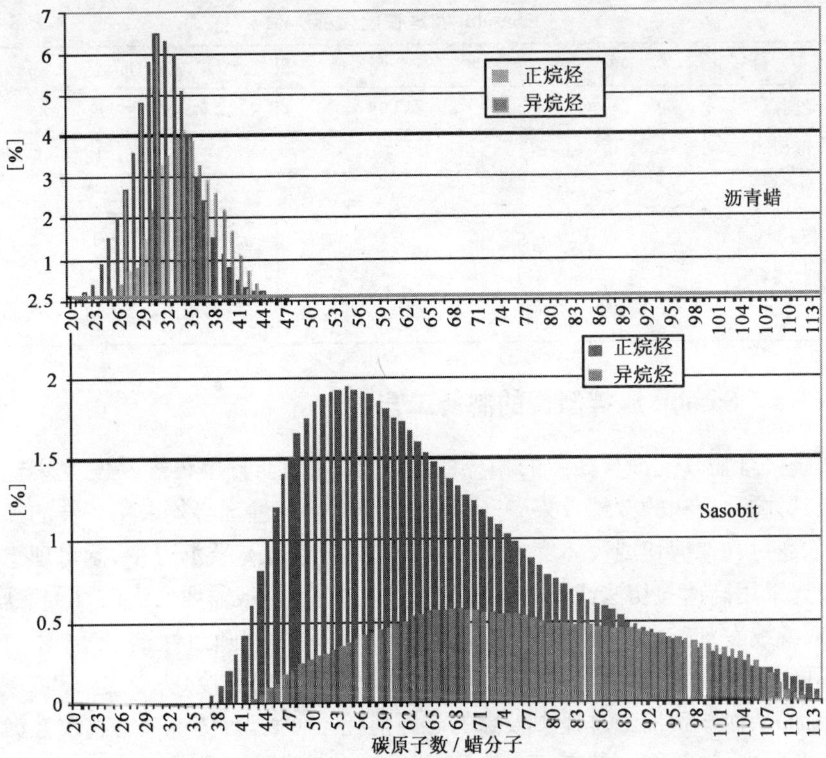

图 8-2 Sasobit 与沥青蜡碳原子数对比图

图 8-3 为 Sasobit 红外光谱和微观结构图。

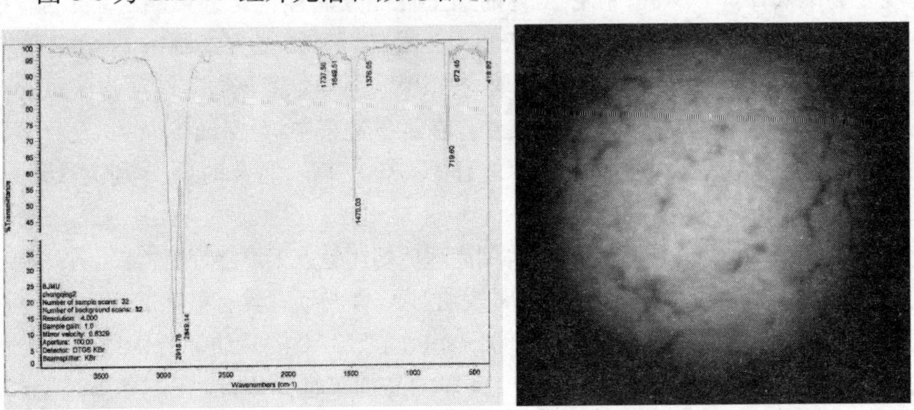

a)　　　　b)

图 8-3 Sasobit 红外光谱和微观结构图

a)红外光谱；b)微观结构

表 8-1 为 Sasobit 物理性能指标。

Sasobit 物理性能指标　　表 8-1

项　目	单　位	实 测 值	标 准 要 求
凝固点	℃	98	≤99
针入度(25℃)	0.1mm	<0.7	≤1
针入度(65℃)	0.1mm	7	≤10
黏度(135℃)	10^{-3}Pa·s	12	10～14
密度(25℃)	g/cm^3	0.94	—
熔点	℃	100	98～110

8.1.2　Sasobit 温拌沥青的制备工艺

传统聚合物改性剂与沥青的相容性不好，加入到沥青中很容易发生聚合物离析现象，影响聚合物的改性效果。所以，这类聚合物改性剂必须采用特殊的加工工艺，例如通过高速剪切或胶体磨方式使其均匀地分散在基质沥青中，制得理想的改性沥青。采用高速剪切法或胶体磨法加工改性沥青，一般需要经过改性剂融胀、分散磨细、继续发育三个阶段，每一阶段的工艺流程和时间随改性剂、沥青和加工设备的不同而异。而且，大部分聚合物改性剂会使沥青的黏度(尤其是 135℃黏度)大大增加，从而导致加工过程中较高的能源消耗。可以说，传统聚合物改性沥青的制备工艺复杂，消耗能源较高，而且还不能保证其储存稳定性。

制备 Sasobit 温拌沥青是否也需要采用与传统聚合物改性沥青相同的加工工艺呢？为准确评价 Sasobit 温拌沥青的加工性能及储存稳定性，以在基质沥青中掺加 3%Sasobit 为例，采用高速剪切和人工搅拌两种加工方式制备 Sasobit 温拌沥青，并进行聚合物改性沥青离析试验，按 SBS、SBR 类聚合物改性沥青的试验方法测定 Sasobit 温拌沥青 48h 软化点差。在制备过程中，为保证 Sasobit 充分熔融在沥青中，将混合温度设定为 130℃、150℃和 170℃，混合时间分别为 15min、30min 和 45min，试验结果见表 8-2。

由表 8-2 的试验结果可知，无论采用高速剪切还是人工搅拌，两种加工方式制备的 Sasobit 温拌沥青 48h 软化点差很小，表明 Sasobit 与沥青具有很好的相容性，储存稳定性良好。同时，在试验过程中发现 Sasobit 在 130℃的基质沥青中很容易分散均匀，且 48h 软化点差也最小，表现出良好的易加工性。因此，在制备 Sasobit 温拌沥青时，没有必要采用高速剪切设备加工，只需将 Sasobit 和沥青在一定温度下通过简单的人工搅拌一段时间即可制得。本研究采用在 130℃下将 Sasobit 和沥青人工搅拌 30min 来制备 Sasobit 温拌沥青。因此，与传统聚合物改性沥青相比，

Sasobit 温拌沥青制备工艺简单易行，储存稳定，易于在生产实践中推广应用。

Sasobit 温拌沥青软化点差试验结果　　表 8-2

人工搅拌				机械剪切			
样本	拌和温度（℃）	拌和时间（min）	48h 软化点差（℃）	样本	拌和温度（℃）	拌和时间（min）	48h 软化点差（℃）
1	130	15	−0.40	1	130	15	0.22
2	130	30	0.10	2	130	30	0.12
3	130	45	0.15	3	130	45	−0.24
4	150	15	0.20	4	150	15	−0.15
5	150	30	0.14	5	150	30	0.20
6	150	45	0.21	6	150	45	0.18
7	170	15	0.13	7	170	15	0.15
8	170	30	0.12	8	170	30	0.22
9	170	45	−0.21	9	170	45	0.11

8.2　Sasobit 温拌沥青性能评价

8.2.1　基质沥青性能

选用 Pen 60/80 沥青和 SBS 改性沥青作为基质沥青来配制 Sasobit 温拌沥青，表 8-3 和表 8-4 分别为 Pen 60/80 沥青和 SBS 改性沥青的性能测试结果。

Pen 60/80 沥青的技术要求及性能测试结果　　表 8-3

试验项目	单位	技术要求	试验结果	试验方法
针入度（25℃，100g，5s）	0.1mm	60～80	71	T 0604
针入度指数 PI	—	−1.5～+1.0	−0.83	T 0604
软化点 $T_{R\&B}$	℃	≥45	49.6	T 0606
延度（15℃，5cm/min）	cm	≥100	>144	T 0605
延度（5℃，5cm/min）	cm	—	6	T 0605
运动黏度（60℃）	Pa·s	≥180	230	T 0620
运动黏度（135℃）	Pa·s	—	0.46	T 0625
溶解度（三氯乙烯）	%	≥99.5	99.8	T 0607
闪点	℃	≥260	300	T 0611
密度（15℃）	g/cm^3	实测记录	1.035	T 0603

SBS 改性沥青的技术要求及性能测试结果　　表 8-4

试验项目	单位	技术要求	试验结果	试验方法
针入度(25℃,100g,5s)	0.1mm	60～80	63	T 0604
针入度指数 PI	—	≥−0.4	0.69	T 0604
软化点 $T_{R\&B}$	℃	≥55	67.7	T 0606
弹性恢复(25℃)	%	≥65	88	T 0662
延度(5℃,5cm/min)	cm	≥30	35.3	T 0605
运动黏度(100℃)	Pa·s	—	15.37	T 0625
运动黏度(135℃)	Pa·s	≤3	1.68	T 0625
运动黏度(175℃)	Pa·s	—	0.51	T 0625
溶解度(三氯乙烯)	%	≥99	99.8	T 0607
闪点	℃	≥230	300	T 0611
密度(15℃)	g/cm³	实测记录	1.034	T 0603
离析,48h 软化点差	℃	≤2.5	0.1	T 0661

8.2.2 Sasobit 温拌沥青针入度分级性能评价

在基质沥青(Pen 60/80 沥青和 SBS 改性沥青)中掺加不同 Sasobit 剂量(Sasobit 与沥青的质量比,剂量分别为 2%～5%,每 1%为一个间隔点)制备温拌沥青,表 8-5 和表 8-6 为掺加不同 Sasobit 剂量后温拌沥青性能测试结果。

不同 Sasobit 剂量温拌沥青的性能测试结果(基质沥青:Pen 60/80 沥青)　表 8-5

试验项目	单位	Pen 60/80 沥青	+2% Sasobit	+3% Sasobit	+4% Sasobit	+5% Sasobit
针入度(25℃,5s,100g)	0.1mm	71	61	50	46	40
针入度指数 PI	—	−0.83	−0.02	0.46	0.59	0.79
软化点 $T_{R\&B}$	℃	49.6	66.3	79.9	88.5	92.8
延度(5℃,5cm/min)	cm	6.0	4.7	4.4	1.6	1.1
运动黏度(60℃)	Pa·s	130.94	473.29	621.85	1 110.67	1 360.58
运动黏度(135℃)	Pa·s	0.46	0.40	0.32	0.398	0.35

不同 Sasobit 剂量温拌沥青的性能测试结果(基质沥青:SBS 改性沥青) 表 8-6

试验项目	单位	SBS 改性沥青	+2% Sasobit	+3% Sasobit	+4% Sasobit	+5% Sasobit
针入度(25℃,5s,100g)	0.1mm	63	47	40	33	31
针入度指数 PI	—	0.69	1.11	1.14	1.18	1.15
软化点 $T_{R\&B}$	℃	67.7	94.7	97.3	101.6	107
延度(5℃,5cm/min)	cm	35.3	20.1	17.5	13.5	8.3
运动黏度(60℃)	Pa·s	484.33	1 940.12	5 731.95	4 786.69	6 530.40
运动黏度(135℃)	Pa·s	1.68	1.59	1.28	1.19	1.11

8.2.2.1 Sasobit 对沥青针入度的影响

对基质沥青和掺加不同 Sasobit 剂量的温拌沥青进行不同温度下的针入度试验,试验结果见表 8-7、表 8-8 和图 8-4。

不同 Sasobit 剂量温拌沥青针入度测试结果(基质沥青:Pen 60/80 沥青) 表 8-7

试验项目	单位	Pen 60/80	+2% Sasobit	+3% Sasobit	+4% Sasobit	+5% Sasobit
针入度(15℃,5s,100g)	0.1mm	25	24	22	20	19
针入度(25℃,5s,100g)	0.1mm	71	61	50	46	40
针入度(30℃,5s,100g)	0.1mm	120	96	80	71	65

不同 Sasobit 剂量温拌沥青针入度测试结果(基质沥青:SBS 改性沥青) 表 8-8

试验项目	单位	SBS 改性沥青	+2% Sasobit	+3% Sasobit	+4% Sasobit	+5% Sasobit
针入度(15℃,5s,100g)	0.1mm	27	21	18	15	14
针入度(25℃,5s,100g)	0.1mm	63	47	40	33	31
针入度(30℃,5s,100g)	0.1mm	94	68	58	48	45

从上述试验结果可知:在基质沥青中掺入 Sasobit 后,沥青在 15℃、25℃、30℃的针入度都有不同程度的降低,并且随着 Sasobit 剂量的增加而逐渐减小。对于基质沥青为 Pen 60/80 沥青的温拌沥青,其 25℃针入度从 71 下降到 40,下降幅度达到 43.6%;对于基质沥青为 SBS 改性沥青的温拌沥青,其 25℃针入度从 63 下降到 31,下降幅度达到 50.7%。

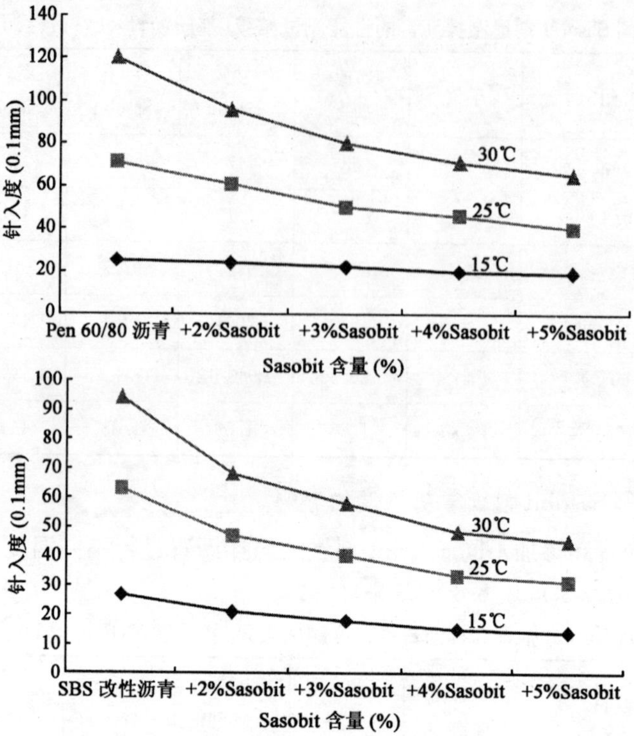

图 8-4 Sasobit 剂量与沥青针入度之间的关系

8.2.2.2 Sasobit 对沥青软化点的影响

对基质沥青和掺加不同 Sasobit 剂量的温拌沥青进行软化点试验，试验结果见表 8-9 和图 8-5。

不同 Sasobit 剂量温拌沥青的软化点测试结果 表 8-9

试验项目	沥青类型	基质沥青	+2% Sasobit	+3% Sasobit	+4% Sasobit	+5% Sasobit
软化点 $T_{R\&B}$（℃）	Pen 60/80 沥青	49.6	66.3	79.9	88.5	92.8
	SBS 改性沥青	67.7	94.7	97.3	101.6	107.0

从上述试验结果可知：在基质沥青中掺入 Sasobit 可以极大地提高沥青的软化点，而且剂量越大，软化点提高越多。对于基质沥青为 Pen 60/80 沥青的 Sasobit 温拌沥青，其软化点从49.6℃增加到 92.8℃，上升幅度达到 87.1%；对于基质沥青为 SBS 改性沥青的 Sasobit 温拌沥青，其软化点从 67.7℃上升到 107.0℃，上升幅度达到 58.1%。软化点的提高表明，掺加 Sasobit 可以很好地改善沥青的高温性能。

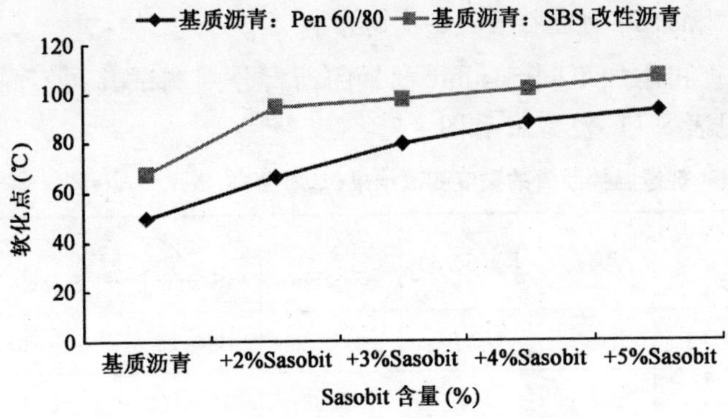

图 8-5 Sasobit 剂量与沥青软化点之间的关系

8.2.2.3 Sasobit 对温拌沥青延度的影响

对基质沥青和掺加不同 Sasobit 剂量的温拌沥青进行延度试验，试验结果见表 8-10 和图 8-6。

不同 Sasobit 剂量温拌沥青的延度测试结果 表 8-10

指 标	沥青类型	基质沥青	+2% Sasobit	+3% Sasobit	+4% Sasobit	+5% Sasobit
延度(5℃,5cm/min)	Pen 60/80 沥青	6.0	4.7	4.4	1.6	1.1
	SBS 改性沥青	35.3	20.1	17.5	13.5	8.3

从上述试验结果可知：在基质沥青中掺入 Sasobit 会使沥青的延度降低，并且随着 Sasobit 剂量的增加，沥青的延度越来越低。对于基质沥青为 Pen 60/80 沥青的 Sasobit 温拌沥青，其5℃的延度从 6.0cm 下降到 1.1cm，下降幅度达到 81.7%；对于基质沥青为 SBS 改性沥青的 Sasobit 温拌沥青，其5℃的延度从 35.3cm 下降到8.3cm，下降幅度达到 76.4%。延度的降低表明，掺入 Sasobit 会降低沥青的低温性能。

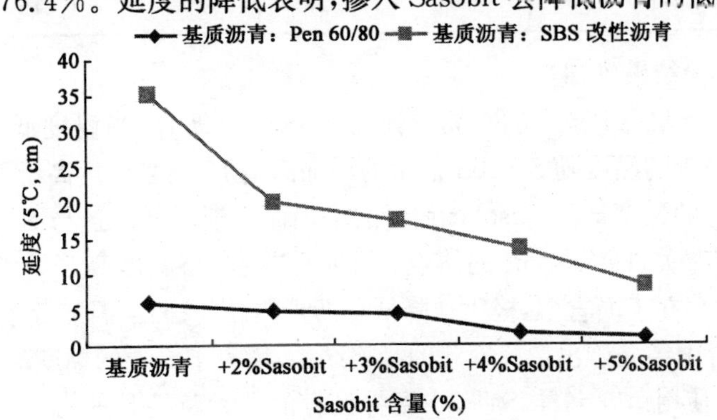

图 8-6 Sasobit 剂量与沥青延度之间的关系

8.2.2.4 Sasobit对温拌沥青黏度的影响

对基质沥青和添加不同Sasobit剂量的沥青分别测试其在不同温度下的黏度，试验结果见表8-11、表8-12和图8-7。

不同Sasobit剂量温拌沥青的黏度测试结果（基质沥青：Pen 60/80沥青） 表8-11

指标	单位	Pen 60/80	+2% Sasobit	+3% Sasobit	+4% Sasobit	+5% Sasobit
运动黏度(60℃)	Pa·s	130.94	473.29	621.85	1 110.67	1 360.58
运动黏度(90℃)	Pa·s	7.47	10.33	12.37	20.31	18.52
运动黏度(105℃)	Pa·s	2.46	2.05	1.67	2.01	1.88
运动黏度(135℃)	Pa·s	0.46	0.40	0.32	0.39	0.35
运动黏度(163℃)	Pa·s	0.14	0.14	0.10	0.12	0.11
运动黏度(175℃)	Pa·s	0.09	0.08	0.05	0.08	0.07

不同Sasobit剂量温拌沥青的黏度测试结果（基质沥青：SBS改性沥青） 表8-12

指标	单位	SBS改性沥青	+2% Sasobit	+3% Sasobit	+4% Sasobit	+5% Sasobit
运动黏度(60℃)	Pa·s	484.33	1 940.12	5 731.95	4 786.69	6 530.40
运动黏度(100℃)	Pa·s	5.37	19.14	11.98	9.38	11.97
运动黏度(135℃)	Pa·s	1.68	1.59	1.28	1.19	1.11
运动黏度(163℃)	Pa·s	0.73	0.55	0.46	0.45	0.42
运动黏度(175℃)	Pa·s	0.52	0.36	0.23	0.31	0.28

从上述试验结果可知：

无论基质沥青是Pen 60/80沥青还是SBS改性沥青，当温度低于100℃时，Sasobit温拌沥青的黏度随Sasobit剂量的增加而增加；而当温度高于100℃时，Sasobit温拌沥青的黏度却随Sasobit剂量的增加而逐渐降低。这与Sasobit本身的物理化学性质有关，即Sasobit的熔点在100℃左右，当温度高于熔点时，Sasobit以液体的形式存在于沥青中，极大地降低了沥青的黏度；而当温度低于熔点时，Sasobit则在沥青中结晶析出形成网状的晶格结构，增大了沥青的黏度。

从沥青的使用角度来看，Sasobit温拌沥青的这种特性是非常有利的，高温时沥青黏度降低不仅可以有效地改善沥青对矿料的浸润速率，提高裹覆率，而且降低了混合料的生产及施工温度，从而减少了能源消耗。而在使用温度内，沥青黏度得到极大的增加，这将有利于增强沥青混合料的高温稳定性，改善沥青路面的高温抗车辙能力。

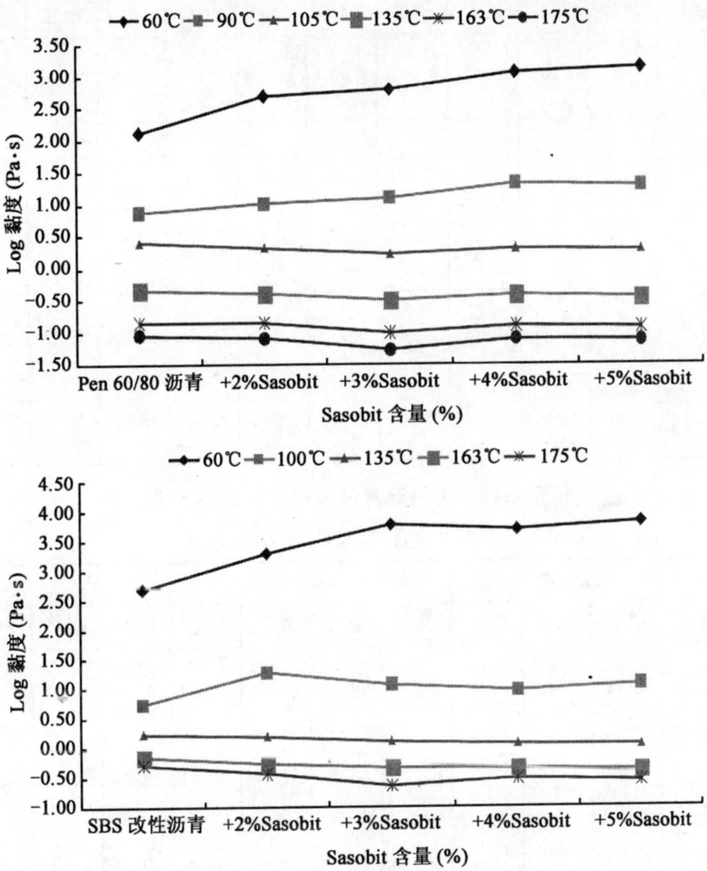

图 8-7 Sasobit 剂量与沥青黏度之间的关系

8.2.3 Sasobit 温拌沥青 PG 分级性能评价

对 Sasobit 温拌沥青除了采用针入度分级指标评价外，还采用美国 PG 分级体系进行了全面评价，对添加不同 Sasobit 剂量的温拌沥青分别进行了 DSR 和 BBR 试验。

8.2.3.1 Sasobit 对温拌沥青抗车辙因子 $G^*/\sin\delta$ 的影响

表 8-13、表 8-14 和图 8-8 为基质沥青和不同 Sasobit 剂量温拌沥青的抗车辙因子($G^*/\sin\delta$)、相位角(δ)和复数模量(G^*)的 DSR 试验结果。

不同 Sasobit 剂量温拌沥青的 DSR 测试结果

（基质沥青：Pen 60/80 沥青） 表 8-13

沥青类型	G^* (kPa)				δ(°)				$G^*/\sin\delta$(kPa)			
	58℃	64℃	70℃	76℃	58℃	64℃	70℃	76℃	58℃	64℃	70℃	76℃
Pen 60/80 沥青	4.37	1.85	0.83	—	85.98	86.98	87.09	—	4.38	1.86	0.84	—
+2% Sasobit	8.95	4.05	1.95	0.98	79.77	80.61	81.31	81.46	9.10	4.11	1.98	0.99
+3% Sasobit	13.77	5.99	2.77	1.38	77.82	79.08	80.08	80.21	14.09	6.10	2.81	1.40
+4% Sasobit	11.64	5.28	2.53	1.28	78.56	79.41	80.04	79.95	11.88	5.37	2.56	1.30
+5% Sasobit	12.84	5.48	2.46	1.23	79.68	81.43	82.85	83.26	13.05	5.54	2.48	1.24

不同 Sasobit 剂量温拌沥青的 DSR 测试结果

（基质沥青：SBS 改性沥青） 表 8-14

沥青类型	G^* (kPa)				δ(°)				$G^*/\sin\delta$(kPa)			
	58℃	64℃	70℃	76℃	58℃	64℃	70℃	76℃	58℃	64℃	70℃	76℃
SBS 改性沥青	8.32	4.44	2.49	1.47	63.09	63.61	63.82	63.07	9.33	4.96	2.77	1.65
+2% Sasobit	12.44	7.02	4.10	2.51	60.25	58.99	57.65	56.14	14.33	8.19	4.85	3.02
+3% Sasobit	16.53	9.41	5.58	3.47	54.43	51.86	49.96	48.3	20.32	11.98	7.29	4.65
+4% Sasobit	16.5	9.32	5.46	3.36	56.23	54.29	52.87	51.63	19.85	11.48	6.86	4.29
+5% Sasobit	15.05	8.07	4.57	2.67	59.99	58.48	57.12	55.71	17.38	9.47	5.45	3.24

从上述试验结果可知：无论基质沥青为 Pen 60/80 沥青还是 SBS 改性沥青，Sasobit 温拌沥青在同一温度下的抗车辙因子基本上都随 Sasobit 剂量的增加而增大，且明显高于同一温度下的基质沥青，这表明在沥青中加入 Sasobit 后会显著提高沥青的高温稳定性，抗车辙能力增强。Sasobit 温拌沥青在不同温度下的抗车辙因子均在 Sasobit 剂量为 3%时达到最大，说明在沥青中添加 Sasobit 时存在最佳

剂量，这个结果与针入度分级的评价结果是一致的。

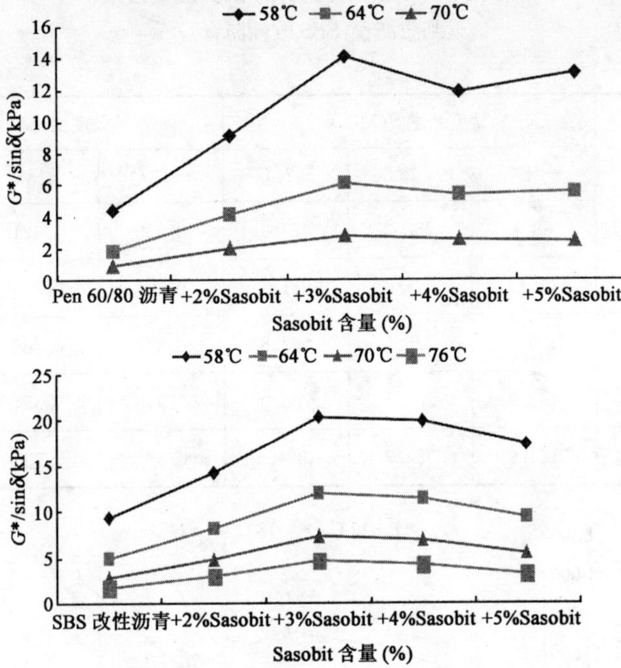

图 8-8　Sasobit 剂量与沥青 $G^*/\sin\delta$ 之间的关系

8.2.3.2　Sasobit 对温拌沥青蠕变劲度 S 的影响

表 8-15、表 8-16 和图 8-9 为基质沥青和不同 Sasobit 剂量温拌沥青的蠕变劲度(S)和劲度变化率(m 值)的试验结果。

不同 Sasobit 剂量温拌沥青的 BBR 测试结果

(基质沥青：Pen 60/80 沥青)　　表 8-15

沥青类型	蠕变劲度 S(MPa)			劲度变化率 m 值		
	−12℃	−18℃	−24℃	−12℃	−18℃	−24℃
Pen 60/80 沥青	111.4	231.5	445.7	0.431	0.441	0.417
+2%Sasobit	105.2	235.8	640.4	0.387	0.391	0.409
+3%Sasobit	171.5	281.7	724.2	0.394	0.416	0.388
+4%Sasobit	142.2	282.4	539.1	0.367	0.385	0.352
+5%Sasobit	144.5	265.2	997.6	0.377	0.358	0.318

不同 Sasobit 剂量温拌沥青的 BBR 测试结果
（基质沥青：SBS 改性沥青）

表 8-16

沥青类型	蠕变劲度 S(MPa)			劲度变化率 m 值		
	−12℃	−18℃	−24℃	−12℃	−18℃	−24℃
SBS 改性沥青	88.7	232.2	487.9	0.460	0.421	0.404
+2%Sasobit	116.9	225.6	981.1	0.391	0.396	0.297
+3%Sasobit	126.4	226.5	663.8	0.377	0.368	0.372
+4%Sasobit	133.9	365.7	795.0	0.348	0.354	0.395
+5%Sasobit	161.9	384.9	1394.6	0.334	0.336	0.425

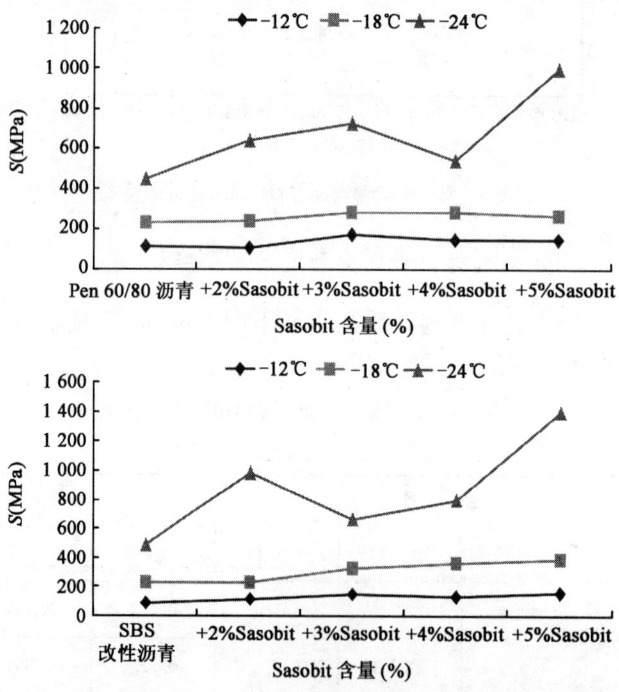

图 8-9 Sasobit 剂量与沥青 S 之间的关系

从上述试验结果可知：无论基质沥青为 Pen 60/80 沥青还是 SBS 改性沥青，Sasobit 温拌沥青在同一温度下的弯曲劲度模量 S 均比基质沥青大，并且随着 Sasobit剂量的增加而增大；低温劲度随时间的变化率 m 值均比基质沥青小，随着

Sasobit 剂量的增加而减小。这表明加入 Sasobit 后，会使得沥青在一定程度上变硬，松弛能力也会有所降低。从表 8-15 和表 8-16 可知，当 Sasobit 剂量超过 3%时，Sasobit 温拌沥青的低温等级会下降一个等级，说明在添加 Sasobit 时存在最佳剂量，这个结果与针入度分级的评价结果是一致的。

8.3　Sasobit 温拌沥青微观性能评价

8.3.1　基质沥青的微观性能

表 8-17 为 Pen 60/80 沥青和 SBS 改性沥青的组分测试结果。

Pen 60/80 沥青和 SBS 改性沥青的组分测试结果　　表 8-17

指　　标	饱和分(%)	芳香分(%)	胶质(%)	沥青质(%)
Pen 60/80 沥青	8.4	46.5	35.3	9.8
SBS 改性沥青	8.1	44.4	27.4	20.1

图 8-10 为 Pen 60/80 沥青和 SBS 改性沥青的红外光谱图。

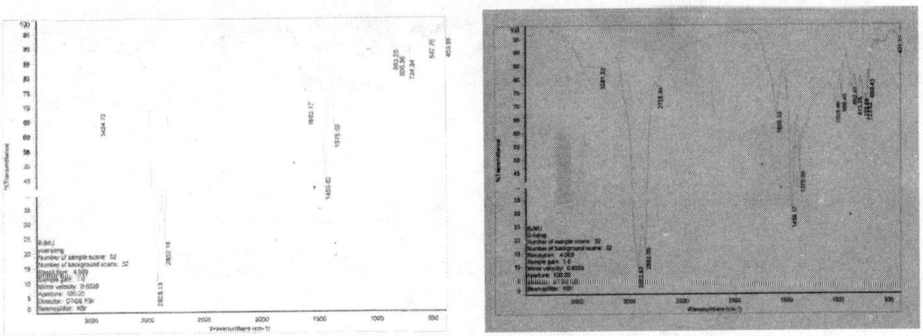

a)　　　　b)

图 8-10　Pen 60/80 沥青和 SBS 改性沥青的红外光谱
a)Pen 60/80 沥青；b)SBS 改性沥青

8.3.2　Sasobit 温拌沥青的微观性能

8.3.2.1　Sasobit 对温拌沥青组分的影响

对基质沥青和添加不同 Sasobit 剂量的温拌沥青的组分进行测试，具体的测试结构见表 8-18、表 8-19 和图 8-11。

不同 Sasobit 剂量温拌沥青的组分测试结果

（基质沥青：Pen 60/80 沥青）

表 8-18

指　　标	基质沥青	+2%Sasobit	+3%Sasobit	+4%Sasobit	+5%Sasobit
饱和分(%)	8.4	8.8	8.3	8.9	9.2
芳香分(%)	46.5	46.9	43.6	48.3	49.4
胶质(%)	35.3	33.6	37.4	25.5	19.0
沥青质(%)	9.8	10.7	10.7	17.3	22.4
胶体不稳定系数 I_c	0.22	0.24	0.23	0.36	0.46

不同 Sasobit 剂量温拌沥青的组分测试结果

（基质沥青：SBS 改性沥青）

表 8-19

指　　标	基质沥青	+2%Sasobit	+3%Sasobit	+4%Sasobit	+5%Sasobit
饱和分(%)	8.10	8.90	8.60	9.60	8.80
芳香分(%)	44.40	45.70	46.70	44.70	42.40
胶质(%)	27.40	29.30	27.30	27.10	30.20
沥青质(%)	20.10	16.10	17.40	18.60	18.60
胶体不稳定系数 I_c	0.39	0.33	0.35	0.39	0.38

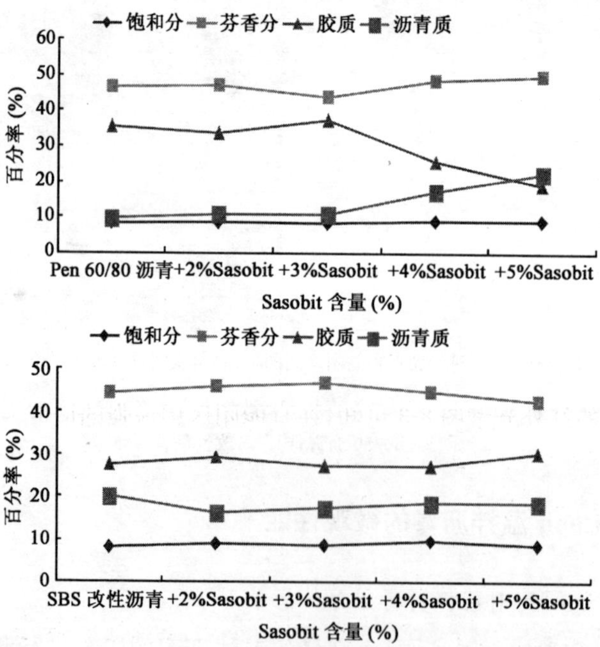

图 8-11　Sasobit 剂量与沥青组分之间的关系

从上述试验结果可知：当基质沥青为 SBS 改性沥青时，Sasobit 温拌沥青在不同 Sasobit 剂量下的四组分基本上保持不变，其胶体不稳定系数变化也不大。当基质沥青为 Pen 60/80 沥青时，Sasobit 温拌沥青的饱和分和芳香分基本不变，但随 Sasobit剂量的增加，胶质越来越少，沥青质越来越多，胶质从 35.3%下降到 19.0%，沥青质从 9.8%增加到 22.4%，其胶体不稳定系数也从 0.22 增加到 0.46。这表明 Sasobit 对 Pen 60/80 沥青微观结构的影响比较显著。

8.3.2.2 Sasobit 对温拌沥青官能团的影响

对基质沥青和添加不同 Sasobit 剂量的沥青进行官能团测试，结果见图 8-12 和图 8-13。

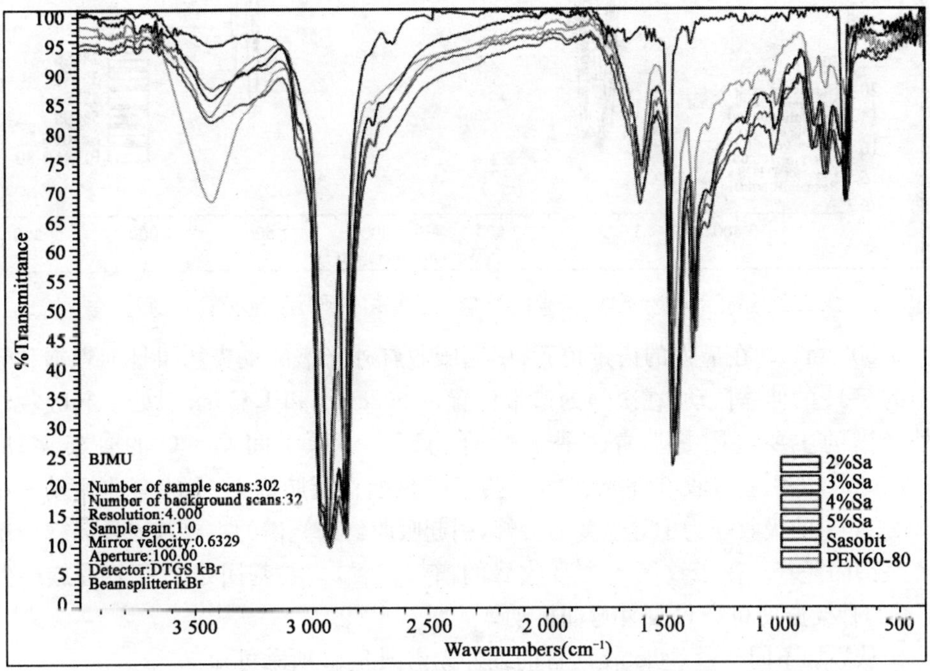

图 8-12 Sasobit 剂量与沥青官能团之间的关系（基质沥青：Pen 60/80 沥青）

从 Sasobit 的红外光谱图 8-3 可知，在官能团区中最强的谱带为 2 918cm^{-1}，肩峰为 2 849cm^{-1}，次强的谱带为 1 470cm^{-1}。在最强的谱带位置，引起吸收红外光谱的主要基团是 Sasobit 中的 C-H 的伸缩振动；在次强的谱带位置，引起吸收红外光谱的主要基团是 Sasobit 中的 C-H 的弯曲振动。在指纹区最明显的吸收峰位置为 719cm^{-1}，这主要是由于 Sasobit 中的 C-H 弯曲振动引起的。

从基质沥青 Pen 60/80 的红外光谱图可知，在官能团区中最强的谱带为 2 923cm^{-1}，肩峰为 2 852cm^{-1}，次强的谱带为 1 459cm^{-1}，肩峰为 1 375cm^{-1}，邻峰

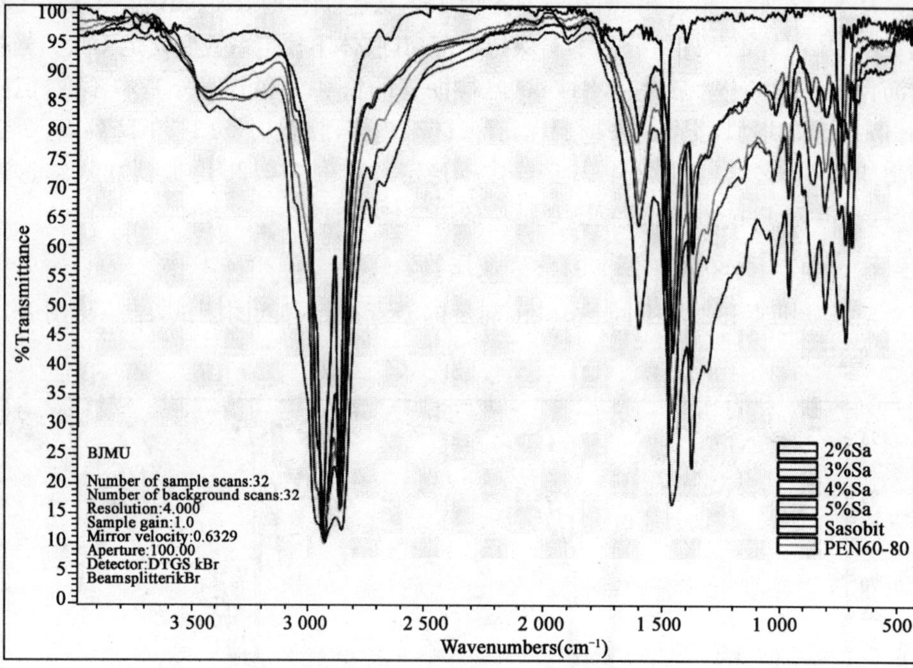

图 8-13 Sasobit 剂量与沥青官能团之间的关系（基质沥青：SBS 改性沥青）

为 1 602cm^{-1}。在最强的谱带位置，引起吸收红外光谱的主要基团是沥青饱和烃中的 C-H 的伸缩振动；在次强的谱带位置，1 602cm^{-1}和 1 459cm^{-1}处引起吸收红外光谱的主要基团是沥青芳香族化合物环内碳原子间 C=C 的骨架振动，1 375cm^{-1}处引起吸收红外光谱的主要基团是沥青脂肪族-C-H 的弯曲振动。在 3 424cm^{-1}的吸收峰为中等强度的尖峰，引起吸收红外光谱的主要基团是沥青中游离氢键的羟基。在指纹区 5 个吸收峰的谱带位置，主要基团是沥青芳香族中的 C-C的骨架振动和 C-H 面外弯曲振动。

从添加不同含量 Sasobit 沥青的红外光谱图 8-12 所示可知：

(1)在官能团区中最强的谱带为 2 923cm^{-1}，肩峰为 2 852cm^{-1}，次强的谱带为 1 459cm^{-1}，肩峰为 1 375cm^{-1}，邻峰为 1 602cm^{-1}。这些吸收峰的位置与基质沥青的吸收峰位置相同，吸收峰的强弱也基本相同，这说明在这些吸收峰内，Sasobit 的加入以及含量的变化不会引起沥青官能团的变化。而在 3 424cm^{-1}处吸收峰强弱有明显的变化，这主要是沥青中游离氢键的羟基与氧发生了氧化反应以及自身之间发生了缩合反应，这与 Sasobit 含量有明显的关系，随着添加量的增加，3 424cm^{-1}处吸收峰强度增强。

(2)在指纹区，与基质沥青相比，各种不同 Sasobit 含量沥青的红外光谱变化比较复杂，既有新吸收峰（1 030cm^{-1}处）的出现也有原有吸收峰（403cm^{-1}和547cm^{-1}处）的消失，同时，还有原有吸收峰（700～900cm^{-1}处）强度的明显变化，这就意味着当沥青中添加Sasobit后，Sasobit与沥青之间产生了化学反应，引起了沥青官能团的变化。1030cm^{-1}处新的吸收峰出现主要是由亚飒基S—O伸缩振动引起的。沥青在403cm^{-1}和547cm^{-1}处吸收峰消失，主要是在沥青中加入Sasobit后，相邻的C—H基团之间产生了较强的振动耦合作用，此处的基团被其他的基团所取代。Sasobit沥青在700～900cm^{-1}处的吸收峰强度随添加量的增加而明显加强，主要是由于Sasobit本身在719cm^{-1}处的基团C—H与沥青在700～900cm^{-1}处的主要基团C—H发生了化学反应，即Sasobit的长链烷基与沥青中的沥青蜡发生了共晶，Sasobit长链烷基的极性部分分布在蜡晶的表面，使蜡晶表面由非极性界面变为极性界面，从而减弱了蜡晶对饱和分和芳香分的吸附，使得沥青中共晶体聚集更紧密，同时，Sasobit长链烷基可将多个较小的蜡晶联结在一起，形成大蜡晶，从而导致沥青在700～900cm^{-1}处的吸收峰强度明显增强。

8.3.3 Sasobit对沥青感温性能的影响

沥青是一种黏弹性材料，其任何性质都是温度和时间的函数，并且不同种类的沥青，即使温度变化相同，其针入度和黏度的变化也会不同，这种沥青性质受温度变化的影响程度称做沥青的感温性。目前，表示沥青感温性能的指标有很多，如针入度指数PI、黏温指数VTS、针入度-黏度指数PVN等，但没有一个统一的方法。采用哪种评价指标能更真实确切的体现沥青的性能还没有一个明确的概念。

沥青的各个感温性指标所反应的温度区域不同，一般来说，PI值是由沥青0～40℃的针入度变化决定的，因此，PI值更多体现的是沥青在0～40℃条件下的温度敏感性；黏温指数VTS是由沥青60～135℃的黏度变化决定的，因此，VTS更多体现的是沥青在60～135℃条件下的温度敏感性；针入度-黏度指数PVN是由沥青25℃针入度及60℃或135℃黏度决定的，因此，PVN更多体现的是沥青在25～60℃或25～135℃条件下的温度敏感性。

8.3.3.1 Sasobit对针入度指数PI的影响

沥青的PI可以通过下式进行计算：

$$\mathrm{PI}=\frac{20(1-25A)}{1+50A}$$

$$A=\frac{\lg P_1-\lg P_2}{T_1-T_2} \tag{8-1}$$

式中：A——针入度和温度的关系系数；

P_1——在 T_1 温度下的针入度(0.1mm)；

P_2——在 T_2 温度下的针入度(0.1mm)；

T_1——测试温度，15℃，25℃或 30℃；

T_2——测试温度，15℃，25℃或 30℃。

表 8-20 和图 8-14 为基质沥青和加入不同 Sasobit 剂量温拌沥青的针入度指数计算结果。

不同 Sasobit 剂量温拌沥青针入度指数计算结果 表 8-20

指标	沥青类型	基质沥青	+2% Sasobit	+3% Sasobit	+4% Sasobit	+5% Sasobit
PI	Pen 60/80 沥青	−0.83	−0.02	0.46	0.59	0.79
	SBS 改性沥青	0.69	1.11	1.14	1.18	1.15

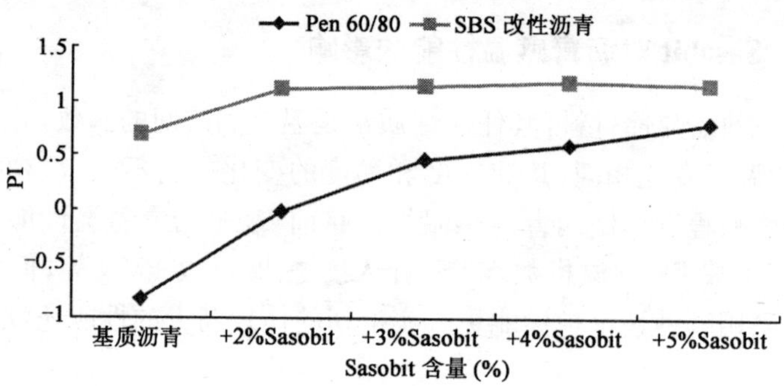

图 8-14 Sasobit 剂量与沥青 PI 之间的关系

从上述试验结果可知：无论基质沥青是 SBS 改性沥青还是 Pen 60/80 沥青，Sasobit 温拌沥青的 PI 值随 Sasobit 剂量的增加而增加，而沥青 PI 值越大，表示沥青的感温性越好。尤其当基质沥青为 Pen 60/80 沥青，在加入 Sasobit 后，其 PI 值显著增加。当 Sasobit 剂量小于 3%时，Sasobit 温拌沥青 PI 值的增加速度较快，当Sasobit剂量大于 3%时，Sasobit 温拌沥青 PI 值的增加速度趋于平缓，这说明 Sasobit 剂量影响着沥青的感温性能。

8.3.3.2 Sasobit 对黏温指数 VTS 的影响

VTS 可以通过下式进行计算：

$$VTS = \frac{\lg\lg(\eta_1 \times 10^3) - \lg\lg(\eta_2 \times 10^3)}{\lg(T_1 + 273.13) - \lg(T_2 + 273.13)} \tag{8-2}$$

式中：η_1——60℃的黏度(Pa·s)；

η_2——135℃的黏度(Pa·s)；

T_1——测试温度，取 60℃；

T_2——测试温度，取 135℃。

表 8-21 和图 8-15 为基质沥青和加入不同 Sasobit 剂量温拌沥青的 VTS 计算结果。

不同 Sasobit 剂量温拌沥青黏温指数计算结果　　表 8-21

指标	沥青类型	基质沥青	+2% Sasobit	+3% Sasobit	+4% Sasobit	+5% Sasobit
VTS	Pen 60/80 沥青	−3.22	−3.83	−4.14	−4.18	−4.33
	SBS 改性沥青	−2.79	−3.32	−3.83	−3.82	−3.97

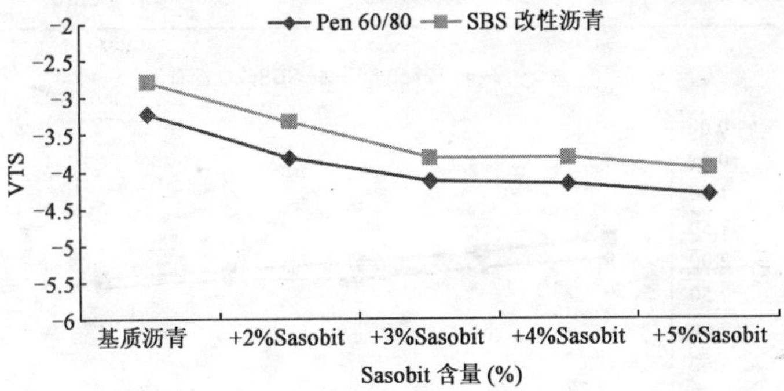

图 8-15 Sasobit 剂量与沥青 VTS 之间的关系

从上述试验结果可知：无论基质沥青是 SBS 改性沥青还是 Pen 60/80 沥青，Sasobit 温拌沥青的 VTS 值随 Sasobit 剂量的增加而减小，而沥青 VTS 值越小，表示沥青的感温性越好，说明 Sasobit 可以改善沥青的温度敏感性。从图 8-15 可知，当 Sasobit 剂量小于 3%时，Sasobit 温拌沥青 VTS 值的下降速度较快，当 Sasobit 剂量大于 3%时，Sasobit 温拌沥青 VTS 值的下降速度趋于平缓，这说明 Sasobit 剂量影响着沥青的感温性能。

8.3.3.3 对针入度-黏度指数 PVN 的影响

PVN 可以通过下式进行计算：

$$\mathrm{PVN}_{25-60} = \frac{6.489 - 1.5\lg P_{25} - \lg \eta_{60}}{1.050 - 0.2234\lg P_{25}} \times (-1.5)$$

$$PVN_{25-135} = \frac{4.258 - 0.79671\lg P_{25} - \lg\eta_{135}}{0.79511 - 0.18576\lg P_{25}} \times (-1.5) \tag{8-3}$$

式中：η_{60}——60℃的黏度(Pa·s)；

η_{135}——135℃的黏度(Pa·s)；

P_{25}——25℃的针入度(0.1mm)。

表8-22和图8-16为基质沥青和加入不同Sasobit剂量温拌沥青的PVN计算结果。

不同Sasobit剂量温拌沥青针入度-黏度指数计算结果 表8-22

指标	沥青类型	基质沥青	+2% Sasobit	+3% Sasobit	+4% Sasobit	+5% Sasobit
PVN	Pen 60/80 沥青	−1.90	−2.02	−2.21	−2.21	−2.33
	SBS改性沥青	−1.62	−1.79	−1.95	−2.10	−2.16

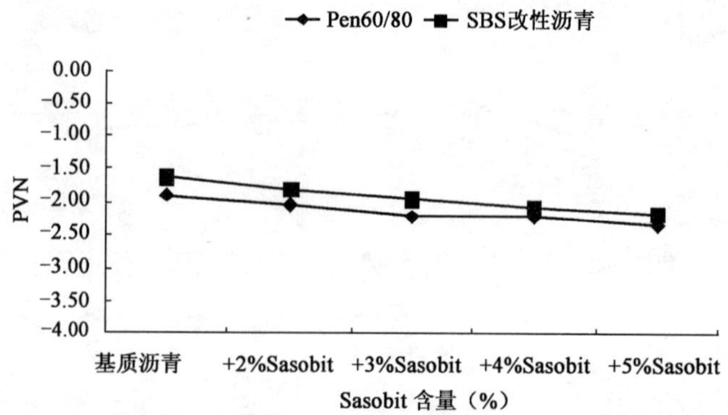

图8-16 Sasobit剂量与沥青PVN之间的关系

从上述试验结果可知：无论基质沥青是SBS改性沥青还是Pen 60/80普通沥青，Sasobit温拌沥青的PVN值随Sasobit剂量的增加而减小，而沥青PVN值越小，表示沥青的感温性越好，说明Sasobit可以改善沥青的温度敏感性。

8.3.3.4 对针入度-软化点指数$PI_{R\&B}$的影响

$PI_{R\&B}$可以通过下式进行计算：

$$PI_{R\&B} = \frac{1952 - 500\lg P_{25} - 20T_{R\&B}}{50\lg P_{25} - T_{R\&B} - 120} \tag{8-4}$$

式中：$T_{R\&B}$——沥青的软化点(℃)；

P_{25}——25℃的针入度(0.1mm)。

表 8-23 和图 8-17 为基质沥青和加入不同 Sasobit 剂量温拌沥青的针入度-软化点指数计算结果。

不同 Sasobit 剂量温拌沥青针入度-软化点指数计算结果 表 8-23

指 标	沥青类型	基质沥青	+2% Sasobit	+3% Sasobit	+4% Sasobit	+5% Sasobit
$PI_{R\&B}$	Pen60/80 沥青	−0.45	2.75	4.31	5.18	5.31
	SBS 改性沥青	3.09	5.93	5.79	5.76	6.13

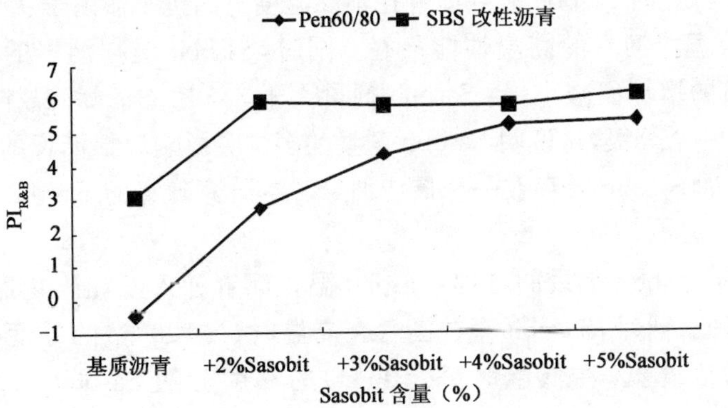

图 8-17 Sasobit 剂量与沥青 $PI_{R\&B}$之间的关系

从上述试验结果可知：无论基质沥青是 SBS 改性沥青还是 Pen 60/80 沥青，Sasobit 温拌沥青的 $PI_{R\&B}$值随 Sasobit 剂量的增加而增加，而沥青的 $PI_{R\&B}$值越大，表示沥青的感温性越好。尤其当基质沥青为 Pen60/80 沥青，在加入 Sasobit 后，其 $PI_{R\&B}$值显著增加，说明 Sasobit 能显著改善沥青的温度敏感性。从图 8-17 可知，当 Sasobit 剂量小于 3%时，Sasobit 温拌沥青 $PI_{R\&B}$值的增加速度较快，当 Sasobit剂量大于 3%时，Sasobit 温拌沥青 $PI_{R\&B}$值的增加速度趋于平缓，这同样说明 Sasobit 剂量影响着沥青的感温性能。

8.3.4 小结

从上述试验结果可知，在基质沥青中加入一定剂量的 Sasobit 会改变沥青的性能和改善沥青的感温性能：

(1) Sasobit 温拌沥青的 PI 和 $PI_{R\&B}$值随 Sasobit 剂量的增加而增加，而其

VTS和PVN值却随Sasobit剂量的增加而减小,表明加入Sasobit会改善沥青的感温性能。当Sasobit剂量小于3%时,Sasobit温拌沥青的各种感温性指标变化幅度较大;当Sasobit剂量大于3%时,Sasobit温拌沥青的各种感温性指标变化幅度趋于平缓,这说明Sasobit剂量的多少会影响沥青的感温性能。

(2)当基质沥青为SBS改性沥青时,在不同Sasobit剂量下,Sasobit温拌沥青的四组分基本上保持不变,其胶体不稳定系数变化也不大。当基质沥青为Pen 60/80沥青时,Sasobit温拌沥青的饱和分和芳香分基本不变,但随着Sasobit剂量的增加胶质越来越少,沥青质越来越多,其胶体不稳定系数变化也比较显著。

(3)Sasobit温拌沥青的抗车辙因子随Sasobit剂量的增加而增加,当Sasobit剂量为3%时,此时Sasobit温拌沥青在不同温度下的抗车辙因子达到最高,说明此时Sasobit温拌沥青的高温性能最好。同时,Sasobit温拌沥青的蠕变劲度随Sasobit剂量的增加而减小,当Sasobit剂量大于3%时,Sasobit温拌沥青的低温等级会下降一个等级,这说明Sasobit剂量的多少会影响温拌沥青的性能,因此,在沥青中添加Sasobit时存在一个最佳剂量。本研究确定的Sasobit最佳剂量为3%。

(4)随着Sasobit剂量的增加,Sasobit温拌沥青针入度和软化点越来越高,延度越来越低,同时,Sasobit温拌沥青在高温时(>100℃)的黏度会随Sasobit剂量的增加而降低,在低温时(≤100℃)的黏度会随Sasobit剂量的增加而增加。

(5)Sasobit温拌沥青针入度性能评价体系的分析结果与PG性能评价体系的分析结果保持一致。

8.4 Sasobit温拌沥青短期老化后的性能评价

为了评价Sasobit对沥青短期性能的影响,按照《公路工程沥青及沥青混合料试验规程》(JTJ 052—2000)中T0610—1993对基质沥青和不同Sasobit剂量温拌沥青进行沥青旋转薄膜加热试验,用以模拟沥青在拌和、运输、摊铺及压实过程中的短期老化,测试其在短期老化后的各项性能指标。

8.4.1 短期老化后Sasobit温拌沥青针入度分级性能评价

表8-24和表8-25为基质沥青和不同Sasobit剂量温拌沥青在短期老化后的性能测试结果。

不同 Sasobit 剂量温拌沥青短期老化后的性能测试结果

（基质沥青：Pen 60/80 沥青） 表 8-24

试验项目	单位	Pen60/80 沥青	+2% Sasobit	+3% Sasobit	+4% Sasobit	+5% Sasobit
针入度(25℃,5s,100g)	0.1mm	47	44	35	33	30
针入度指数 PI	—	1.39	1.18	0.97	0.94	0.85
软化点 $T_{R\&B}$	℃	53.0	68.2	80.2	87.8	93.5
延度(15℃,5cm/min)	cm	71.0	27.2	14.5	14.1	8.2
运动黏度(135℃)	Pa·s	0.48	0.42	0.38	0.36	0.38

不同 Sasobit 剂量温拌沥青短期老化后的性能测试结果

（基质沥青：SBS 改性沥青） 表 8-25

试验项目	单位	SBS 改性沥青	+2% Sasobit	+3% Sasobit	+4% Sasobit	+5% Sasobit
针入度(25℃,5s,100g)	0.1mm	50	32	29	24	22
针入度指数 PI	—	1.31	1.32	2.22	2.12	1.21
软化点 $T_{R\&B}$	℃	70.5	97.9	101.6	102.8	111.5
延度(5℃,5cm/min)	cm	17.8	12.3	6.2	4.6	1.8
运动黏度(135℃)	Pa·s	2.21	2.13	1.93	1.79	2.20

8.4.1.1 Sasobit 对温拌沥青针入度的影响

对基质沥青和不同 Sasobit 剂量温拌沥青在短期老化后不同温度下的针入度进行了测试，测试结果见表 8-26、表 8-27 和图 8-18。

不同 Sasobit 剂量温拌沥青短期老化后针入度测试结果

（基质沥青：Pen 60/80 沥青） 表 8-26

试验项目	单位	Pen 60/80 沥青	+2% Sasobit	+3% Sasobit	+4% Sasobit	+5% Sasobit
针入度(15℃,5s,100g)	0.1mm	22	20	16	15	13
针入度(25℃,5s,100g)	0.1mm	47	44	35	33	30
针入度(30℃,5s,100g)	0.1mm	74	67	53	50	44

不同 Sasobit 剂量温拌沥青短期老化后针入度测试结果

（基质沥青：SBS 改性沥青）　　表 8-27

指　标	单位	SBS 改性沥青	+2% Sasobit	+3% Sasobit	+4% Sasobit	+5% Sasobit
针入度(15℃,5s,100g)	0.1mm	23	16	15	13	11
针入度(25℃,5s,100g)	0.1mm	50	32	29	24	22
针入度(30℃,5s,100g)	0.1mm	72	50	41	36	35

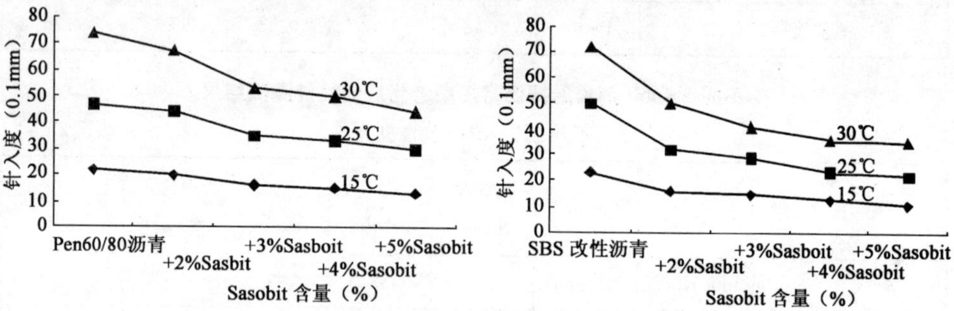

图 8-18　Sasobit 剂量与沥青针入度之间的关系(短期老化后)

从上述试验结果可知：Sasobit 温拌沥青经过短期老化后，其在 15℃、25℃、30℃的针入度仍会随Sasobit剂量的增加而降低。对于基质沥青为 Pen 60/80 沥青的 Sasobit 温拌沥青，其在 25℃针入度从 47 下降到 30，下降幅度达到 36.1%；对于基质沥青为 SBS 改性沥青的 Sasobit 温拌沥青，其 25℃针入度从 50 下降到 22，下降幅度达到 56.0%。相对于 Sasobit 温拌沥青在未老化阶段的针入度下降幅度明显减弱。

8.4.1.2　Sasobit 对温拌沥青软化点的影响

对基质沥青和不同 Sasobit 剂量温拌沥青在短期老化后的软化点进行测试，测试结果见表 8-28 和图 8-19。

不同 Sasobit 剂量温拌沥青短期老化后软化点测试结果　　表 8-28

指　标	沥青类型	基质沥青	+2% Sasobit	+3% Sasobit	+4% Sasobit	+5% Sasobit
软化点 $T_{R\&B}$ (℃)	Pen 60/80 沥青	53.0	68.2	80.2	87.8	93.5
	SBS 改性沥青	70.5	97.9	101.6	102.8	111.5

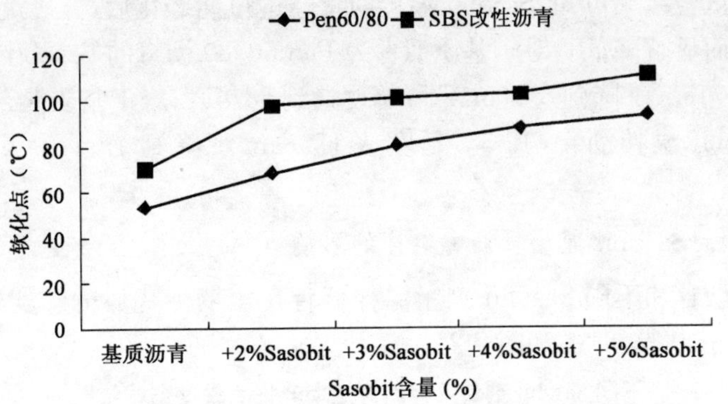

图 8-19 Sasobit 剂量与沥青软化点之间的关系（短期老化后）

从上述试验结果可知：Sasobit 温拌沥青经过短期老化后，其软化点会随 Sasobit 剂量的增加而升高。对于基质沥青为 Pen 60/80 沥青的 Sasobit 温拌沥青，其软化点从 53.0℃上升到 93.5℃，上升幅度达到 76.4％；对于基质沥青为 SBS 改性沥青的 Sasobit 温拌沥青，其软化点从 70.5℃上升到 111.5℃，上升幅度达到 58.1％。相对于 Sasobit 温拌沥青在未老化阶段的软化点上升幅度明显减弱。

8.4.1.3 Sasobit 对温拌沥青延度的影响

对基质沥青和不同 Sasobit 剂量温拌沥青在短期老化后的延度进行测试，测试结果见表 8-29 和图 8-20。

不同 Sasobit 剂量温拌沥青短期老化后延度测试结果 表 8-29

指标	沥青类型	基质沥青	+2% Sasobit	+3% Sasobit	+4% Sasobit	+5% Sasobit
延度 (5℃, cm)	Pen 60/80 沥青(15℃)	71	27.2	14.5	14.1	8.2
	SBS 改性沥青(5℃)	17.8	12.3	6.2	4.6	1.8

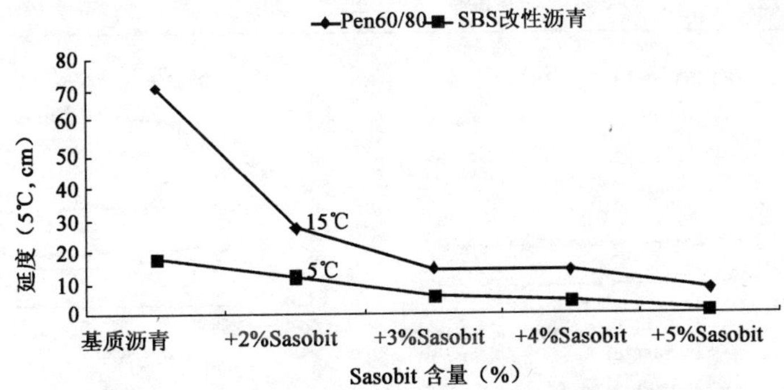

图 8-20 Sasobit 剂量与沥青延度之间的关系（短期老化后）

从上述试验结果可知：Sasobit 温拌沥青经过短期老化后，其延度会随 Sasobit 剂量的增加而显著降低。对于基质沥青为 Pen 60/80 沥青的 Sasobit 温拌沥青，其 15℃延度从 71cm 下降到 8.2cm，下降幅度达到 88.4%；对于基质沥青为 SBS 改性沥青的 Sasobit 温拌沥青，其 5℃延度从 17.8cm 下降到 1.8cm，下降幅度达到 89.8%。

8.4.1.4　Sasobit 对温拌沥青黏度的影响

对基质沥青和不同 Sasobit 剂量温拌沥青在短期老化后的黏度进行测试，测试结果见表 8-30、表 8-31 和图 8-21。

不同 Sasobit 剂量温拌沥青短期老化后黏度测试结果

(基质沥青：Pen60/80 沥青)　　表 8-30

指　标	单位	基质沥青	+2% Sasobit	+3% Sasobit	+4% Sasobit	+5% Sasobit
运动黏度(105℃)	Pa·s	4.69	3.91	3.48	3.69	3.93
运动黏度(135℃)	Pa·s	0.48	0.42	0.38	0.36	0.38
运动黏度(163℃)	Pa·s	0.16	0.13	0.13	0.12	0.12

不同 Sasobit 剂量温拌沥青短期老化后黏度测试结果

(基质沥青：SBS 改性沥青)　　表 8-31

指　标	单位	基质沥青	+2% Sasobit	+3% Sasobit	+4% Sasobit	+5% Sasobit
运动黏度(100℃)	Pa·s	5.46	23.5	36.02	28.36	29.17
运动黏度(135℃)	Pa·s	2.21	2.13	1.93	1.79	2.2
运动黏度(163℃)	Pa·s	0.65	0.57	0.48	0.47	0.42
运动黏度(175℃)	Pa·s	0.39	0.4	0.33	0.31	0.35

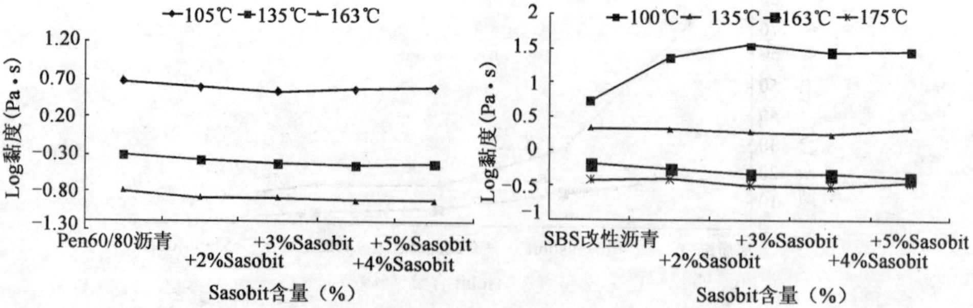

图 8-21　Sasobit 剂量与沥青黏度之间的关系(短期老化后)

从上述试验结果可知：Sasobit温拌沥青经过短期老化后，其黏度基本上随Sasobit剂量的增加而降低，但当基质沥青为SBS改性沥青时，其100℃黏度却随Sasobit剂量的增加而增加。

8.4.2 短期老化后Sasobit温拌沥青PG分级性能评价

8.4.2.1 Sasobit对温拌沥青抗车辙因子$G^*/\sin\delta$的影响

表8-32和表8-33为基质沥青和不同Sasobit剂量温拌沥青经过短期老化后的抗车辙因子($G^*/\sin\delta$)、相位角(δ)和复数模量(G^*)的试验结果。图8-22为不同Sasobit剂量与沥青$G^*/\sin\delta$之间的关系。

不同Sasobit剂量温拌沥青短期老化后的DSR测试结果

(基质沥青：Pen60/80沥青) 表8-32

沥青类型	G^* (kPa)				δ(°)				$G^*/\sin\delta$(kPa)			
	52℃	58℃	64℃	70℃	52℃	58℃	64℃	70℃	52℃	58℃	64℃	70℃
Pen 60/80沥青	11.1	4.57	1.98	—	83.17	85.2	86.63	—	11.18	4.58	1.98	—
+2% Sasobit	18.63	7.84	3.48	1.6	79.41	81.27	82.58	83.24	18.95	7.93	3.51	1.67
+3% Sasobit	32.29	14.11	6.16	—	76.2	77.64	78.9	—	33.25	14.45	6.28	—
+4% Sasobit	23.08	9.70	4.22	1.95	78.92	80.97	82.7	83.97	23.52	9.82	4.26	1.96
+5% Sasobit	29.04	12.58	5.42	—	75.81	77.64	79.47	—	29.96	12.87	5.51	—

不同Sasobit剂量温拌沥青短期老化后的DSR测试结果

(基质沥青：SBS改性沥青) 表8-33

沥青类型	G^* (kPa)				δ(°)				$G^*/\sin\delta$(kPa)			
	58℃	64℃	70℃	76℃	58℃	64℃	70℃	76℃	58℃	64℃	70℃	76℃
SBS改性沥青	11.01	5.92	3.35	1.99	61.9	62.12	62.44	62.41	12.48	6.7	3.78	2.25
+2% Sasobit	13.47	7.31	4.22	2.53	61.16	60.32	59.53	58.43	15.37	8.415	4.89	2.97

续上表

沥青类型	G^*(kPa)				δ(°)				$G^*/\sin\delta$(kPa)			
	58℃	64℃	70℃	76℃	58℃	64℃	70℃	76℃	58℃	64℃	70℃	76℃
+3% Sasobit	17.69	9.35	5.13	3.01	60.77	60.03	59.35	58.42	20.26	10.8	5.96	3.53
+4% Sasobit	13.07	6.83	3.652	2.03	64.09	64.36	64.94	65.48	14.53	7.578	4.03	2.23
+5% Sasobit	18.29	9.53	5.05	2.58	61.75	61.78	62.15	63.14	20.76	10.82	5.71	2.90

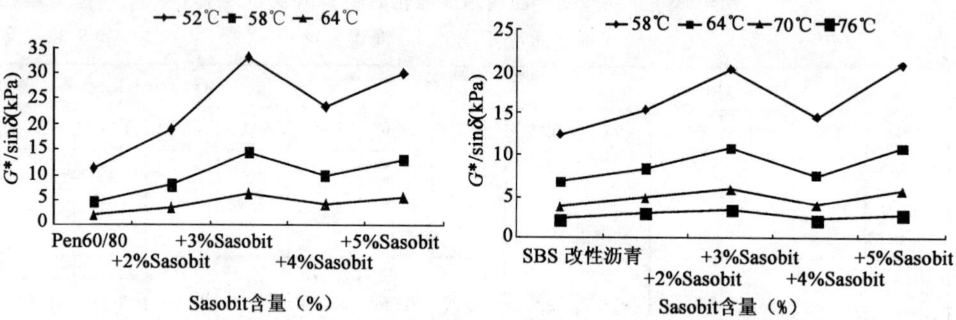

图 8-22　不同 Sasobit 剂量与沥青 $G^*/\sin\delta$ 之间的关系(短期老化后)

从上述试验结果可知：无论基质沥青为 Pen60/80 沥青还是 SBS 改性沥青，加入不同 Sasobit 剂量并经过短期老化后，Sasobit 温拌沥青在同一温度下的抗车辙因子随 Sasobit 剂量的增加而增大，且明显高于基质沥青，相位角随着 Sasobit 剂量的增加而减小。当 Sasobit 剂量为 3%时，Sasobit 温拌沥青的抗车辙因子达到最大。

8.4.2.2　Sasobit 对温拌沥青蠕变劲度 S 的影响

表 8-34 和表 8-35 为基质沥青和不同 Sasobit 剂量温拌沥青经过短期老化后的蠕变劲度 S 和劲度变化率 m 值的试验结果。图 8-23 为不同 Sasobit 剂量与沥青 S 之间的关系。

不同 Sasobit 剂量温拌沥青短期老化后的 BBR 测试结果

（基质沥青：Pen60/80 沥青）　　表 8-34

沥青类型	蠕变劲度 S(MPa)			劲度变化率 m 值		
	−12℃	−18℃	−24℃	−12℃	−18℃	−24℃
Pen 60/80 沥青	117.5	329.7	585.9	0.461	0.443	0.455
+2%Sasobit	111.3	376.2	801.3	0.409	0.415	0.467

续上表

沥青类型	蠕变劲度 S(MPa)			劲度变化率 m 值		
	−12℃	−18℃	−24℃	−12℃	−18℃	−24℃
+3%Sasobit	179.3	391.1	925.0	0.427	0.403	0.480
+4%Sasobit	149.3	412.9	840.0	0.407	0.389	0.430
+5%Sasobit	152.6	361.7	797.7	0.378	0.401	0.356

不同 Sasobit 剂量温拌沥青短期老化后的 BBR 测试结果

（基质沥青：SBS 改性沥青） 表 8-35

沥青类型	蠕变劲度 S(MPa)			劲度变化率 m 值		
	−12℃	−18℃	−24℃	−12℃	−18℃	−24℃
SBS 改性沥青	94.3	231.3	619.7	0.429	0.391	0.411
+2%Sasobit	136.0	223.8	1011.6	0.319	0.396	0.302
+3%Sasobit	133.4	270.1	1276.1	0.389	0.324	0.441
+4%Sasobit	148.7	339.0	1169.1	0.333	0.351	0.42
+5%Sasobit	162.4	387.7	1438.2	0.348	0.360	0.328

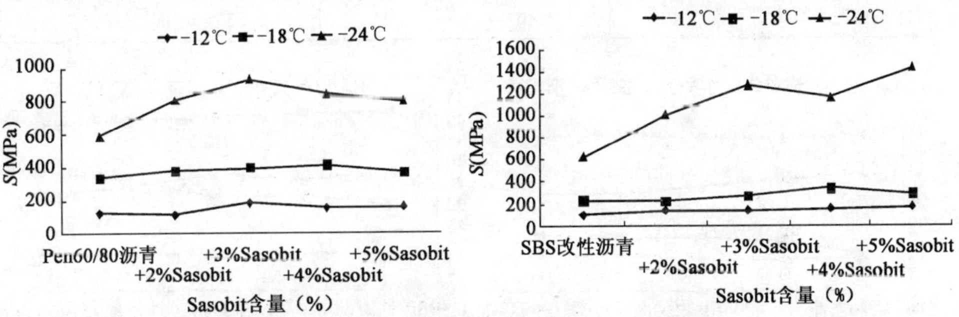

图 8-23 Sasobit 剂量与沥青 S 之间的关系(短期老化后)

从上述试验结果可知：无论基质沥青为 Pen60/80 沥青还是 SBS 改性沥青，加入不同 Sasobit 剂量并经过短期老化后，Sasobit 温拌沥青在同一温度下的弯曲劲度模量 S 均比基质沥青大，并且随着 Sasobit 剂量的增加而增大；低温劲度变化率 m 值均比基质沥青小，并且随着 Sasobit 剂量的增加而减小。当 Sasobit 剂量大于 3%时，Sasobit 温拌沥青的低温等级会下降一个等级。

8.4.3 短期老化后 Sasobit 温拌沥青微观性能评价

8.4.3.1 Sasobit 对温拌沥青组分的影响

对经过短期老化后的基质沥青和添加不同 Sasobit 剂量温拌沥青进行组分测试，具体的测试结果见表 8-36、表 8-37 和图 8-24。

不同 Sasobit 剂量温拌沥青短期老化后的组分测试结果

（基质沥青：Pen60/80 沥青）

表 8-36

试验项目	基质沥青	+2%Sasobit	+3%Sasobit	+4%Sasobit	+5%Sasobit
饱和分(%)	9.6	9.3	9.5	10.7	10.4
芳香分(%)	45.2	44.1	44.6	45.4	44.7
胶质(%)	34.1	32.2	30.3	28.5	28.4
沥青质(%)	11.1	14.4	15.6	15.4	16.5
胶体不稳定系数 I_c	0.26	0.31	0.34	0.35	0.37

不同 Sasobit 剂量温拌沥青短期老化后的组分测试结果

（基质沥青：SBS 改性沥青）

表 8-37

试验项目	基质沥青	+2%Sasobit	+3%Sasobit	+4%Sasobit	+5%Sasobit
饱和分(%)	8.5	9.0	8.4	9.1	8.4
芳香分(%)	42.7	42.3	41.5	40.5	39.7
胶质(%)	28.5	26.1	27.9	24.2	23.4
沥青质(%)	20.3	22.6	22.2	26.2	28.5
胶体不稳定系数 I_c	0.40	0.46	0.44	0.55	0.58

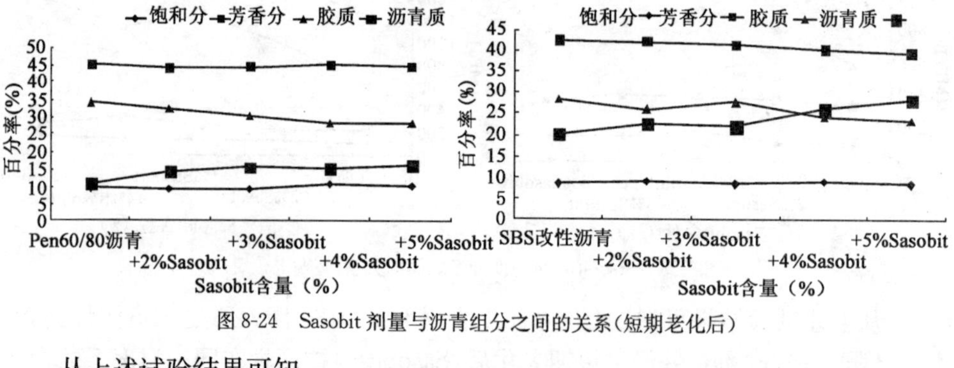

图 8-24 Sasobit 剂量与沥青组分之间的关系（短期老化后）

从上述试验结果可知：

无论基质沥青是 Pen 60/80 沥青还是 SBS 改性沥青，Sasobit 温拌沥青经过短期老化后，其饱和分和芳香分基本不变，但随 Sasobit 剂量的增加胶质越来越少，沥青质却越来越多。对于基质沥青为 Pen 60/80 沥青的 Sasobit 温拌沥青，其胶体不稳定系数从 0.26 增加到 0.37，对于基质沥青为 SBS 改性沥青的 Sasobit 温拌沥青，其胶体不稳定系数从 0.40 增加到 0.58。

无论基质沥青是 Pen 60/80 沥青还是 SBS 改性沥青，Sasobit 温拌沥青相对于其在未老化阶段的胶体不稳定系数越来越大，说明 Sasobit 温拌沥青经过短期老化后，微观结构变化越来越不稳定，逐渐由溶胶型向凝胶型转变。

8.4.3.2 Sasobit 对温拌沥青官能团的影响

对经过短期老化后的基质沥青和添加不同 Sasobit 剂量温拌沥青进行官能团测试，如图 8-25 和图 8-26 所示。

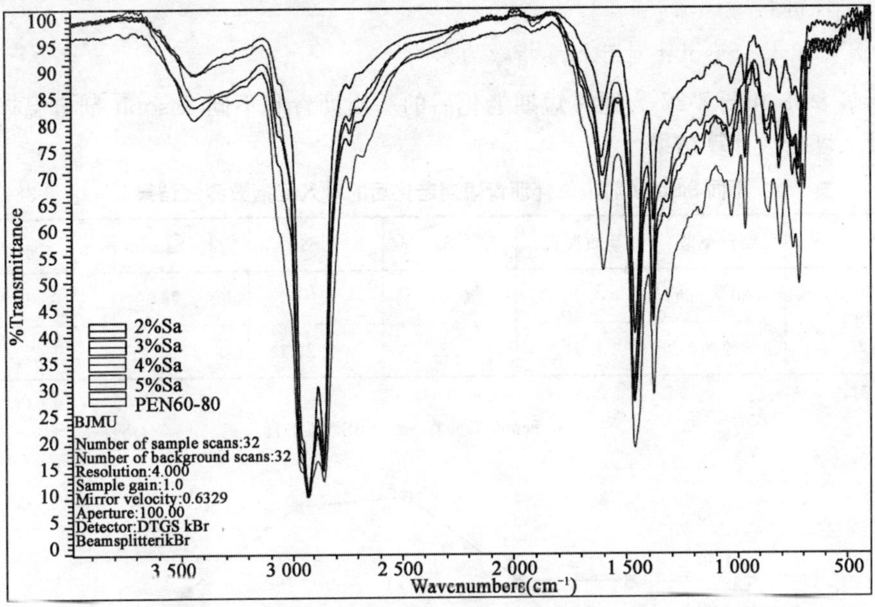

图 8-25 不同 Sasobit 剂量温拌沥青短期老化后的官能团变化（基质沥青：Pen 60/80 沥青）

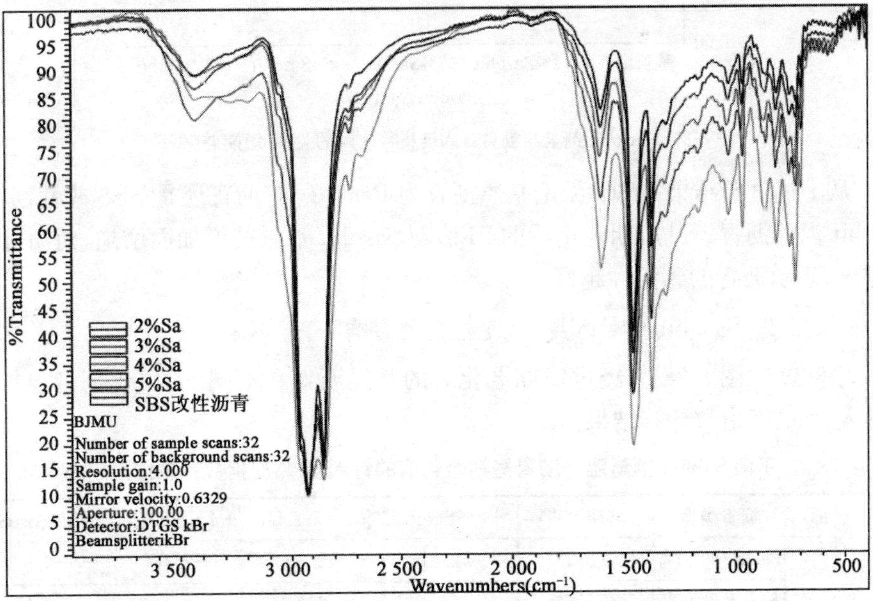

图 8-26 不同 Sasobit 剂量温拌沥青短期老化后的官能团变化（基质沥青：SBS 改性沥青）

8.4.4 短期老化后Sasobit温拌沥青感温性能评价

对经过短期老化后的基质沥青和添加不同Sasobit剂量温拌沥青的感温性能进行了评价。

8.4.4.1 Sasobit对针入度指数的影响

表8-38和图8-27为经过短期老化后的基质沥青和不同Sasobit剂量温拌沥青针入度指数计算结果。

不同Sasobit剂量温拌沥青短期老化后的针入度指数测试结果 表8-38

指标	沥青类型	基质沥青	+2%Sasobit	+3%Sasobit	+4%Sasobit	+5%Sasobit
PI	Pen60/80沥青	0.89	0.91	0.97	0.94	0.85
	SBS改性沥青	1.31	1.32	2.22	2.12	1.21

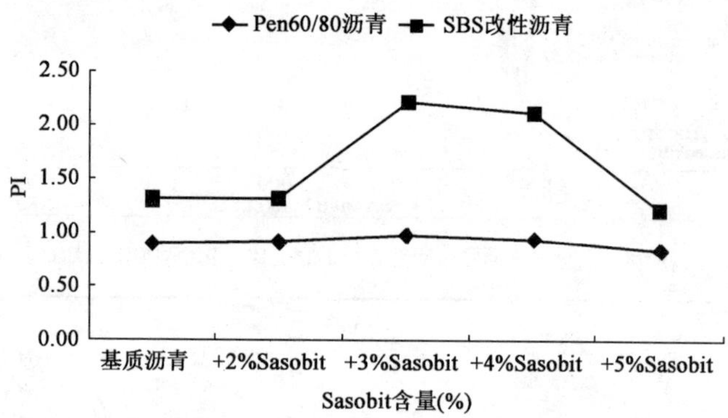

图8-27 Sasobit剂量与沥青针入度指数之间的关系(短期老化后)

从上述试验结果可知：无论基质沥青为Pen 60/80沥青还是SBS改性沥青，Sasobit温拌沥青经过短期老化后的PI值随Sasobit剂量的增加而增加，而沥青PI值越大，表示沥青的感温性越好。

8.4.4.2 Sasobit对针入度-黏度指数的影响

表8-39和图8-28为经过短期老化后的基质沥青和不同Sasobit剂量温拌沥青针入度-黏度指数计算结果。

不同Sasobit剂量温拌沥青短期老化后的针入度-黏度指数计算结果 表8-39

指标	沥青类型	基质沥青	+2%Sasobit	+3%Sasobit	+4%Sasobit	+5%Sasobit
PVN	Pen60/80沥青	−2.13	−2.21	−2.40	−2.46	−2.52
	SBS改性沥青	−1.66	−1.94	−2.03	−2.19	−2.19

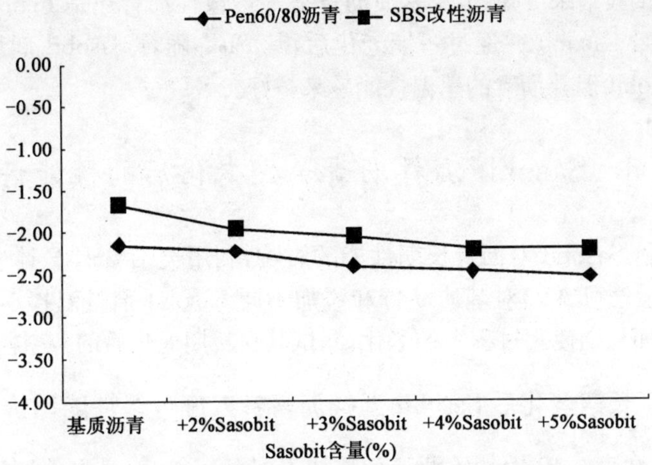

图 8-28 Sasobit 剂量与沥青针入度-黏度指数之间的关系(短期老化后)

从上述试验结果可知:无论基质沥青为 Pen 60/80 普通沥青还是 SBS 改性沥青,Sasobit 沥青经过短期老化后的 PVN 值随 Sasobit 剂量的增加而减小,说明掺加 Sasobit 可以改善沥青的温度敏感性。

8.4.4.3 Sasobit 对针入度-软化点指数的影响

表 8-40 和图 8-29 为经过短期老化后的基质沥青和不同 Sasobit 剂量温拌沥青针入度-软化点指数计算结果。

不同 Sasobit 剂量温拌沥青短期老化后的针入度-软化点指数计算结果 表 8-40

指 标	沥青类型	基质沥青	+2% Sasobit	+3% Sasobit	+4% Sasobit	+5% Sasobit
$PI_{R\&B}$	Pen60/80 沥青	−0.63	2.20	3.45	4.27	4.70
	SBS 改性沥青	2.91	5.32	5.46	5.16	5.77

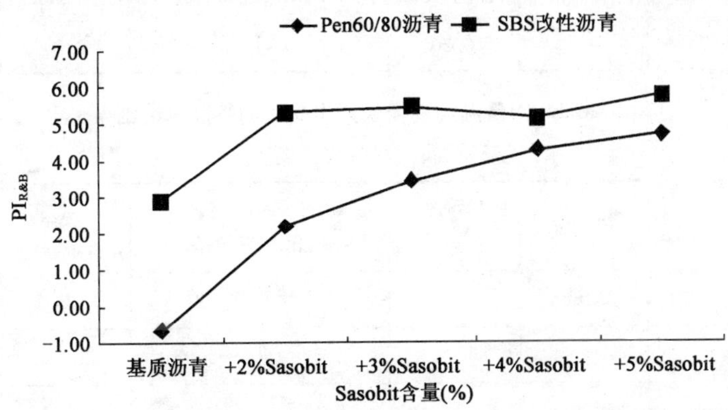

图 8-29 Sasobit 剂量与沥青针入度-软化点指数之间的关系(短期老化后)

从上述试验结果可知：无论基质沥青是 SBS 改性沥青还是 Pen60/80 沥青，在加入不同剂量 Sasobit 并经过短期老化后，其 $PI_{R\&B}$ 随着 Sasobit 剂量的增加而升高，说明 Sasobit 温拌沥青的感温性能越来越好。

8.5 Sasobit 温拌沥青长期老化后的性能评价

为了评价 Sasobit 对沥青长期性能的影响，利用美国 SHRP 计划开发的压力老化容器试验法(PAV)对基质沥青和添加不同 Sasobit 剂量温拌沥青进行试验，模拟沥青路面长期使用过程中的老化，测试其在长期老化后的各项性能指标。

8.5.1 长期老化后 Sasobit 温拌沥青针入度分级性能评价

表 8-41 和表 8-42 为基质沥青和添加不同 Sasobit 剂量温拌沥青经过长期老化后的性能测试结果。

不同 Sasobit 剂量温拌沥青长期老化后的性能测试结果

(基质沥青：Pen 60/80 沥青)

表 8-41

指　　标	单　位	Pen 60/80 沥青	+2% Sasobit	+3% Sasobit	+4% Sasobit	+5% Sasobit
针入度(25℃,5s,100g)	0.1mm	34	30	29	28	26
针入度指数 PI	—	1.11	1.72	1.58	1.12	0.66
软化点 $T_{R\&B}$	℃	59.3	73	83	90.7	92.8
延度(15℃,5cm/min)	cm	9.0	7.6	7.0	3.4	4.1
运动黏度(105℃)	Pa·s	4.86	4.65	4.56	4.66	4.48
运动黏度(135℃)	Pa·s	0.74	0.6	0.53	0.62	0.47
运动黏度(163℃)	Pa·s	0.20	0.18	0.16	0.18	0.14

不同 Sasobit 剂量温拌沥青长期老化后的性能测试结果

(基质沥青：SBS 改性沥青)

表 8-42

指　　标	单　位	SBS 改性沥青	+2% Sasobit	+3% Sasobit	+4% Sasobit	+5% Sasobit
针入度(25℃,5s,100g)	0.1mm	36	28	24	23	21
针入度指数 PI	—	1.34	2.52	1.93	1.39	1.18
软化点 $T_{R\&B}$	℃	74	98.8	102.8	108.1	117.6

续上表

指　标	单　位	SBS 改性沥青	+2% Sasobit	+3% Sasobit	+4% Sasobit	+5% Sasobit
延度(5℃,5cm/min)	cm	1.8	1.5	1.3	1.2	1.2
运动黏度(100℃)	Pa·s	7.29	27.1	27.5	27.8	21.7
运动黏度(135℃)	Pa·s	2.64	2.89	2.54	2.34	2.56
运动黏度(163℃)	Pa·s	0.59	0.46	0.41	0.45	0.43
运动黏度(175℃)	Pa.s	0.38	0.38	0.25	0.32	0.23

8.5.1.1　Sasobit 对温拌沥青针入度的影响

表 8-43、表 8-44 和图 8-30 为基质沥青和添加不同 Sasobit 剂量温拌沥青经过长期老化后的针入度测试结果。

不同 Sasobit 剂量温拌沥青长期老化后的针入度测试结果

(基质沥青:Pen 60/80 沥青)　　表 8-43

指　标	单　位	Pen 60/80 沥青	+2% Sasobit	+3% Sasobit	+4% Sasobit	+5% Sasobit
针入度(15℃,5s,100g)	0.1mm	17	16	15	13	12
针入度(25℃,5s,100g)	0.1mm	34	30	29	28	26
针入度(30℃,5s,100g)	0.1mm	54	47	45	42	42

不同 Sasobit 剂量温拌沥青长期老化后的针入度测试结果

(基质沥青:SBS 改性沥青)　　表 8-44

指　标	单　位	SBS 改性沥青	+2% Sasobit	+3% Sasobit	+4% Sasobit	+5% Sasobit
针入度(15℃,5s,100g)	0.1mm	17	16	13	11	10
针入度(25℃,5s,100g)	0.1mm	36	28	24	23	21
针入度(30℃,5s,100g)	0.1mm	53	42	37	34	32

从上述试验结果可知:无论基质沥青为 Pen60/80 沥青还是 SBS 改性沥青,在添加不同 Sasobit 剂量并经过长期老化后,Sasobit 温拌沥青在不同温度下的针入度都会随 Sasobit 剂量的增加而降低。对于基质沥青为 Pen 60/80 沥青的 Sasobit 温拌沥青,其在 25℃的针入度从 34 下降到 26,下降幅度达到 23.5%;对于基质沥青为 SBS 改性沥青的 Sasobit 温拌沥青,其在 25℃的针入度从 36 下降到 21,下降幅度达到 41.7%。

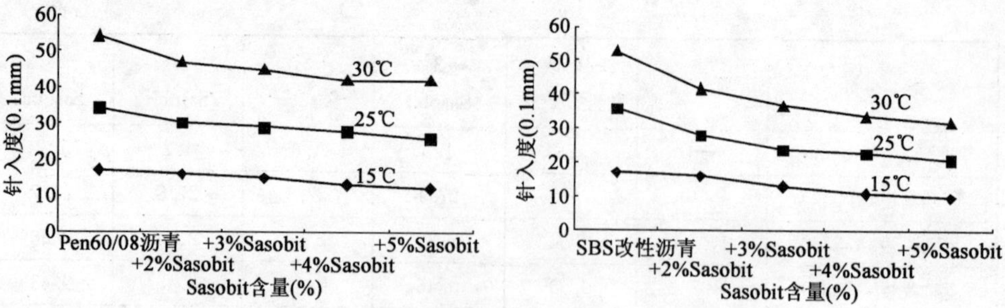

图 8-30 Sasobit 剂量与沥青针入度之间的关系(长期老化后)

8.5.1.2 Sasobit 对温拌沥青软化点的影响

表 8-45 和图 8-31 为基质沥青和添加不同 Sasobit 剂量温拌沥青经过长期老化后软化点测试结果。

不同 Sasobit 剂量温拌沥青长期老化后的软化点测试结果 表 8-45

指　　标	沥青类型	基质沥青	+2% Sasobit	+3% Sasobit	+4% Sasobit	+5% Sasobit
软化点 $T_{R\&B}$(℃)	Pen 60/80 沥青	59.3	73	83	90.7	92.8
	SBS 改性沥青	74	98.8	102.8	108.1	117.6

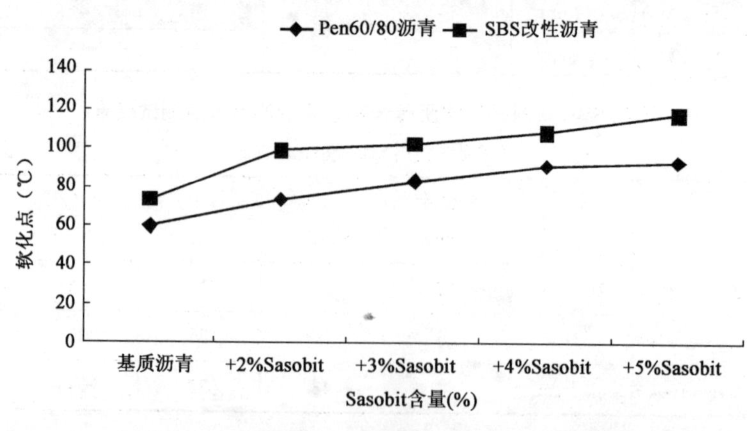

图 8-31 Sasobit 剂量与沥青软化点之间的关系(长期老化后)

从上述试验结果可知:无论基质沥青为 Pen60/80 沥青还是 SBS 改性沥青,在添加不同 Sasobit 剂量并经过长期老化后,其软化点会随 Sasobit 剂量的增加而升高。对于基质沥青为 Pen 60/80 沥青的 Sasobit 温拌沥青,其软化点从 59.3℃上升到 92.8℃,上升幅度达到 56.4%;对于基质沥青为 SBS 改性沥青的 Sasobit 温拌沥青,其软化点从 74.0℃上升到 117.6℃,上升幅度达到 58.9%。

8.5.1.3 Sasobit 对温拌沥青延度的影响

表 8-46 和图 8-32 为基质沥青和添加不同 Sasobit 剂量温拌沥青经过长期老化后延度测试结果。

不同 Sasobit 剂量温拌沥青长期老化后的延度测试结果 表 8-46

试验项目	沥青类型	基质沥青	+2% Sasobit	+3% Sasobit	+4% Sasobit	+5% Sasobit
延度(5℃,cm)	Pen 60/80 沥青(15℃)	9	7.6	7	3.4	4.1
	SBS 改性沥青(5℃)	1.8	1.5	1.3	1.2	1.2

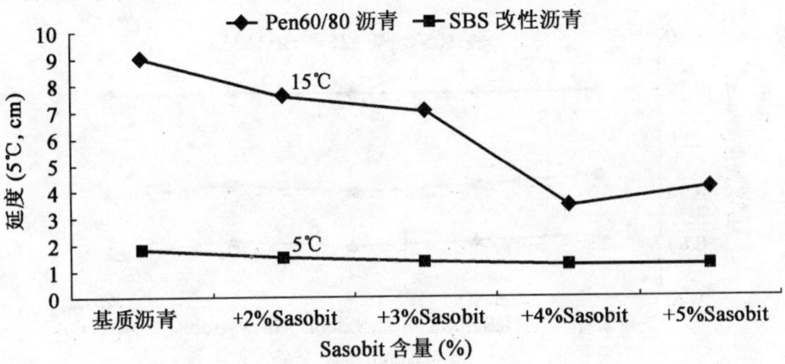

图 8-32 Sasobit 剂量与沥青延度之间的关系(长期老化后)

从上述试验结果可知:无论基质沥青为 Pen60/80 沥青还是 SBS 改性沥青,在添加不同 Sasobit 剂量并经过长期老化后,其延度会随 Sasobit 含量的增加而降低。对于基质沥青为 Pen60/80 沥青的 Sasobit 温拌沥青,其在 15℃的延度从 9cm 下降到 4.1cm,下降幅度达到 54.4%;对于基质沥青为 SBS 改性沥青的 Sasobit 温拌沥青,其在 5℃的延度从 1.8cm 下降到 1.2cm,下降幅度达到 33.3%。这说明 Sasobit 的加入会降低沥青的低温性能。

8.5.1.4 Sasobit 对温拌沥青黏度的影响

表 8-47、表 8-48 和图 8-33 为基质沥青和添加不同 Sasobit 剂量温拌沥青经过长期老化后黏度测试结果。

不同 Sasobit 剂量温拌沥青长期老化后的黏度测试结果

(基质沥青:Pen60/80 沥青) 表 8-47

试验项目	单位	基质沥青	+2% Sasobit	+3% Sasobit	+4% Sasobit	+5% Sasobit
运动黏度(105℃)	Pa·s	4.86	4.65	4.56	4.66	4.48
运动黏度(135℃)	Pa·s	0.74	0.6	0.53	0.62	0.47
运动黏度(163℃)	Pa·s	0.2	0.18	0.16	0.18	0.14

不同 Sasobit 剂量温拌沥青长期老化后的黏度测试结果

（基质沥青：SBS 改性沥青）　　表 8-48

指　　标	单位	基质沥青	+2% Sasobit	+3% Sasobit	+4% Sasobit	+5% Sasobit
运动黏度（100℃）	Pa·s	7.29	27.1	27.5	27.8	21.7
运动黏度（135℃）	Pa·s	2.64	2.89	2.54	2.34	2.56
运动黏度（163℃）	Pa·s	0.59	0.46	0.41	0.45	0.43
运动黏度（175℃）	Pa·s	0.38	0.38	0.25	0.32	0.23

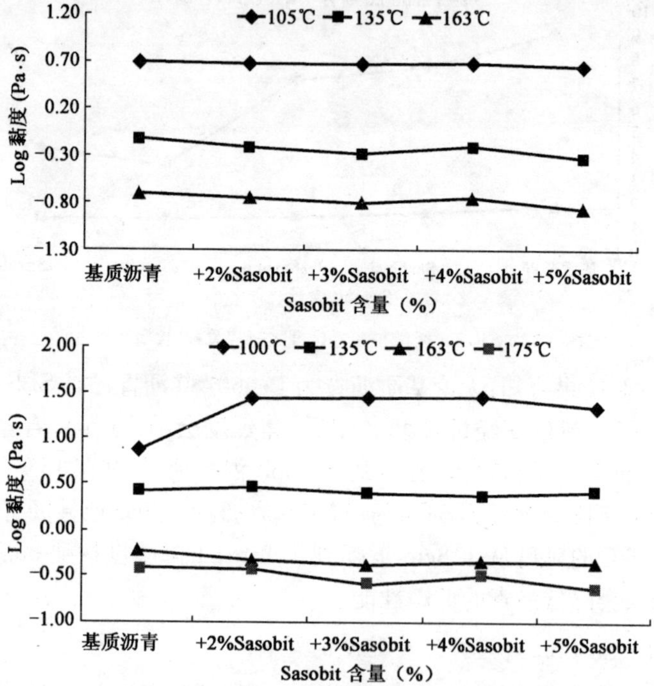

图 8-33　Sasobit 剂量与沥青黏度之间的关系（长期老化后）

从上述试验结果可知：Sasobit 温拌沥青经过长期老化后，其黏度基本上会随 Sasobit 剂量的增加而降低，但当基质沥青为 SBS 改性沥青时，其 100℃黏度却随 Sasobit 剂量的增加而增加。

8.5.2　长期老化后 Sasobit 温拌沥青 PG 分级性能评价

8.5.2.1　Sasobit 对温拌沥青抗车辙因子 $G^*/\sin\delta$ 的影响

表 8-49、表 8-50 和图 8-34 为基质沥青和不同 Sasobit 剂量温拌沥青经过长期

老化后的抗车辙因子($G^*/\sin\delta$)、相位角(δ)和复数模量(G^*)的试验结果。

不同 Sasobit 剂量温拌沥青长期老化后的 DSR 测试结果

(基质沥青:Pen60/80 沥青)　　表 8-49

沥青类型	G^* (kPa)				δ(°)				$G^*/\sin\delta$(kPa)			
	40℃	34℃	28℃	22℃	40℃	34℃	28℃	22℃	40℃	34℃	28℃	22℃
Pen 60/80	219	583	1 612	4 486	69.53	64.71	58.98	52.12	205.7	527.2	1 382	3 541
+2% Sasobit	357	892	2 247	5 824	65.72	60.9	55.33	48.43	325.7	780	1 848	4 357
+3% Sasobit	842	1 912	4 328	10 010	57.65	53.36	48.59	42.62	711.9	1 534	3 246	6 775
+4% Sasobit	427	1 059	2 645	6 737	64.35	59.8	54.34	47.66	384.9	915.5	2 152	4 979
+5% Sasobit	903	2 043	4 657	—	57.52	53.84	49.17	—	761.8	1 649	3 524	—

不同 Sasobit 剂量温拌沥青长期老化后的 DSR 测试结果

(基质沥青:SBS 改性沥青)　　表 8-50

沥青类型	G^* (kPa)				δ(°)				$G^*/\sin\delta$(kPa)			
	40℃	34℃	28℃	22℃	40℃	34℃	28℃	22℃	40℃	34℃	28℃	22℃
SBS 改性沥青	193.3	466.1	1 271	3 236	62.38	60.69	57.41	52.35	171.3	406.4	1 025	2 562
+2% Sasobit	451.4	1 022	2 381	5 727	56.24	54.04	50.57	45.5	375.3	827	1 839	4 085
+3% Sasobit	630.1	1 345	2 900	6 266	52.67	50.95	48.02	43.61	501	1 044	2 156	4 322
+4% Sasobit	607.9	1 270	2 786	6 443	51.94	50.62	48.25	44.15	478.7	981.4	2 079	4 488
+5% Sasobit	701.5	1 493	3 310	7 678	53.56	52.16	49.34	44.24	564.4	1 179	2 511	5 357

从上述试验结果可知:无论基质沥青为 Pen60/80 沥青还是 SBS 改性沥青,在

添加不同 Sasobit 剂量并经过长期老化后，Sasobit 温拌沥青在同一温度下的抗车辙因子仍随着 Sasobit 剂量的增加而增大，且明显高于同一温度下的基质沥青，相位角随着 Sasobit 剂量的增加而减小。

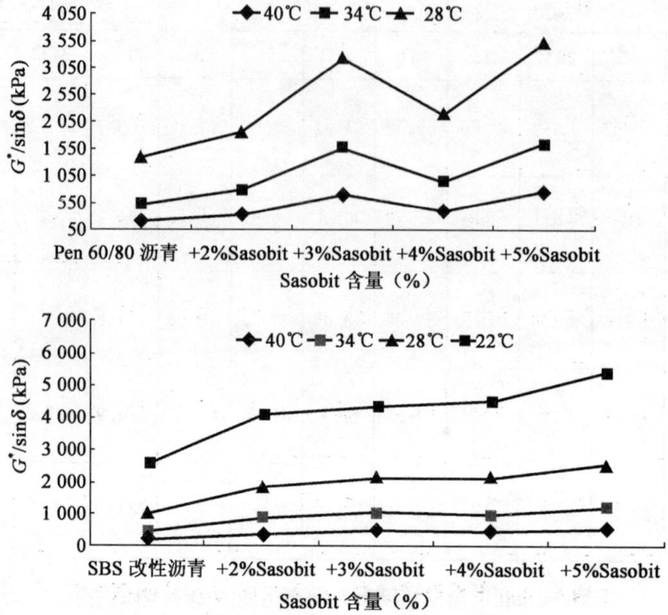

图 8-34　Sasobit 剂量与沥青 $G^*/\sin\delta$ 之间的关系（长期老化后）

8.5.2.2　Sasobit 对温拌沥青蠕变劲度 S 的影响

表 8-51、表 8-52 和图 8-35 为基质沥青和不同 Sasobit 剂量温拌沥青在经过长期老化后的蠕变劲度(S)和劲度变化率(m 值)的试验结果。

不同 Sasobit 剂量温拌沥青长期老化后的 BBR 测试结果

（基质沥青：Pen60/80 沥青）

表 8-51

沥青类型	蠕变劲度 S(MPa)			劲度变化率 m 值		
	−12℃	−18℃	−24℃	−12℃	−18℃	−24℃
Pen 60/80 沥青	146	465.7	986.4	0.406	0.402	0.437
+2%Sasobit	176.2	456.1	1128.4	0.386	0.382	0.448
+3%Sasobit	170.7	336.6	1778.9	0.423	0.391	0.356
+4%Sasobit	191	533.3	1440.8	0.355	0.378	0.506
+5%Sasobit	196.6	497.1	1035.3	0.346	0.376	0.404

不同 **Sasobit** 剂量温拌沥青长期老化后的 **BBR** 测试结果

（基质沥青：SBS 改性沥青） 表 8-52

沥青类型	蠕变劲度 S(MPa)			劲度变化率 m 值		
	−12℃	−18℃	−24℃	−12℃	−18℃	−24℃
SBS 改性沥青	84.3	247.6	954.7	0.394	0.426	0.413
+2%Sasobit	130.4	291.8	1382.2	0.345	0.365	0.376
+3%Sasobit	191.1	413.8	845.9	0.355	0.345	0.383
+4%Sasobit	151.4	328.2	824.09	0.353	0.382	0.406
+5%Sasobit	195.9	375.2	725.8	0.349	0.355	0.371

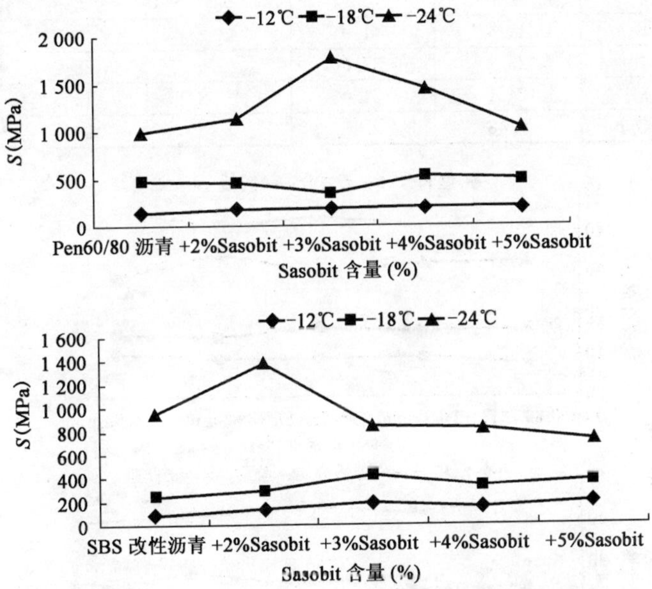

图 8-35 Sasobit 剂量与沥青 S 之间的关系（长期老化后）

从上述试验结果可知：无论基质沥青为 Pen60/80 沥青还是 SBS 改性沥青，在添加不同 Sasobit 剂量并经过长期老化后，Sasobit 温拌沥青在同一温度下的弯曲劲度模量 S 均比基质沥青大，并且随着 Sasobit 剂量的增加而增大。

8.5.3 长期老化后 Sasobit 温拌沥青微观性能评价

8.5.3.1 Sasobit 对温拌沥青组分的影响

表 8-53、表 8-54 和图 8-36 为基质沥青和不同 Sasobit 剂量温拌沥青经过长期老化后的组分。

不同 Sasobit 剂量温拌沥青长期老化后组分测试结果

（基质沥青：Pen60/80 沥青）

表 8-53

指　标	基质沥青	+2%Sasobit	+3%Sasobit	+4%Sasobit	+5%Sasobit
饱和分(%)	8.60	9.6	9.3	9.3	10.6
芳香分(%)	41.9	41.5	43.5	41.7	45
胶质(%)	33.1	32.7	30.3	34.5	29.1
沥青质(%)	16.4	16.2	16.9	14.5	15.3
胶体不稳定系数 I_c	0.33	0.35	0.36	0.31	0.35

不同 Sasobit 剂量温拌沥青长期老化后的组分测试结果

（基质沥青：SBS 改性沥青）

表 8-54

指　标	基质沥青	+2%Sasobit	+3%Sasobit	+4%Sasobit	+5%Sasobit
饱和分(%)	8.3	7.1	9.5	8.5	10.6
芳香分(%)	44.4	41.9	43.2	40.8	40.1
胶质(%)	23.2	27.0	25.5	28.2	24.0
沥青质(%)	24.1	24.0	21.8	22.5	25.3
胶体不稳定系数 I_c	0.48	0.45	0.46	0.45	0.56

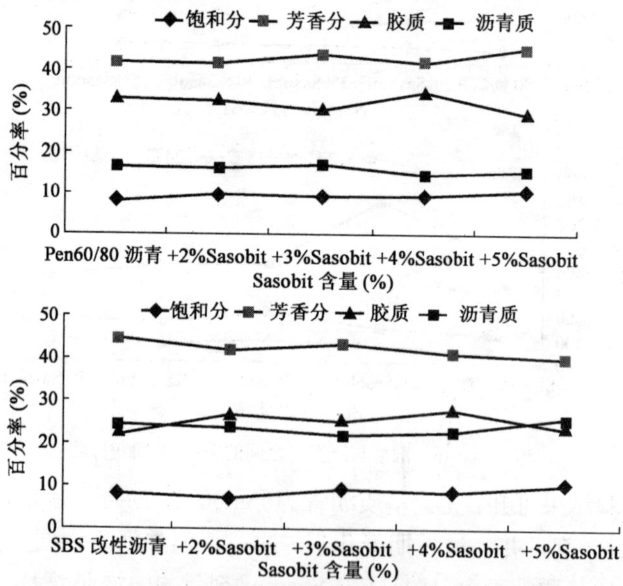

图 8-36　Sasobit 剂量与沥青组分之间的关系（长期老化后）

从上述试验结果可知：无论基质沥青是 Pen 60/80 沥青还是 SBS 改性沥青，Sasobit 温拌沥青经过长期老化后，其的饱和分和芳香分基本不变，但胶质和沥青质随 Sasobit 剂量的增加变化也不十分明显。对于基质沥青为 Pen 60/80 沥青的 Sasobit 温拌沥青，其胶体不稳定系数从 0.33 增加到 0.35，对于基质沥青为 SBS 改性沥青的 Sasobit 温拌沥青，其胶体不稳定系数从 0.48 增加到 0.56。

8.5.3.2 Sasobit 对温拌沥青官能团的影响

图 8-37 和图 8-38 为基质沥青和不同 Sasobit 剂量温拌沥青经过长期老化后的官能团。

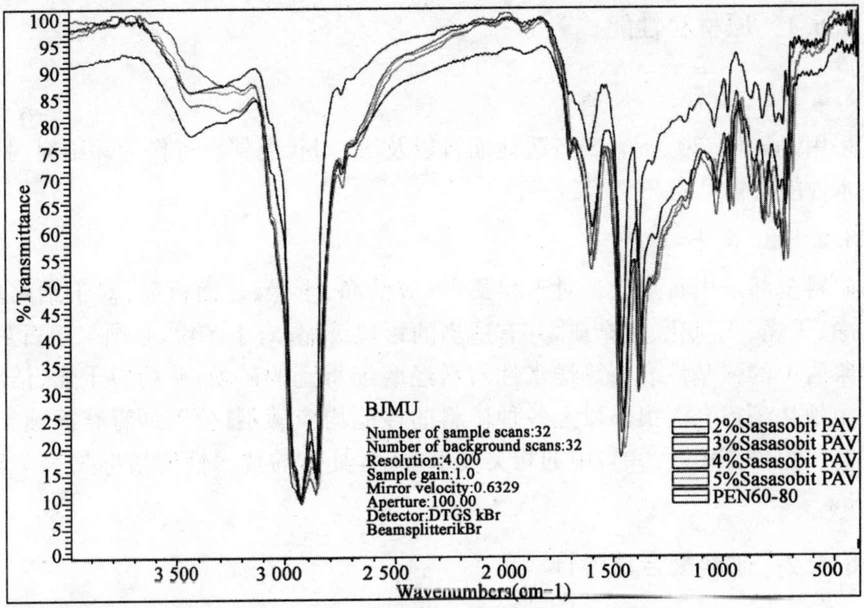

图 8-37 不同 Sasobit 剂量温拌沥青长期老化后的官能团变化(基质沥青:Pen 60/80 沥青)

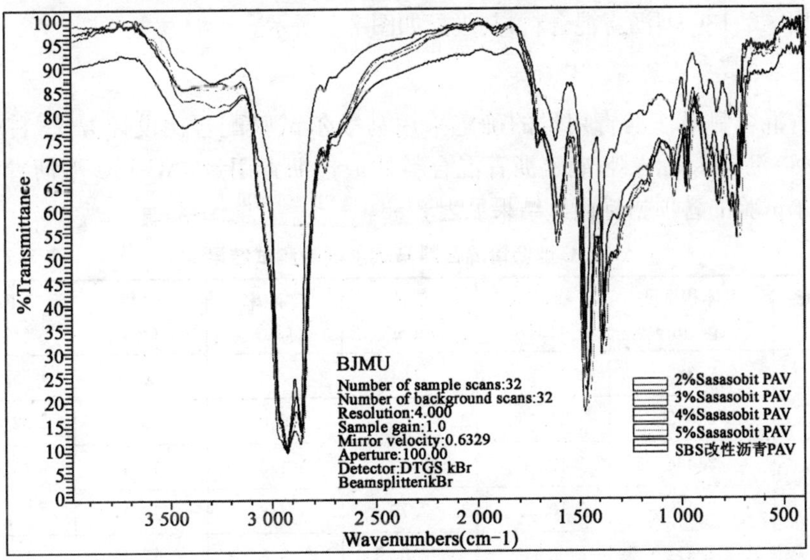

图 8-38 不同 Sasobit 剂量温拌沥青长期老化后的官能团变化(基质沥青:SBS 改性沥青)

8.6 Sasobit温拌沥青混合料配合比设计

8.6.1 原材料性能

8.6.1.1 沥青

采用Pen 60/80沥青、SBS改性沥青以及Sasobit温拌沥青作为黏结料，具体的技术性能指标见表8-3～表8-5。

8.6.1.2 矿料

矿料全部采用石灰岩。对于粗集料，应洁净、干燥、表面粗糙；对于细集料，应洁净、干燥、无风化、无杂质，并有适当的颗粒级配；对于矿粉，必须采用石灰岩或岩浆岩中的强基性岩石等憎水性石料经磨细得到的矿粉，矿粉应干燥、洁净，能自由地从矿粉仓流出。以上各种矿料的性能均应满足《公路沥青路面施工技术规范》(JTG F40—2004)中的相关技术规定，具体的技术性能指标见表7-3～表7-5。

8.6.2 矿料配合比设计

8.6.2.1 矿料配合比设计

采用AC-13C型沥青混合料，其级配如图7-1所示。

8.6.2.2 最佳沥青用量确定

沥青混合料最佳沥青用量的确定采用马歇尔试验配合比设计方法，首先以Pen 60/80沥青为黏结料，确定沥青混合料的最佳沥青用量，AC-13C型沥青混合料马歇尔试验的各项指标测试结果见表8-55。

AC-13C型沥青混合料马歇尔试验测试结果 表8-55

沥青用量(%)	毛体积密度(g/cm³)	稳定度(kN)	流值(mm)	空隙率(%)	VMA(%)	VFA(%)
4.1	2.383	10.50	1.91	7.4	16.5	55.3
4.6	2.399	11.15	2.53	6.0	16.3	62.9
5.1	2.464	12.43	2.67	4.3	14.4	75.0
5.6	2.429	10.56	2.70	3.6	16.1	77.8
6.1	2.411	8.54	2.80	3.2	17.1	78.7
规范	—	≥8	1.5～4	4～6	≥13	65～75

根据《公路沥青路面施工技术规范》(JTG F40—2004)中规定的最佳沥青用量计算方法，确定 AC-13C 型沥青混合料的最佳沥青用量为 5%。

8.6.3 Sasobit 沥青混合料的压实特性

在以 Pen 60/80 沥青为黏结料的沥青混合料中掺加不同剂量的 Sasobit(Sasobit 与沥青的质量比，剂量分别为 2%～5%，每 1%为一个间隔点)，然后采用变温度击实马歇尔试验，即在不同击实温度(100～150℃，每 10℃为一个间隔点)下成型马歇尔试件，测试其在不同击实温度和不同 Sasobit 剂量下的体积参数等指标，分析 Sasobit 对沥青混合料的压实特性的影响。

8.6.3.1 空隙率变化规律

对掺加不同 Sasobit 剂量和在不同击实温度下成型的马歇尔试件进行空隙率测试，测试结果如表 8-56 和图 8-39 所示。

不同 Sasobit 剂量的沥青混合料的空隙率测试结果(单位：%) 表 8-56

Sasobit 剂量(%)	击实温度(℃)					
	150	140	130	120	110	100
0.0	4.5	4.7	5.4	5.8	5.9	6.3
2.0	4.2	4.5	5.2	5.5	5.8	6.1
3.0	3.8	4.3	4.5	4.8	5.4	6.0
4.0	3.4	3.7	4.3	5.1	5.3	5.9
5.0	3.2	3.5	4.0	5.0	5.3	5.8

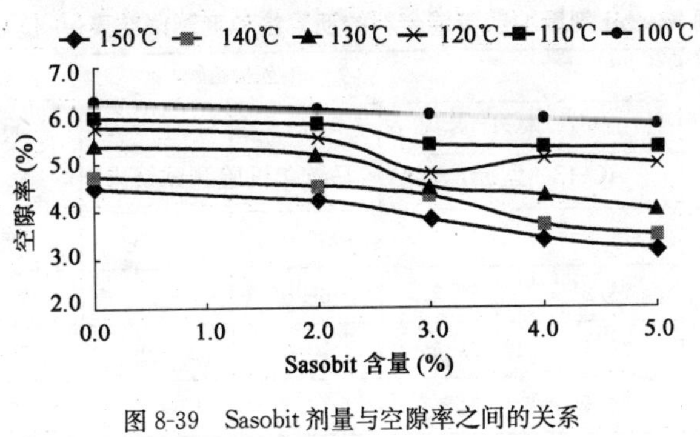

图 8-39 Sasobit 剂量与空隙率之间的关系

8.6.3.2 矿料间隙率变化规律

对掺加不同 Sasobit 剂量和在不同击实温度下成型的马歇尔试件进行矿料间隙率测试，测试结果如表 8-57 和图 8-40 所示。

不同 Sasobit 剂量的沥青混合料的矿料间隙率测试结果(单位:%)　表 8-57

Sasobit 剂量 (%)	击实温度(℃)					
	150	140	130	120	110	100
0.0	15.7	15.9	16.5	16.8	17.0	17.3
2.0	14.5	14.7	15.4	15.7	15.9	16.2
3.0	14.1	14.6	14.7	15.0	15.6	16.1
4.0	13.7	14.0	14.5	15.3	15.5	15.9
5.0	13.6	13.9	14.2	15.2	15.4	15.9

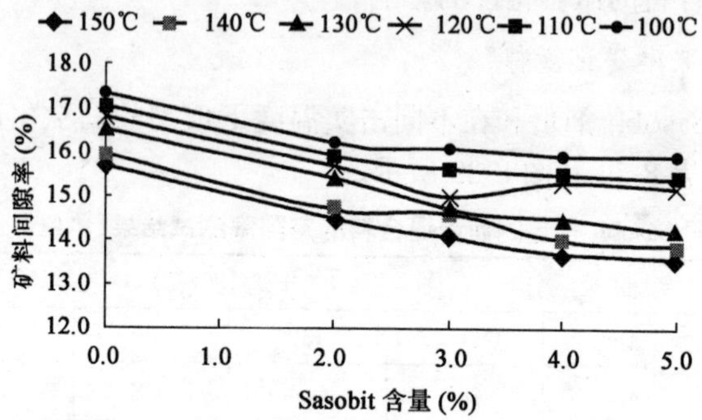

图 8-40　Sasobit 剂量与矿料间隙率之间的关系

9.6.3.3　沥青饱和度变化规律

对掺加不同 Sasobit 剂量和在不同击实温度下成型的马歇尔试件进行沥青饱和度测试,测试结果如表 8-58 和图 8-41 所示。

不同 Sasobit 剂量的沥青混合料的沥青饱和度测试结果(单位:%)　表 8-58

Sasobit 剂量 (%)	击实温度(℃)					
	150	140	130	120	110	100
0.0	71.3	70.4	67.1	65.7	65.1	63.7
2.0	71.0	69.4	66.0	64.6	63.5	62.3
3.0	73.2	70.2	69.6	68.0	65.1	62.7
4.0	75.4	73.5	70.6	66.5	65.6	63.3
5.0	76.4	74.5	72.2	67.1	65.7	63.7

8.6.3.4　毛体积相对密度变化规律

对掺加不同 Sasobit 剂量和在不同击实温度下成型的马歇尔试件进行毛体积相对密度测试,测试结果如表 8-59 和图 8-42 所示。

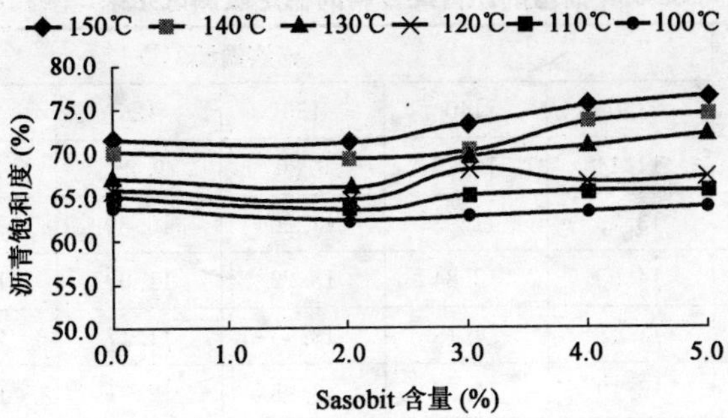

图 8-41 Sasobit 剂量与沥青饱和度之间的关系

不同 Sasobit 剂量的沥青混合料的毛体积相对密度测试结果　表 8-59

Sasobit 剂量 (%)	击实温度(℃)					
	150	140	130	120	110	100
0.0	2.425	2.420	2.401	2.393	2.389	2.380
2.0	2.461	2.453	2.434	2.426	2.420	2.412
3.0	2.472	2.457	2.454	2.445	2.429	2.415
4.0	2.482	2.473	2.459	2.437	2.432	2.418
5.0	2.486	2.477	2.467	2.440	2.433	2.421

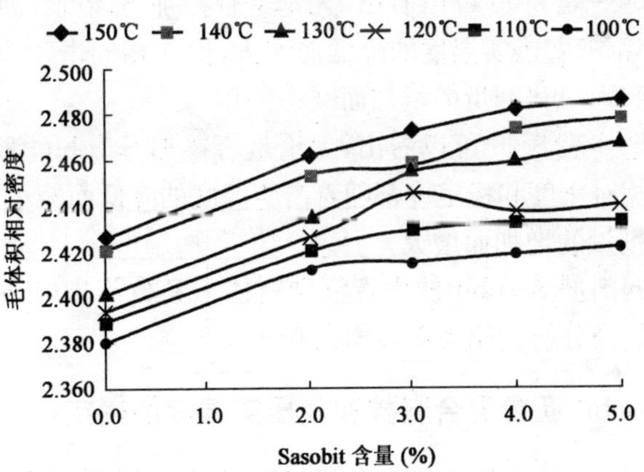

图 8-42 Sasobit 剂量与毛体积相对密度之间的关系

8.6.3.5 稳定度变化规律

对掺加不同 Sasobit 剂量和在不同击实温度下成型的马歇尔试件进行稳定度测试，测试结果如表 8-60 和图 8-43 所示。

不同 Sasobit 剂量的沥青混合料的稳定度测试结果(单位:kN)　　表 8-60

Sasobit 掺量 (%)	击实温度(℃)					
	150	140	130	120	110	100
0.0	11.14	10.23	9.80	9.25	7.12	6.48
2.0	13.23	11.93	11.20	10.89	8.99	8.44
3.0	14.98	13.84	13.29	11.09	10.51	9.04
4.0	15.18	14.15	13.45	11.17	10.62	9.79
5.0	16.19	14.52	13.98	12.91	11.94	10.38

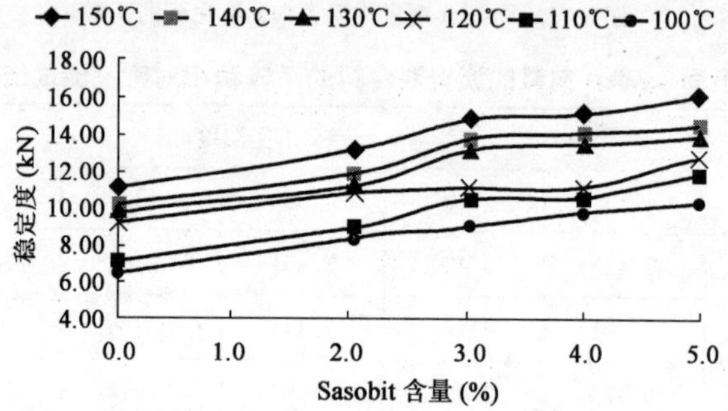

图 8-43　Sasobit 剂量与稳定度之间的关系

8.6.3.6　试验结果分析

(1)由表 8-56～表 8-60 可以看出,无论是否掺加 Sasobit,沥青混合料的空隙率和矿料间隙率都随着击实温度的降低而增大,但在相同击实温度下沥青混合料的空隙率也会随 Sasobit 剂量的增加而减小。

(2)由表 8-56～表 8-60 可以看出,无论是否掺加 Sasobit,沥青混合料的沥青饱和度、毛体积相对密度和稳定度都随着击实温度的降低而减小,但在相同击实温度下随 Sasobit 剂量的增加而增大。

(3)掺加不同剂量 Sasobit 的沥青混合料体积参数等指标与击实温度均具有很好的线性关系,经分析其相关系数均在 0.9 以上。

8.6.4　Sasobit 沥青混合料拌和及压实温度的确定

目前,在确定沥青混合料的拌和及压实温度时,通常采用测定沥青黏度,并绘制黏温曲线的方法。在《公路工程沥青及沥青混合料试验规程》(JTJ 052—2000)中对普通沥青混合料采用 0.15～0.19Pa·s 和 0.25～0.31Pa·s 相对应的等黏温度作为混合料适宜的拌和及压实温度。而对于改性沥青,通常根据改性剂的品种和用量,适当提高混合料的拌和及压实温度,对大部分聚合物改性沥青,需要在基质沥青的基础上提高15～30℃左右。

通过两种方式研究Sasobit沥青混合料拌和及压实温度的确定方法，即先按照普通沥青混合料的方法，利用黏温曲线确定适宜于沥青混合料拌和及压实的等黏温度；采用变温度击实马歇尔试验，通过测定混合料空隙率的变化确定其适宜的拌和及压实温度。

根据测定的沥青黏度结果可以绘制黏温曲线，如图8-44所示，并计算出各沥青混合料适宜的拌和及压实温度，见表8-61。

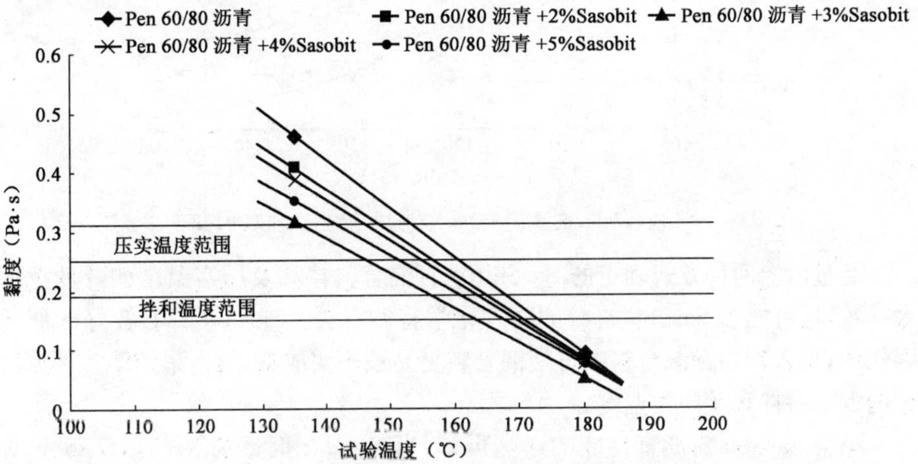

图8-44 基质沥青与Sasobit温拌沥青的黏温曲线

根据黏温曲线确定的沥青混合料拌和及压实温度 表8-61

沥　青	Pen 60/80 沥青	+2%Sasobit	+3%Sasobit	+4%Sasobit	+5%Sasobit
拌和温度(℃)	170±3	167±3	160±3	166±3	164±3
压实温度(℃)	157±4	152±4	141±4	150±4	146±4

从图8-44和表8-61可以看出，在基质沥青中掺加Sasobit能够降低沥青混合料的拌和及压实温度，尤其是掺加3%Sasobit后，混合料的拌和温度能够降低10℃，压实温度能够降低16℃，从而实现沥青混合料温拌的目的。

从Sasobit对沥青混合料压实特性的影响分析中可知，当保持击实成型温度不变时，掺加Sasobit的沥青混合料空隙率比基质沥青混合料要小。因此，当保持混合料的空隙率不变时，掺加Sasobit的沥青混合料击实成型温度就会得到大幅度的降低，如图8-45所示。

从图8-45可以看出，当保持沥青混合料的空隙率为4.5%时，基质沥青混合料的击实温度为150℃，而掺加2%Sasobit的沥青混合料击实温度在140℃左右，降低了约 10℃；掺加 3%Sasobit 的沥青混合料击实温度在 130℃左右，降低了约 20℃；掺加 4%Sasobit 的沥青混合料击实温度在 128℃左右，降低了约 22℃；掺加 5%Sasobit 的沥青混合料击实温度在 125℃左右，降低了约 25℃。因此，Sasobit 沥青混合料的击实温度在 125～140℃之间，温度降低了 10～25℃。

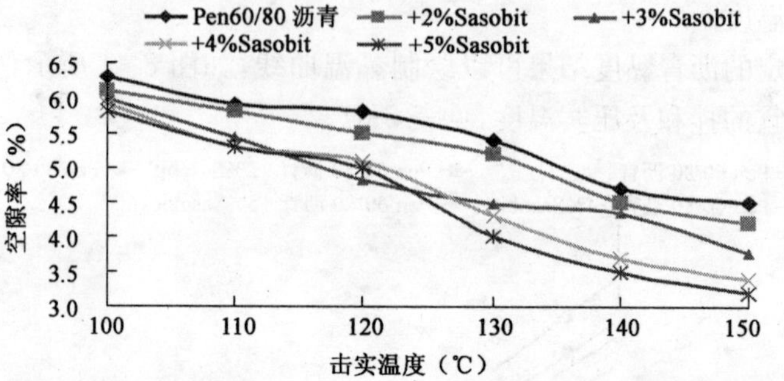

图 8-45　不同 Sasobit 剂量下沥青混合料的击实温度与空隙率之间的关系

通过以上两种方式确定的 Sasobit 沥青混合料拌和及压实温度的降低范围不太一致，这可能与 Sasobit 自身的物理化学特性有关。Sasobit 具有较好的润滑助碾作用，加入到沥青混合料中可使混合料更易被压实成型，故而采用第二种方法确定的混合料拌和及压实温度。

结合 Sasobit 对沥青性能的影响可知，当 Sasobit 剂量为 3%时，Sasobit 对沥青性能的改善作用达到最佳，故确定 Sasobit 的剂量为 3%，相应的击实温度在 130℃左右。

对以 SBS 改性沥青为黏结料添加不同 Sasobit 剂量的沥青混合料进行了同样的拌和及压实试验，确定了 Sasobit＋SBS 改性沥青混合料的拌和及压实温度，表 8-62 为四种不同类型沥青混合料的拌和及压实温度对比一览表。

不同类型沥青混合料的拌和及压实温度对比一览表　　表 8-62

加热温度(℃)	普通沥青混合料	Sasobit 沥青混合料	SBS 沥青混合料	Sasobit＋SBS 沥青混合料
矿料温度	175	155	190	165
沥青温度	160	140	170	150
拌和温度	160	140	170	150
压实温度	150	130	160	140

从表 8-62 可知，Sasobit 温拌沥青混合料的拌和及压实温度要比未添加 Sasobit的沥青混合料的拌和及压实温度低 20～30℃左右。

8.7 Sasobit 温拌沥青混合料性能评价

以 3% Sasobit 剂量为最佳剂量，分别拌制基于同种级配的普通沥青混合料、SBS 改性沥青混合料、Sasobit 温拌沥青混合料以及 Sasobit＋SBS 改性沥青混合料。为了评价 Sasobit 温拌沥青混合料的长期使用性能，还对沥青混合料分别进行了短期老化和长期老化试验，测试 Sasobit 温拌沥青混合料在不同老化状态下的路用性能。

8.7.1 Sasobit 温拌沥青混合料在未老化阶段性能评价

表 8-63 为基于同种级配的普通沥青混合料、SBS 改性沥青混合料、Sasobit 温拌沥青混合料以及 Sasobit＋SBS 改性沥青混合料在未老化阶段的路用性能测试结果。

不同类型沥青混合料路用性能测试结果　　表 8-63

沥青混合料类型	动稳定度(次/mm)	浸水残留稳定度(%)	劈裂残留强度比(%)	破坏应变 $\mu\varepsilon$
普通热拌沥青混合料	1 084	82.6	77.2	2 818
Sasobit 温拌沥青混合料	3 277	80.7	68.4	2 553
SBS 改性沥青混合料	6 796	93.1	86.0	4 126
Sasobit＋SBS 改性沥青混合料	7 136	82.2	70.0	3 831

从表 8-63 试验结果可知，Sasobit 温拌沥青混合料在未老化阶段的路用性能除抗车辙能力外，均低于同类型的热拌沥青混合料。

8.7.2 Sasobit 温拌沥青混合料短期老化后性能评价

表 8-64 为基于同种级配的普通沥青混合料、SBS 改性沥青混合料、Sasobit 温拌沥青混合料以及 Sasobit＋SBS 改性沥青混合料经过短期老化后的路用性能测试结果。

不同类型沥青混合料经过短期老化后的路用性能测试结果　　表 8-64

沥青混合料类型	动稳定度(次/mm)	浸水残留稳定度(%)	劈裂残留强度比(%)	破坏应变 $\mu\varepsilon$
普通热拌沥青混合料	2 757	93.0	74.3	2 633
Sasobit 温拌沥青混合料	3 443	94.0	85.5	2 264
SBS 改性沥青混合料	7 277	93.6	82	3 826
Sasobit＋SBS 改性沥青混合料	7 759	95.0	90	3 422

四种不同类型的沥青混合料经过短期老化后，Sasobit温拌沥青混合料的路用性能(除低温稳定性能)均有所提高，尤其是水稳定性能提高较快，这可能是Sasobit温拌沥青混合料在短期老化过程中，将可能残留在沥青混合料中的水蒸气进一步排除，从而加强了沥青与矿料的黏附性，因而提高了Sasobit沥青混合料的水稳定性能。从表8-64试验结果可知，Sasobit温拌沥青混合料的路用性能基本上与同类型的热拌沥青混合料一致。

8.7.3 Sasobit温拌沥青混合料长期老化后性能评价

表8-65为基于同种级配的普通沥青混合料、SBS改性沥青混合料、Sasobit温拌沥青混合料以及Sasobit+SBS改性沥青混合料经过长期老化后的路用性能测试结果。

不同类型沥青混合料经过长期老化后的路用性能测试结果　　表8-65

沥青混合料类型	动稳定度(次/mm)	浸水残留稳定度(%)	劈裂残留强度比(%)	破坏应变 $\mu\varepsilon$
普通热拌沥青混合料	2 927	87.1	71.0	2 133
Sasobit温拌沥青混合料	3 613	88.5	83.4	1 964
SBS改性沥青混合料	8 437	88.1	85	2 210
Sasobit+SBS改性沥青混合料	8 896	89.0	84	2 097

从表8-65试验结果可知，Sasobit温拌沥青混合料在长期老化阶段的路用性能(除低温稳定性能外)基本上与同类型的沥青混合料的路用性能一致。

第 9 章 SEAM 温拌沥青混合料性能评价

基于硫磺(SEAM)的温拌沥青混合料是将一定比例的硫磺(SEAM)取代沥青,在 130 ℃左右将硫磺(SEAM)、沥青和矿料拌和在一起形成的沥青混合料。

9.1 SEAM 沥青混合料配合比设计

9.1.1 SEAM 沥青混合料改性剂

硫磺(SEAM)是 Sulphur-Extended Asphalt Modifier 的简称,意为"硫磺强化沥青改性剂",简称 SEMA。SEAM 的主要成分为硫磺,是在硫磺里面添加了烟雾抑制剂和增塑剂等成分制成的半球状黑褐色固体颗粒,见图 9-1。在沥青混合料拌和过程中,将其直接加入拌和仓取代一定比例的沥青,按常规方法拌和后即形成 SEAM 沥青混合料,达到对沥青混合料进行改性的目的,从而改善沥青混合料的路用性能。

国内外研究表明,SEAM 能够提高沥青的路用性能等级,经其改性的沥青混合料具有良好的高温抗车辙能力,能明显改善高含蜡量沥青的高温稳定性,并能大大改善砾石及天然砂含量大的低质量矿料的抗变形能力,从而扩大低质量沥青与矿料的应用范围。SEAM 可以完全熔融在温度高于 115℃的沥青中,从而降低沥青的黏度,使混合料能在较低的温度下拌和、摊铺及碾压,减少能源消耗。此外,SEAM 的价格较低,可以代替 20%～40%的沥青,降低沥青混合料的生产成本,解决沥青供应紧张的困境,节省资源。

图 9-1 SEAM 颗粒

SEAM改性剂的物理化学指标见表9-1。

SEAM物理化学指标 表9-1

检测项目	单位	典型值
含硫量	%	≥97
矿粉	%	≤20
增塑剂	%	≥2.5
灰分	%	≤3.0
相对密度(15℃)	—	≥1.8
粒径	mm	≤5
软化点(环球法)	℃	≥79
闪点(开口杯法)	℃	≥170
针入度(25℃)	0.1mm	≤2
自燃温度	℃	约290

9.1.2 SEAM对沥青混合料的改性机理

SEAM与沥青有很好的相容性,与石料有较好的黏结性。在沥青混合料拌和过程中,将沥青和SEAM先后加入预热的石料中,由于骨料的剪切作用,使SEAM以非常细的颗粒均匀地分散在沥青混合料中,部分SEAM与沥青呈化学结合,溶解在沥青中,这一部分SEAM作为沥青稀释剂,使黏稠的沥青变得稀释;另一部分SEAM则分散在沥青相中。溶解和分散的SEAM最终都形成结晶,作为结构强度增强剂,达到对沥青改性的效果,并且硫磺结晶的数量随着SEAM与沥青的质量比增加而增加。

SEAM掺加到沥青混合料中不仅可以对沥青进行改性,对整个沥青混合料也有改性作用。当SEAM沥青混合料的温度低于硫的熔点(单质硫的熔点为115℃)时,分散的SEAM和溶解在沥青中的硫最终会析出,并形成晶体网状结构,这种网状结构将沥青、矿料等相互联结在一起,形成一个严密的整体网络结构,并且随着混合料中SEAM比例的增加,这种网络不断增密,如图9-2所示,使路面结构增强,稳定度提高,从而改善沥青路面的高温稳定性和抗剪性能。

在沥青混合料中掺加不同比例的SEAM改性剂,其析出的晶体所形成的网络结构也会有所不同,从而导致混合料的强度等性能也会大不相同。国内外研究表明,掺加不同比例的SEAM可以得到不同性能的SEAM沥青混合料,SEAM掺加的比例越大,则刚性越大。当SEAM∶沥青=50∶50时,可以获得"全刚性"的混合料，按照体积比计算，SEAM 大约代替了 40%左右的沥青。这种材料具有优异的抗车辙性能，但柔性较低，适用于高强度的路面结构。同时由于 SEAM 含量高，混合料硬化较早，必须迅速操作，在不低于 110℃下迅速压实达到所要求的密度。当 SEAM∶沥青＝40∶60 时，可以获得"半刚性"的混合料，大约可以代替 30%左右的沥青。这种混合料的稳定度比普通热拌沥青混合料高，铺筑的路面具有较强的抗车辙性能，同时，混合料又能保持足够的柔性和较好的抗疲劳性能。当 SEAM∶沥青＝30∶70 时，可以获得"柔性"的混合料，此时大约可以代替 20%左右的沥青。这种混合料与普通热拌沥青混合料的性能基本相似，路面性能略好一些。

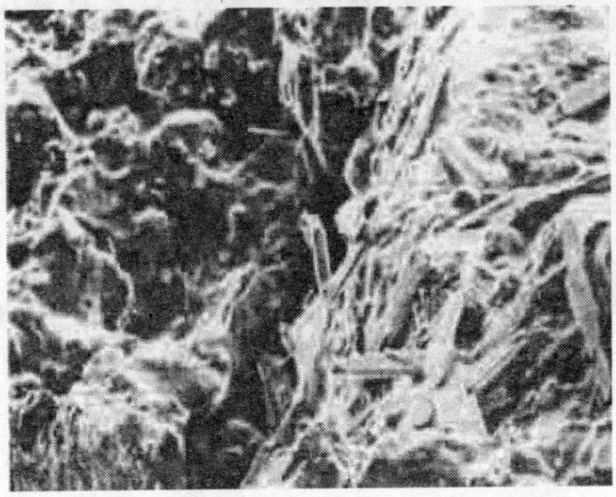

图 9-2　在电子显微镜下硫晶体生成的网状结构

考虑到以上方面及 SEAM 沥青混合料的实际应用，对 SEAM∶沥青＝40∶60 的 SEAM 沥青混合料的路用性能进行研究。

9.1.3　SEAM 沥青混合料配合比设计

9.1.3.1　原材料性能

1)基质沥青

基质沥青采用 Pen 60/80 沥青，其性能指标测试结果见表 8-3。

2)矿料

所用矿料全部采用石灰岩，对于粗集料，应洁净、干燥、表面粗糙；对于细集料，应洁净、干燥、无风化、无杂质，并有适当的颗粒级配；对于矿粉，必须采用石灰岩或岩浆岩中的强基性岩石等憎水性石料经磨细得到的矿粉，矿粉应干燥、洁净，能自由地从矿粉仓流出。以上各种矿料的质量要求均应满足《公路沥青路面施工技术规范》(JTG F40—2004)中的相关规定，具体的技术性能指标见表 7-3～表 7-5。

3)SEAM 改性剂

其性能指标见表 9-1。

9.1.3.2　矿料级配组成设计

用于 SEAM 沥青混合料的矿料级配设计方法及要求与热拌沥青混合料的相同，可参照《公路沥青路面施工技术规范》(JTG F40—2004)执行。采用 AC-13C 型沥青混合料，其级配曲线见图 7-1。

9.1.3.3 (SEAM+沥青)结合料最佳用量的确定

(SEAM+沥青)结合料最佳用量的确定有两种方法，分别是替代公式法和常规马歇尔试验法。

1)替代公式法

首先采用传统的热拌沥青混合料配合比设计方法确定相应基质沥青混合料的最佳沥青含量，然后采取等体积替换的原则，通过式(9-1)确定(SEAM+沥青)结合料的最佳用量，再按照SEAM和沥青的比例，分别确定SEAM和沥青的用量。

$$(\text{SEAM}+\text{沥青})\text{结合料}=\frac{10\,000AR}{10\,000R-100P_s(R-1)+AP_s(R-1)} \tag{9-1}$$

式中：A——热拌沥青混合料设计中的沥青含量，基于总混合料质量计算(%)；

R——SEAM替换比(即等体积的SEAM替换等体积沥青的质量比，一般$R=1.5\sim1.7$)，建议取1.7；

P_s——总结合料中SEAM的质量比(%)。

2)常规马歇尔试验法

常规马歇尔试验法是将SEAM和沥青视为一种整体黏结料，按照预先确定的比例，采用传统的热拌沥青混合料配合比设计方法确定整体黏结料的最佳用量，再按照SEAM和沥青的比例分别确定SEAM和沥青的实际用量。

采用替代公式法确定SEAM沥青混合料中SEAM和沥青的最佳用量，其中SEAM与沥青的比例为40∶60。按照《公路沥青路面施工技术规范》(JTG F40—2004)规定的热拌沥青混合料最佳沥青用量的确定方法，可计算出AC-13C型沥青混合料的最佳沥青用量为5.0%，通过替代公式法确定的(SEAM+沥青)结合料用量为5.65%，其中SEAM用量为2.26%，沥青用量为3.39%。

9.1.4 SEAM沥青混合料拌和及压实温度的确定

通过两种方式(黏温曲线法和变温度击实试验法)研究SEAM沥青混合料拌和及压实温度的确定。

9.1.4.1 黏温曲线法

黏温曲线法是利用黏温曲线确定适宜于沥青混合料拌和及压实的等黏温度。将SEAM和沥青按照一定的比例(SEAM∶沥青=40∶60)混合在一起，放置在140℃的烘箱中保温直至混合物成为液体，然后将(SEAM+沥青)混合液体进行高速剪切，制成SEAM改性沥青。利用布洛克菲尔德黏度计法测定其黏度，并绘制黏温曲线，求得黏度为0.15～0.19Pa·s和0.25～0.31Pa·s的温度即为SEAM沥青混合料的拌和及压实温度。图9-3即为SEAM改性沥青的黏温曲线。

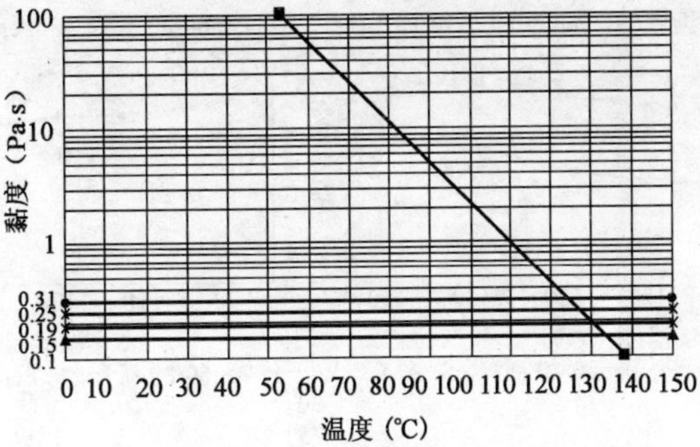

图9-3　SEAM改性沥青的黏温曲线

从图9-3可以看出，SEAM沥青混合料的拌和温度为130～135℃，压实温度为124～128℃。大量试验表明，SEAM沥青混合料的拌和温度可以控制在130～150℃，压实温度可以控制在120～140℃，与没有添加SEAM改性剂的普通沥青混合料相比要低20～30℃。

9.1.4.2　变温度击实试验法

变温度击实马歇尔试验是通过测定沥青混合料空隙率的变化确定沥青混合料适宜的拌和及压实温度。以AC－13C型沥青混合料为例，通过变温度击实马歇尔试验，测定沥青混合料在不同击实温度下体积参数等指标的变化，分析SEAM对沥青混合料压实特性的影响，并根据混合料空隙率的变化确定SEAM沥青混合料适宜的拌和及压实温度，试验结果见表9-2和图9-4所示。

SEAM沥青混合料变温度击实马歇尔试验结果　　表9-2

沥青类型	击实温度（℃）	毛体积相对密度	空隙率（%）	矿料间隙率（%）	沥青饱和度（%）	稳定度（kN）	流值（mm）
Pen 60/80沥青	150	2.425	4.5	15.7	71.3	11.14	3.28
	140	2.420	4.7	15.9	70.4	10.23	3.00
	130	2.401	5.4	16.5	67.1	9.80	2.97
	120	2.393	5.8	16.8	65.7	9.25	3.70
	110	2.389	5.9	17.0	65.1	7.12	2.66
	100	2.380	6.3	17.3	63.7	6.48	2.53
Pen 60/80沥青＋SEAM	150	2.470	3.8	14.1	72.9	10.92	2.95
	140	2.466	4.0	14.3	72.0	9.96	2.65
	130	2.458	4.3	14.6	70.4	9.52	2.56
	120	2.451	4.6	14.8	69.1	9.13	2.75
	110	2.443	4.9	15.1	67.6	8.84	2.35
	100	2.434	5.3	15.4	65.9	8.61	2.12

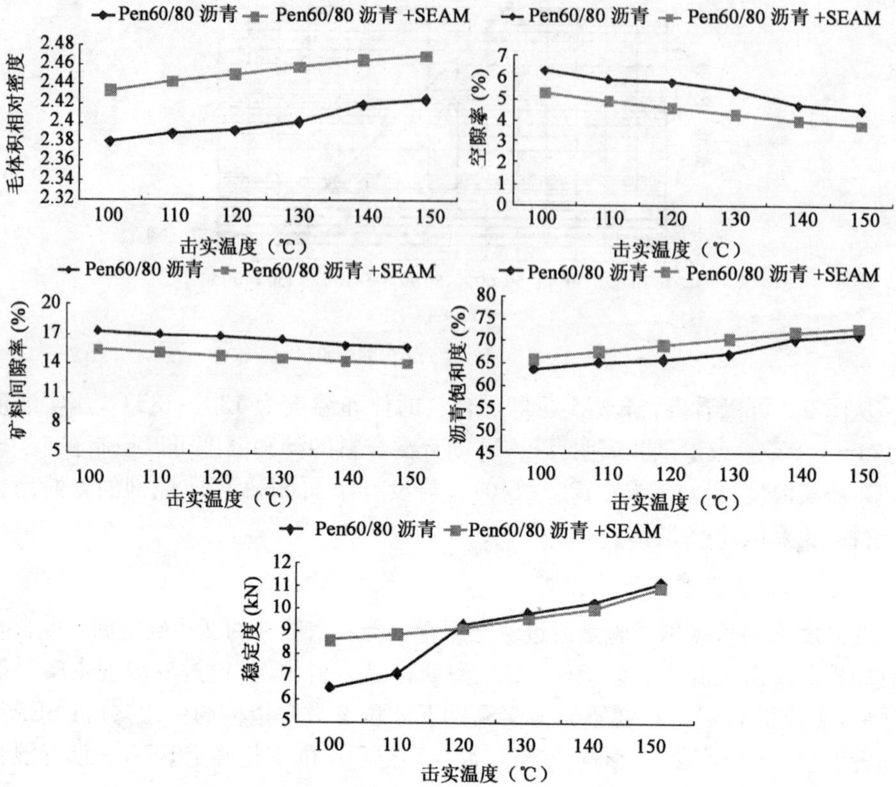

图 9-4　SEAM 沥青混合料体积参数与击实温度之间的关系

从表 9-2 可知：

(1)无论是否掺加 SEAM 改性剂，沥青混合料的空隙率和矿料间隙率都随着击实温度的降低逐渐增大；而毛体积相对密度、沥青饱和度和稳定度则随着击实温度的降低逐渐减小。

(2)无论是否掺加 SEAM 改性剂，沥青混合料的空隙率、矿料间隙率、毛体积相对密度、沥青饱和度和稳定度等指标与击实温度均具有较好的线性关系，经分析其相关系数均在 0.9 以上。

(3)当 SEAM 沥青混合料保持与基质沥青混合料相同的空隙率(即4.5%)时，其的击实温度可以降低 27℃左右，这与通过黏温曲线确定的 SEAM 沥青混合料压实温度基本一致。

(4)SEAM 沥青混合料的拌和温度为 135℃，压实温度为 125℃。

9.1.5　SEAM 沥青混合料强度随龄期的变化规律

SEAM 沥青混合料中单质硫的晶体生长需要一定时间，因此 SEAM 沥青混合料各项路用性能的评价不像一般改性沥青混合料那样在沥青混合料冷却成型后即可试验，而要经过一定时间的养生后才可以进行试验。此外，需要注意的是，熔融状态的单质硫液滴在沥青相中分散的细度和均匀性对以后单质硫晶体的生长和沥青混合料强度的增加有显著的影响。试验研究表明，如果SEAM加入沥青混合料后得不到充分的拌和，会影响SEAM沥青混合料的强度。

利用马歇尔稳定度试验，测定SEAM沥青混合料在不同养生时间的马歇尔稳定度，根据马歇尔稳定度与养生时间之间的变化规律确定SEAM沥青混合料适宜的养生时间。SEAM沥青混合料在不同养生时间的马歇尔稳定度测试结果见表9-3和图9-5。

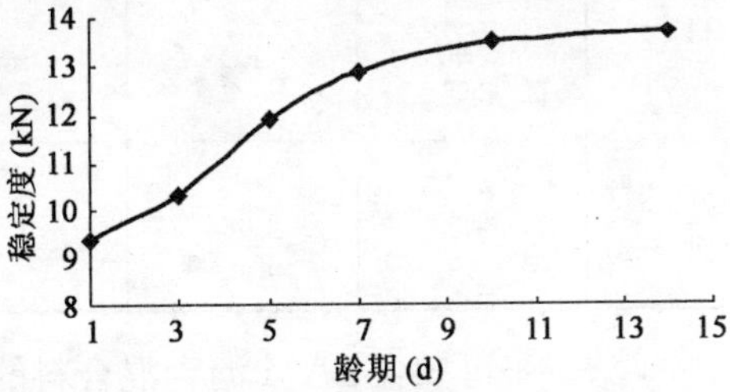

图9-5 SEAM沥青混合料稳定度与龄期之间的关系

不同养生时间下SEAM沥青混合料的马歇尔稳定度测试结果 表9-3

试验项目	养生时间(d)					
	1	3	5	7	10	14
稳定度(kN)	9.38	10.31	11.88	12.85	13.47	13.68

从表9-3可知：SEAM沥青混合料的马歇尔稳定度随龄期的增加而增加，在龄期为10d之前，其强度增长速率较快，在龄期达到10d后，其的增长速率趋于平缓。龄期为10d的SEAM沥青混合料的马歇尔稳定度达到龄期为14d的98.5%，表明SEAM沥青混合料在龄期为10d时的强度已基本趋于稳定，因此，对成型的各种SEAM沥青混合料试件采用在室温下养生10d后测定其各项性能指标。

9.2 SEAM沥青混合料性能评价

对SEAM沥青混合料进行路用性能的检测，并与基于同种级配的热拌沥青混合料和SBS改性沥青混合料进行对比。

9.2.1 高温稳定性

对基于同种级配的热拌沥青混合料、SEAM沥青混合料和SBS改性沥青混合料进行马歇尔稳定度试验和车辙试验，测试结果见表 9-4。

不同类型沥青混合料高温稳定性测试结果　　表 9-4

指　标	普通热拌沥青混合料		SEAM 温拌沥青混合料		SBS 改性沥青混合料	
	规范	实测	规范	实测	规范	实测
稳定度(kN)	≥8	11.14	—	13.47	≥8	14.61
动稳定度(次/mm)	≥800	1 084	—	4 267	≥2 800	6 796

从表 9-4 可知：SEAM 沥青混合料的马歇尔稳定度和动稳定度高于普通热拌沥青混合料，但低于 SBS 改性沥青混合料，表明在沥青混合料中掺加 SEAM 改性剂可以很好地改善沥青混合料的高温性能，提高沥青路面的高温抗车辙能力。这主要是由于 SEAM 在沥青混合料中溶解和分散的硫磺都会形成结晶，从而提高了沥青混合料的高温性能。

9.2.2　低温抗裂性

对基于同种级配的热拌沥青混合料、SEAM 沥青混合料和 SBS 改性沥青混合料进行低温弯曲试验，测试结果见表 9-5。

不同类型沥青混合料低温弯曲测试结果　　表 9-5

指　标	普通热拌沥青混合料		SEAM 温拌沥青混合料		SBS 改性沥青混合料	
	规范	实测	规范	实测	规范	实测
破坏应变(με)	≥2 000	2 818	—	2 367	≥2 500	4 126

从表 9-5 可知：SEAM 沥青混合料的破坏应变低于普通热拌沥青混合料和 SBS 改性沥青混合料。这说明在沥青混合料中掺加 SEAM 改性剂会影响沥青混合料的低温性能。

9.2.3　水稳定性

对基于同种级配的热拌沥青混合料、SEAM 沥青混合料和 SBS 改性沥青混合料进行浸水马歇尔试验和冻融劈裂试验，测试结果见表 9-6。

不同类型沥青混合料水稳定性测试结果　表 9-6

指标	普通热拌沥青混合料		SEAM 温拌沥青混合料		SBS 改性沥青混合料	
	规范	实测	规范	实测	规范	实测
冻融劈裂残留强度比(%)	≥70	77.2	—	38.7	≥80	86.0
残留稳定度(%)	≥75	82.6	—	80.1	≥85	93.1

从表 9-6 可知：SEAM 沥青混合料的冻融劈裂残留强度比和残留稳定度均低于普通热拌沥青混合料和 SBS 改性沥青混合料，说明在沥青混合料中掺加 SEAM 改性剂会对沥青混合料的水稳定性产生不利的影响，尤其是 SEAM 沥青混合料的冻融劈裂残留强度比下降很快，远远低于技术规范，需要采取一定的抗水损害措施。

9.2.4　抗疲劳性能

对基于同种级配的热拌沥青混合料、SEAM 沥青混合料和 SBS 改性沥青混合料进行重复弯曲疲劳试验，测试结果见表 9-7 和图 9-6。

不同类型沥青混合料重复弯曲疲劳试验结果　表 9-7

沥青混合料类型	破坏荷载(kN)	抗弯拉强度(MPa)	应力比及对应的疲劳寿命				疲劳方程及相关系数
普通热拌沥青混合料	0.89	4.092	0.4	0.5	0.6	0.7	$y=103.58x^{-2.6541}$ $R^2=0.963$
			1059	767	416	244	
SEAM 温拌沥青混合料	1.155	5.073	0.4	0.5	0.6	0.7	$y=39.713x^{-3.4451}$ $R^2=0.9998$
			929	432	235	134	
SBS 改性沥青混合料	1.125	5.112	0.4	0.5	0.6	0.7	$y=303.04x^{-2.3558}$ $R^2=0.9654$
			2 397	1 761	1 063	643	

从表 9-7 可知：

(1)各沥青混合料的疲劳寿命都随着应力比的增加而呈现明显的下降趋势。

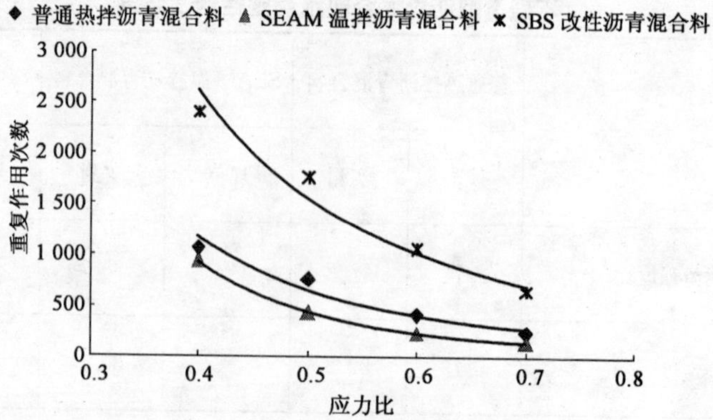

图 9-6　不同类型沥青混合料疲劳曲线

(2)在相同的应力水平情况下，SEAM 沥青混合料的疲劳寿命低于热拌沥青混合料和 SBS 改性沥青混合料。

(3)各沥青混合料的疲劳寿命与其对应的应力比之间的关系都能够回归成 $y=kx^{n}$ 形式的疲劳方程，且相关系数均在 0.9 以上。SEAM 沥青混合料的 k 值比热拌沥青混合料和 SBS 改性沥青混合料均要小得多，从曲线上看也是其线位最低，表明其抗疲劳性能较差。

9.3　SEAM+Sasobit 沥青混合料性能评价

在沥青混合料中掺加 SEAM 或者 Sasobit 改性剂，都能有效降低沥青混合料的拌和及压实温度，且都能提高沥青混合料的高温稳定性，但对沥青混合料其他性能(如低温抗裂性、水稳定性、抗疲劳性能)的影响则有所不同。那么，如果在沥青混合料中同时掺加 SEAM 和 Sasobit 两种改性剂，沥青混合料的降温效果和路用性能又会有何变化，本节将对此展开研究。

9.3.1　SEAM+Sasobit 沥青混合料配合比设计

SEAM+Sasobit 沥青混合料类型依然选择 AC-13C，采用与 9.2 节完全相同的矿料及配合比设计，其中在沥青混合料中加入(SEAM+沥青)黏结料质量比 3%的 Sasobit。

9.3.2　SEAM+Sasobit 沥青混合料拌和及压实温度的确定

对于 SEAM+Sasobit 沥青混合料采用变温度击实马歇尔试验确定其拌和及压实温度，即测定混合料在不同击实温度下体积参数等指标的变化，分析同时掺加

SEAM 和 Sasobit 两种改性剂对沥青混合料压实特性的影响，并根据混合料空隙率的变化确定 SEAM＋Sasobit 沥青混合料适宜的拌和及压实温度，试验结果见表 9-8 和图 9-7。

SEAM＋Sasobit 沥青混合料变温度击实马歇尔试验结果 表 9-8

沥青类型	击实温度（℃）	毛体积相对密度	空隙率（%）	矿料间隙率（%）	沥青饱和度（%）	稳定度（kN）	流值（mm）
Pen 60/80 沥青	150	2.425	4.5	15.7	71.3	11.14	3.28
	140	2.420	4.7	15.9	70.4	10.23	3.00
	130	2.401	5.4	16.5	67.1	9.80	2.97
	120	2.393	5.8	16.8	65.7	9.25	3.70
	110	2.389	5.9	17.0	65.1	7.12	2.66
	100	2.380	6.3	17.3	63.7	6.48	2.53
Pen 60/80 沥青 SEAM＋Sasobit	150	2.491	3.0	13.4	77.5	11.73	3.28
	140	2.489	3.1	13.5	77.0	11.62	2.07
	130	2.482	3.4	13.7	75.4	10.99	2.50
	120	2.454	4.5	14.7	69.7	10.55	2.97
	110	2.440	5.0	15.2	67.0	10.25	2.06
	100	2.436	5.1	15.3	66.4	10.16	1.65

从表 9-8 可知：

(1)无论是普通沥青混合料，还是 SEAM＋Sasobit 沥青混合料，其空隙率和矿料间隙率都随着击实温度的降低逐渐增大；而毛体积相对密度、沥青饱和度和稳定度则随着击实温度的降低逐渐减小。

(2)无论是普通沥青混合料，还是 SEAM＋Sasobit 沥青混合料，其空隙率、矿料间隙率、毛体积相对密度、沥青饱和度和稳定度等指标与击实温度均具有较好的线性关系，经分析其相关系数均在 0.9 以上。

(3)当 SEAM＋Sasobit 沥青混合料保持与普通沥青混合料相同的空隙率(即 4.5%)时，其击实温度可以降低 30℃左右，确定的 SEAM＋Sasobit 沥青混合料的拌和温度为 130℃，压实温度为 120℃。

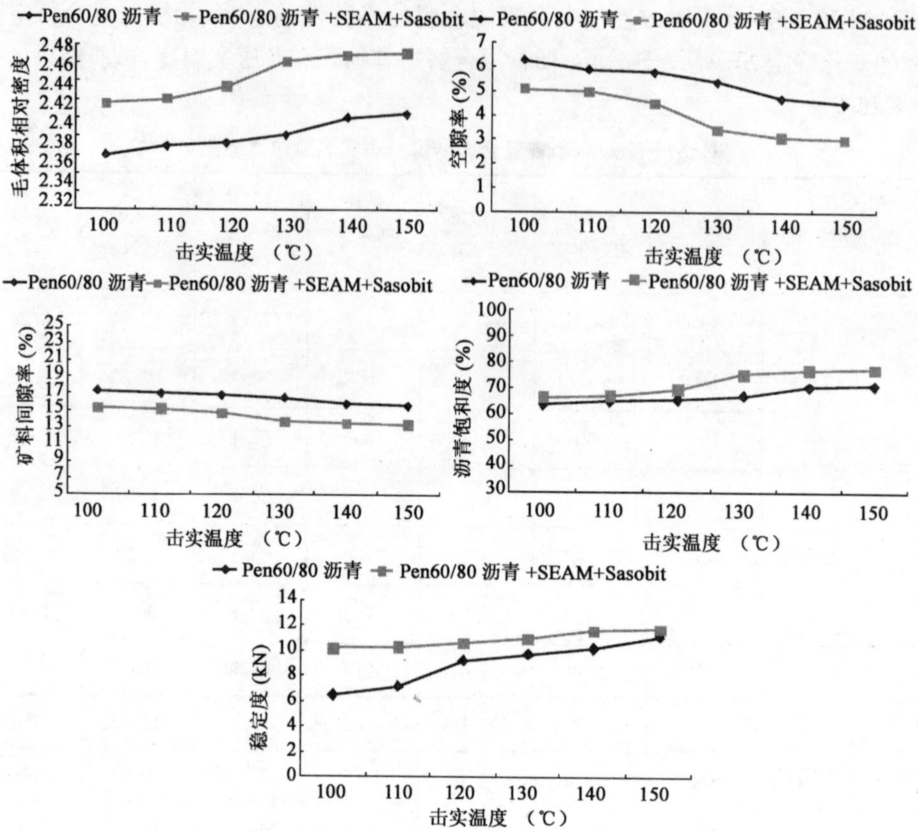

图 9-7 沥青混合料体积参数与击实温度之间的关系曲线

9.3.3 SEAM＋Sasobit 沥青混合料强度随龄期的变化规律

对于 SEAM＋Sasobit 沥青混合料需要养生一定时间后才能进行各项路用性能的试验。利用马歇尔稳定度试验，测定 SEAM＋Sasobit 沥青混合料在不同养生时间的马歇尔稳定度，根据马歇尔稳定度与养生时间之间的变化规律确定其适宜的养生时间，不同养生时间的马歇尔稳定度测试结果见表 9-9 和图 9-8。

不同养生时间下的 SEAM＋Sasobit 沥青混合料马歇尔稳定度测试结果　　表 9-9

指　标	养生时间(d)					
	1	3	5	7	10	14
稳定度(kN)	9.16	11.37	12.79	13.42	14.18	14.49

从表 9-10 可知：SEAM＋Sasobit 沥青混合料的马歇尔稳定度随龄期的增加而增加，在龄期为 10d 之前，其强度增长速率较快，在龄期达到 10d 后，其增长速率趋于平缓。龄期为 10d 的 SEAM＋Sasobit 沥青混合料的马歇尔稳定度达到龄期为 14d 的 97.9%，表明 SEAM＋Sasobit 沥青混合料在龄期为 10d 时的强度已基本趋于稳定，因此，对各种 SEAM＋Sasobit 沥青混合料试件采用在室温下养生 10d 后测定其各项性能指标。

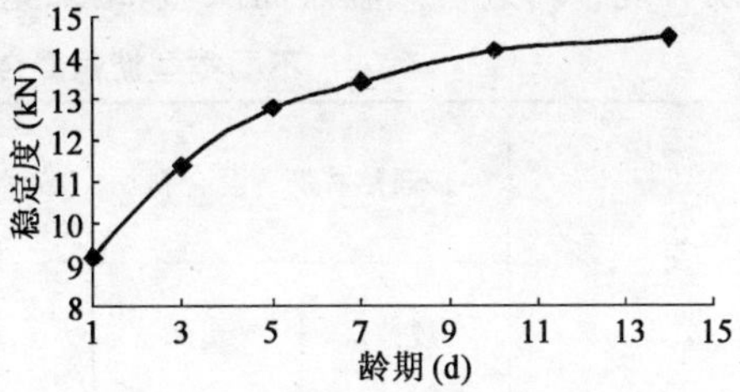

图 9-8 稳定度随龄期变化的关系曲线

9.3.4 SEAM＋Sasobit 沥青混合料性能评价

9.3.4.1 高温稳定性

对基于同种级配的热拌沥青混合料、SEAM＋Sasobit 沥青混合料和 SBS 改性沥青混合料进行马歇尔稳定度和车辙试验，测试结果见表 9-10。

不同类型沥青混合料高温稳定性测试结果 表 9-10

指 标	普通热拌沥青混合料		SEAM＋Sasobit 沥青混合料		SBS 改性沥青混合料	
	规范	实测	规范	实测	规范	实测
稳定度 (kN)	≥8	11.14	—	14.18	≥8	14.61
动稳定度 (次/mm)	≥800	1 084	—	5 186	≥2 800	6796

从表 9-10 可知：SEAM＋Sasobit 沥青混合料的马歇尔稳定度和动稳定度高于热拌沥青混合料，低于 SBS 改性沥青混合料。这表明同时掺加 SEAM 和 Sasobit 两种改性剂可以更好地改善沥青混合料的高温性能，这主要是由于 SEAM＋Sasobit 沥青混合料中溶解分散的 SEAM 和 Sasobit 最终都会结晶，并形成网状的晶格结构，从而提高沥青混合料的高温稳定性。

9.3.4.2 低温抗裂性

对基于同种级配的热拌沥青混合料、SEAM＋Sasobit 沥青混合料和 SBS 改性沥青混合料进行低温弯曲试验，结果见表 9-11 所示。

不同类型沥青混合料低温抗裂性测试结果　　表 9-11

指　标	普通热拌沥青混合料		SEAM+Sasobit 沥青混合料		SBS 改性沥青混合料	
	规范	实测	规范	实测	规范	实测
破坏应变（με）	≥2 000	2 818	—	1 908	≥2 500	4 126

从表 9-11 可知 SEAM+Sasobit 沥青混合料的破坏应变低于热拌沥青混合料和 SBS 改性沥青混合料，表明同时掺加 SEAM 和 Sasobit 两种改性剂对沥青混合料的低温性能会产生不利的影响。

9.3.4.3　水稳定性

对基于同种级配的热拌沥青混合料、SEAM+Sasobit 沥青混合料和 SBS 改性沥青混合料进行浸水马歇尔试验和冻融劈裂试验，结果见表 9-12。

不同类型沥青混合料水稳定性测试结果　　表 9-12

指　标	普通热拌沥青混合料		SEAM+Sasobit 沥青混合料		SBS 改性沥青混合料	
	规范	实测	规范	实测	规范	实测
冻融劈裂残留强度比（%）	≥70	77.2	—	21.2	≥80	86.0
浸水马歇尔残留稳定度（%）	≥75	82.6	—	79.0	≥85	92.8

从表 9-12 可知：

SEAM+Sasobit 沥青混合料的水稳定性低于热拌沥青混合料和 SBS 改性沥青混合料，说明同时掺加 SEAM 和 Sasobit 两种改性剂会对沥青混合料的水稳定性产生不利影响，尤其是 SEAM+Sasobit 沥青混合料的冻融劈裂残留强度比下降很快，远远低于技术规范，需要采取一定的抗水损害措施。

9.3.4.4　抗疲劳性能

对基于同种级配的热拌沥青混合料、SEAM+Sasobit 沥青混合料和 SBS 改性沥青混合料进行重复弯曲疲劳试验，结果如表 9-13 和图 9-9 所示。

不同类型沥青混合料重复弯曲疲劳试验结果 表 9-13

沥青混合料类型	破坏荷载(kN)	抗弯拉强度(MPa)	应力比及对应的疲劳寿命				疲劳方程及相关系数
普通热拌沥青混合料	0.890	4.092	0.4	0.5	0.6	0.7	$y=103.58x^{-2.6541}$
			1 059	767	416	244	$R^2=0.963$
SEAM+Sasobit 沥青混合料	1.445	6.375	0.4	0.5	0.6	0.7	$y=12.433x^{-4.2635}$
			647	229	102	61	$R^2=0.9956$
SBS 改性沥青混合料	1.125	5.112	0.4	0.5	0.6	0.7	$y=303.04x^{-2.3558}$
			2 397	1 761	1 063	643	$R^2=0.9654$

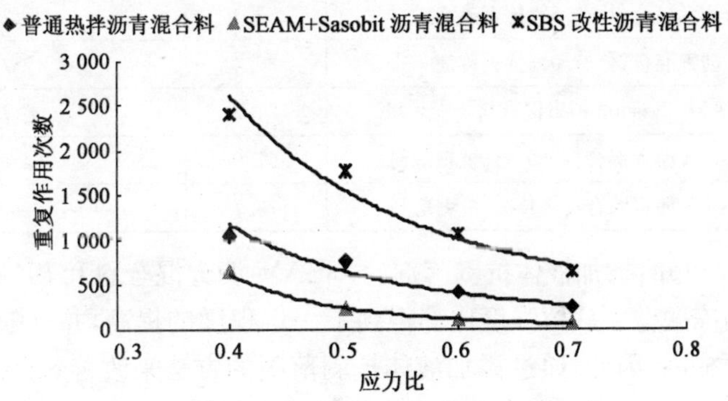

图 9-9 不同类型沥青混合料疲劳曲线

从表 9-13 可知：

(1)各沥青混合料的疲劳寿命都随着应力比的增加而呈现明显的下降趋势。

(2)在相同的应力水平情况下，SEAM＋Sasobit 沥青混合料的疲劳寿命小于普通热拌沥青混合料和 SBS 改性沥青混合料。

(3)各沥青混合料的疲劳寿命与其对应的应力比之间的关系都能够回归成 $y=kx^n$ 形式的疲劳方程，且相关系数均在 0.9 以上。SEAM＋Sasobit 沥青混合料的 k 值不仅比普通热拌沥青混合料和 SBS 改性沥青混合料要小得多，从曲线上看也是线位最低的，这表明其抗疲劳性能较差。

9.3.5 SEAM＋Sasobit 沥青混合料水稳定性改善措施

由于 SEAM 沥青混合料和 SEAM＋Sasobit 沥青混合料的水稳定性能都比较低，尤其是其冻融劈裂强度比很低，因此，必须采取适当的措施来改善其抗水损害能力。由于试验条件、时间所限，仅对采用液体抗剥落剂的方式改善 SEAM 沥青混合料和 SEAM+Sasobit 沥青混合料水稳定性的可能性进行初步探讨，评价液体抗剥落剂对 SEAM 沥青混合料和 SEAM+Sasobit 沥青混合料的水稳定性改善效果。

液体抗剥落剂选用某公司生产的 PA－1 型沥青抗剥落剂，掺配比例分别为沥青用量的 0.5%和 1.0%，采用与不掺加抗剥落剂的沥青混合料相同的材料及配合比设计，分别成型 SEAM 沥青混合料和 SEAM+Sasobit 沥青混合料马歇尔试件，并在室温下养生 10d 后进行冻融劈裂试验，试验结果见表 9-14。

不同类型沥青混合料冻融劈裂试验结果 表 9-14

混合料类型	实测值	规范值
SEAM 沥青混合料	38.7	≥75
SEAM 沥青混合料+0.5%抗剥落剂	56.2	≥75
SEAM 沥青混合料+1.0%抗剥落剂	80.4	≥75
SEAM+Sasobit 沥青混合料	21.2	≥75
SEAM+Sasobit 沥青混合料+0.5%抗剥落剂	61.0	≥75
SEAM+Sasobit 沥青混合料+1.0%抗剥落剂	76.7	≥75

从表 9-14 可知：掺加液体抗剥落剂后，SEAM 沥青混合料和 SEAM+Sasobit 沥青混合料的冻融劈裂残留强度比都得到了一定程度的提高，并且随着抗剥落剂用量的增加而提高，因此，通过添加液体抗剥落剂的方法来改善 SEAM 沥青混合料和 SEAM+Sasobit 沥青混合料的水稳定性是可行的。

第10章 不同类型温拌沥青混合料性能对比与分析

10.1 不同类型温拌沥青混合料降温效果对比

通过第7章、第8章和第9章对不同类型温拌沥青混合料的路用性能研究可知，相对于热拌沥青混合料，温拌沥青混合料的拌和及压实温度要低得多，表10-1为不同类型沥青混合料的拌和及压实温度对比表。

不同类型沥青混合料的拌和及压实温度对比表 表10-1

指标	普通沥青混合料	Sasobit普通沥青混合料	SBS改性沥青混合料	Sasobit+SBS沥青混合料	SEAM沥青混合料	SEAM+Sasobit沥青混合料	乳化温拌沥青混合料
矿料温度(℃)	175	155	195	165	150	145	140
沥青温度(℃)	160	140	180	150	135	130	80
拌和温度(℃)	160	140	180	150	135	130	140
压实温度(℃)	150	130	170	140	125	120	120

从表10-1可知：无论是在矿料、沥青等原材料的加热阶段，还是在沥青混合料的拌和及压实阶段，温拌沥青混合料所要求的温度都比热拌沥青混合料低。尤其是乳化温拌沥青混合料，其沥青加热温度仅需80℃，击实温度为120℃，降温效果十分明显，这将非常有利于降低能源消耗及污染物的排放。

10.2 不同类型温拌沥青混合料性能对比

10.2.1 高温稳定性

10.2.1.1 马歇尔稳定度

表10-2、图10-1为基于同种级配的普通热拌沥青混合料、SBS+Sasobit温拌沥青混合料、Sasobit温拌沥青混合料、SEAM温拌沥青混合料、SEAM+Sasobit温拌沥青混合料、乳化温拌沥青混合料和SBS改性沥青混合料的马歇尔稳定度对比。

不同类型沥青混合料的马歇尔稳定度对比表　　表 10-2

沥青混合料类型	稳定度(kN)		流　值 (mm)	
	实测值	规范值	实测值	规范值
普通热拌沥青混合料(HMA)	11.14	≥8	3.28	1.5～4
乳化温拌沥青混合料(EM)	12.50	—	2.80	—
Sasobit 温拌沥青混合料(Sasobit)	13.29	—	2.78	—
SEAM 温拌沥青混合料(SEAM)	13.47	—	3.23	—
SEAM+Sasobit 温拌沥青混合料(SEAM+Sasobit)	14.18	—	3.41	—
SBS 改性沥青混合料(SBS)	14.61	≥8	3.48	1.5～4
SBS+Sasobit 温拌沥青混合料(SBS+Sasobit)	14.78	—	2.71	—

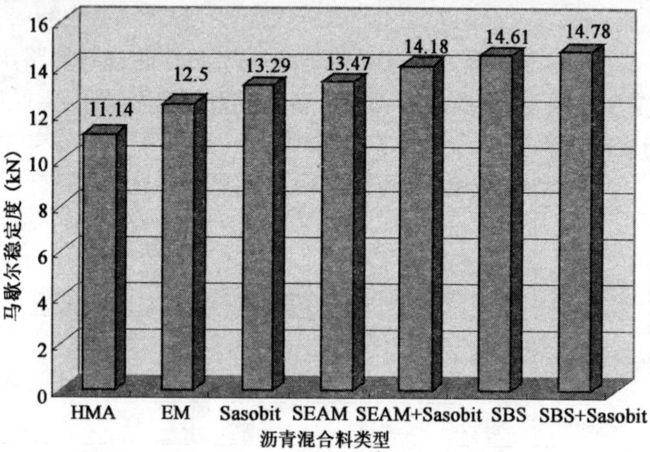

图 10-1　不同类型沥青混合料的马歇尔稳定度对比

10.2.1.2　动稳定度

表 10-3、图 10-2 为基于同种级配的普通热拌沥青混合料、SBS＋Sasobit 温拌沥青混合料、Sasobit 温拌沥青混合料、SEAM 温拌沥青混合料、SEAM＋Sasobit 温拌沥青混合料、乳化沥青温拌混合料和 SBS 改性沥青混合料的动稳定度对比。

不同类型沥青混合料的动稳定度对比表　　表 10-3

沥青混合料类型	动稳定度(次/mm)	
	实测值	规范值
普通热拌沥青混合料(HMA)	1 084	≥1 000
乳化温拌沥青混合料(EM)	1 200	—
Sasobit 温拌沥青混合料(Sasobit)	3 277	—
SEAM 温拌沥青混合料(SEAM)	4 267	—
SEAM+Sasobit 温拌沥青混合料(SEAM+Sasobit)	5 186	—
SBS 改性沥青混合料(SBS)	6 796	≥2 800
SBS+Sasobit 温拌沥青混合料(SBS+Sasobit)	7 136	—

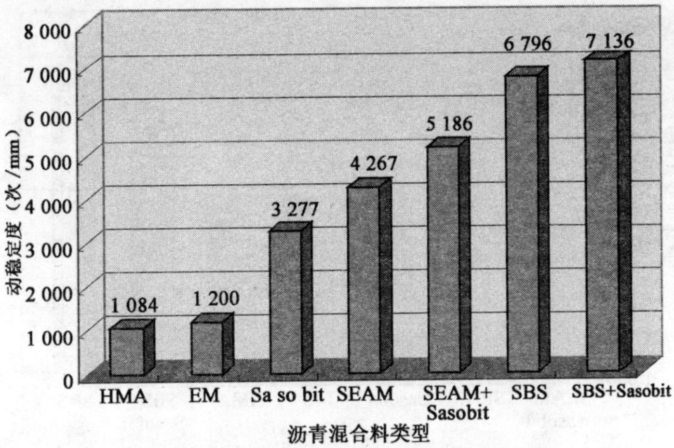

图 10-2　不同类型沥青混合料的动稳定度对比

从表 10-2 和表 10-3 可知：不同类型温拌沥青混合料的马歇尔稳定度和动稳定度均高于普通热拌沥青混合料，说明在热拌沥青混合料加入 Sasobit、SEAM 或乳化沥青等均可以提高沥青混合料的高温稳定性。对于各种温拌沥青混合料的高温稳定性，SEAM＋Sasobit 沥青混合料＞SEAM 沥青混合料＞Sasobit 沥青混合料＞乳化温拌沥青混合料。

10.2.2　低温抗裂性

表 10-4、图 10-3 为基于同种级配的普通热拌沥青混合料、SBS＋Sasobit 沥青混合料、Sasobit 温拌沥青混合料、SEAM 温拌沥青混合料、SEAM＋Sasobit 温拌沥青混合料、乳化温拌沥青混合料和 SBS 改性沥青混合料的破坏应变对比情况。

不同类型沥青混合料的破坏应变对比表　　表 10-4

沥青混合料类型	破坏应变(με)	
	实测值	规范值
SEAM＋Sasobit 温拌沥青混合料(SEAM＋Sasobit)	1 908	—
SEAM 温拌沥青混合料(SEAM)	2 367	—
Sasobit 温拌沥青混合料(Sasobit)	2 553	—
乳化温拌沥青混合料(EM)	2 800	—
普通热拌沥青混合料(HMA)	2 818	≥2 000
SBS＋Sasobit 温拌沥青混合料(SBS＋Sasobit)	3 831	—
SBS 改性沥青混合料(SBS)	4 126	≥2 500

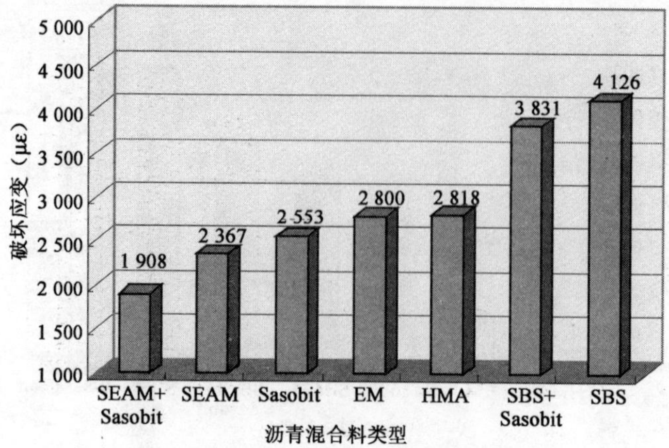

图 10-3　不同类型沥青混合料的破坏应变对比

从表 10-4 可知:不同类型温拌沥青混合料的破坏应变均低于普通热拌沥青混合料,说明在热拌沥青混合料加入 Sasobit、SEAM 或乳化沥青降低了沥青混合料的低温抗裂性。对于各种温拌沥青混合料的破坏应变,SEAM＋Sasobit 温拌沥青混合料＜SEAM 温拌沥青混合料＜Sasobit 温拌沥青混合料＜乳化温拌沥青混合料。

10.2.3　水稳定性

10.2.3.1　浸水残留稳定度

表 10-5、图 10-4 为基于同种级配的普通热拌沥青混合料、SBS＋Sasobit 温拌沥青混合料、Sasobit 温拌沥青混合料、SEAM 温拌沥青混合料、SEAM＋Sasobit 温拌沥青混合料、乳化温拌沥青混合料和 SBS 改性沥青混合料的水稳定性对比情况。

不同类型沥青混合料的残留稳定度对比表　　表 10-5

沥青混合料类型	浸水残留稳定度(%)	
	实测值	规范值
SEAM＋Sasobit 温拌沥青混合料(SEAM＋Sasobit)	79.0	—
SEAM 温拌沥青混合料(SEAM)	80.1	—
Sasobit 温拌温拌沥青混合料(Sasobit)	80.7	—
SBS＋Sasobit 温拌沥青混合料(SBS＋Sasobit)	82.2	—
普通热拌沥青混合料(HMA)	82.6	≥80
乳化温拌沥青混合料(EM)	89.0	—
SBS 改性沥青混合料(SBS)	93.1	≥85

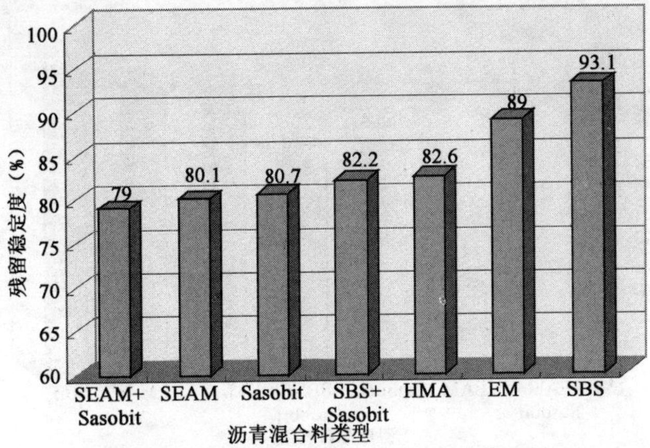

图 10-4 不同类型沥青混合料的浸水残留稳定度对比

10.2.3.2 劈裂残留强度比

表 10-6、图 10-5 为基于同种级配的普通热拌沥青混合料、SBS＋Sasobit 温拌沥青混合料、Sasobit 温拌沥青混合料、SEAM 温拌沥青混合料、SEAM＋Sasobit 温拌沥青混合料、乳化温拌沥青混合料和 SBS 改性沥青混合料的冻融劈裂比对比情况。

不同类型沥青混合料的冻融劈裂比对比表　　表 10-6

沥青混合料类型	劈裂残留强度比(%)	
	实测值	规范值
SEAM＋Sasobit 温拌沥青混合料(SEAM＋Sasobit)	21.2	—
SEAM 温拌沥青混合料(SEAM)	38.7	—
Sasobit 温拌沥青混合料(Sasobit)	68.4	—
SBS＋Sasobit 温拌沥青混合料(SBS＋Sasobit)	70.0	—
普通热拌沥青混合料(HMA)	77.2	≥75
乳化温拌沥青混合料(EM)	82.0	—
SBS 改性沥青混合料(SBS)	86.0	≥80

从表 10-5 和表 10-6 可知：不同类型温拌沥青混合料的浸水残留稳定度和劈裂残留强度比均低于普通热拌沥青混合料，说明在热拌沥青混合料加入 Sasobit、SEAM 或乳化沥青降低了沥青混合料的水稳定性能。对于各种温拌沥青混合料的水稳定性能，SEAM＋Sasobit 温拌沥青混合料＜SEAM 温拌沥青混合料＜Sasobit 温拌沥青混合料＜乳化温拌沥青混合料。

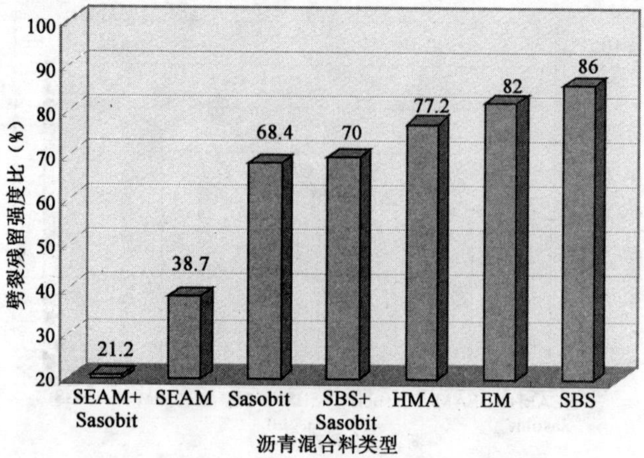

图 10-5　不同类型沥青混合料的劈裂残留强度比对比

10.2.4　抗疲劳性能

表 10-7、图 10-6 为基于同种级配的普通热拌沥青混合料、Sasobit 温拌沥青混合料、SEAM 温拌沥青混合料、SEAM＋Sasobit 温拌沥青混合料、乳化温拌沥青混合料和 SBS 改性沥青混合料的重复弯曲疲劳对比情况。

不同类型沥青混合料的重复弯曲疲劳对比表　　表 10-7

沥青混合料类型	破坏荷载(kN)	抗弯拉强度(MPa)	应力比及对应的疲劳寿命			
普通热拌沥青混合料(HMA)	0.890	4.092	0.4	0.5	0.6	0.7
			1 059	767	416	244
Sasobit 温拌沥青混合料(Sasobit)	1.02	4.581	0.4	0.5	0.6	0.7
			1 117	878	557	372
SEAM 温拌沥青混合料(SEAM)	1.155	5.073	0.4	0.5	0.6	0.7
			929	432	235	134
SEAM＋Sasobit 温拌沥青混合料(SEAM＋Sasobit)	1.445	6.375	0.4	0.5	0.6	0.7
			647	229	102	61
乳化温拌沥青混合料(EM)	1.436	5.050	0.4	0.5	0.6	0.7
			1 857	1 323	458	338
SBS 改性沥青混合料(SBS)	1.125	5.112	0.4	0.5	0.6	0.7
			2 397	1 761	1 063	643

从表 10-7 和图 10-6 可知：不同类型沥青混合料的疲劳寿命都随着应力比的增加而呈现明显的下降趋势。在相同的应力水平情况下，对于各种温拌沥青混合料的疲劳寿命，SEAM＋Sasobit 温拌沥青混合料＜SEAM 温拌沥青混合料＜

Sasobit温拌沥青混合料＜乳化温拌沥青混合料。

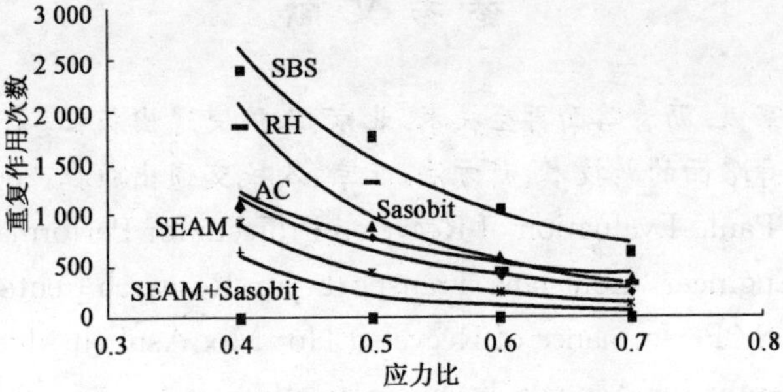

图 10-6　不同类型沥青混合料疲劳方程曲线

10.3　小　　结

本章对比分析了不同温拌沥青混合料的降温效果和路用性能，主要得出以下结论：

(1)不同类型温拌沥青混合料的拌和及压实温度比普通热拌沥青混合料低20～30℃，比 SBS 改性沥青混合料低 30～40℃，降温效果显著，其中乳化温拌沥青混合料的降温效果最好。

(2)不同类型温拌沥青混合料的高温稳定性均优于普通热拌沥青混合料，说明在热拌沥青混合料加入 Sasobit、SEAM 或乳化沥青等均可以提高沥青混合料的高温稳定性。对于各种温拌沥青混合料的高温稳定性，SEAM＋Sasobit 温拌沥青混合料＜SEAM 温拌沥青混合料＜Sasobit 温拌沥青混合料＜乳化温拌沥青混合料。

(3)不同类型温拌沥青混合料的低温抗裂性和水稳定性相对于普通热拌沥青混合料均有所降低，尤其是添加 SEAM 后，其低温抗裂性和水稳定性降低幅度最大。对于各种温拌沥青混合料的水稳定性能和低温性能，SEAM＋Sasobit 温拌沥青混合料＜SEAM 温拌沥青混合料＜Sasobi 温拌沥青混合料＜乳化温拌沥青混合料。

参 考 文 献

[1] 吕伟民，严家伋. 沥青路面再生技术. 北京：人民交通出版社，1989.

[2] 刘中林. 沥青路面的新技术、新方法. 北京：人民交通出版社，2003.

[3] Harold R. Paul. Evaluation of Recycled Projects for Performance. Materials Research Engineer, Louisiana Transportation Research Center.

[4] Kandhal P S. Performance of Recycled Hot Mix Asphalt Mixtures Auburn: National Center for Asphalt Technology, 1995.

[5] Bernard F. Kallas: Flexible Pavement Mixture Design Using Reclaimed Asphalt Concrete Research Report No. 84-2 October 1984.

[6] Wirtgen Group. Wirtgen Cold Recycling Manual, 2004.

[7] Whiteoak o. Handbook of shell Asphalts. London: Shell Bitumen UK, 1991.

[8] Thomas W Kennedy , Weng Tam . Mansour Solaimanian Effect of Reclaimed Asphalt Pavement on Binder Properties Using the Superpave System Research Report 1250-1 U. S. A : Center for transportation research, the University of Texas, 1998.

[9] 南京市市政工程公司. 废旧沥青混合料再生利用研究工作报告，1985.

[10] 济南市城市建设管理局. 热拌再生沥青混合料路面试验，1986.

[11] 沈敦义. 废旧沥青混合料再生利用研究. 武汉市市政工程设计研究院，1985.

[12] 唐质勇. 沥青热拌再生利用. 北京：人民交通出版社，1988.

[13] 拾方治，马卫民. 沥青路面再生技术手册. 北京：人民交通出版社，2006.

[14] 倪小军，陈仕周，凌天清. 沥青路面再生利用技术综述. 重庆交通学院学报，2004.

[15] 中华人民共和国行业标准. JTG F40—2004 公路沥青路面施工技术规范. 北京：人民交通出版社，2004.

[16] 中华人民共和国行业标准. JTG E42—2005 公路工程集料试验规程. 北京：人民交通出版社，2005.

[17] 中华人民共和国行业标准. JTJ 052—2000 公路工程沥青及沥青混合料试验规程. 北京：人民交通出版社，2000.

[18] 严家伋. 沥青材料性能学. 北京：人民交通出版社，1990.

[19] 严家伋. 道路建筑材料. 北京：人民交通出版社，1995.

[20] 金鸣林，扬俊和，史美仁. 道路沥青老化机理分析. 上海应用技术学院学报，2001.

[21] 魏荣梅.道路沥青的老化与再生研究.武汉:武汉理工大学硕士论文,2006.

[22] 陈华鑫.SBS改性沥青路用性能与机理研究.西安:长安大学博士论文,2006.

[23] 陈惠敏.石油沥青产品手册.北京:石油工业出版社,2000.

[24] 季节.再生沥青及其混合料路用性能的评价技术.上海:同济大学博士论文,2007.

[25] Petersen J C. Comparison of Oxidation of SHRP Asphalts by Two Different Methods. Fuel SciTechnology,1993.

[26] Saddiqui M N,Alis MF. Studies on the Aging Behavior of Bitumen Asphalts. Fuel, 99,7.

[27] Paul H R. Evaluation of Recycled Projects for Performance Baton Rouge: Louisiana Transportation Research Center ,1998.

[28] 水恒福,沈本贤,高晋生.道路沥青老化动力学的研究.华东理工大学学报,1998.

[29] 范耀华,丁国靖,亓玉台.石油沥青抗老化性能研究.石油沥青,1997.

[30] 亓玉台,王明刚,陈斌.石油沥青在连续热和空气老化中化学族组成的变化及热力学研究.石油沥青,1993.

[31] Petersen J. C. A Thin Film Accelerated Ageing Test for Evaluating Asphalt Oxidation Aging. Proceeding Association of Asphalt Paving Technologists, 1989.

[32] Pavement Recycling Guidelines for States and Local Government FHWA-SA-98-042, Dec, 1997.

[33] Herrington P. R. , George F. A. B. Temperature Dependence of Asphalt Oxidation Mechanism. Fuel 1996,75.

[34] Petersen. Factors Affecting the Kinetics and Mechanisms of Asphalt Oxidation and the Relative Effects of Oxidation Production Age Hardening.

[35] Wright J R. Determination of Oxidation States of Air-blown asphalt by infrared spectroscopy Appl. chem. , 1962.

[36] 季节,罗晓辉,颜彬,等. 临界老化时间及最佳再生剂用量的确定.公路,2006.

[37] 沈金安.沥青及沥青混合料路用性能.北京:人民交通出版社,2001.

[38] 张登良.沥青路面工程手册.北京:人民交通出版社,2004.

[39] Corbett, LW. and Swarbrick,R. E. Relationship Between Composition and Physical Properties of Asphalt [M] Association of Asphalt Paving Technologists, Proceedings, Vol. 39, 1970.

[40] Anderson, D. A. and Dubatz, E. R. Asphalt Properties and Composition Association of Asphalt Paving Technologists, Proceedings, Vol. 49, 1980.

[41] Kemp G R. Predoehl N. H. A Comparison of Field and Laboratory Environments on Asphalt Durability, Proceeding Association of Asphalt Paving Technologists, 1980.

[42] Dickinson E. J. The Hardening of Middle East Petroleum Asphalt in Pavement Surfacing. AsphaltPavingTechnology,1980,49.

[43] 张得勤. 石油沥青的生产与应用. 北京:中国石化出版社, 2001.

[44] 董平如,沈国平. 京津塘高速公路沥青混凝土路面就地热再生技术. 公路, 2004.

[45] 日本道路建设业协会. 加热沥青混合料的再生利用现状(单行本),大观社印刷式株式会社发行(日本东京),2003.

[46] 王冲,徐世法,季节,等. 再生SBS改性沥青混合料再度老化性能的研究. 北京建筑工程学院学报,2006.

[47] 季节,等. 再生沥青再度老化性能的研究. 公路交通科技,2006.

[48] 季节,高建立,罗晓辉,等. 热再生沥青混合料的配合比设计. 公路,2004.

[49] SHRP-A-313. A Literature Review of the Adsorption of Asphalt Functionalities on Aggregate Surfaces.

[50] Dr J Petersen. Chemistry of the Asphalt-Aggregate Interaction WRI Moisture Damages Symposium July, 2002.

[51] Dr Kenneth P Thomas. Asphalt Chemistry and its Relationship to Moisture Damage. WKI Moisture Damages Symposium July, 2002.

[52] Kandhal P S. Designing Recycled Hot Mix Asphalt Mixtures using Superpave technology Auburn:National Center for Asphalt Technology , 1997.

[53] Jemison H B ,Davison R R. Fractionation of Asphalt Materials by Using Superficial Cyclopean and Pentane, Fuel, Sci. and Techno, 1962.

[54] 交通部公路科学研究所. 道路沥青及沥青混合料低温抗裂性能的研究. 八五攻关分报告 3,1995.

[55] 张登良. 沥青与沥青混合料. 北京:人民交通出版社,1993.

[56] 杨彦海. 再生沥青混合料抗水损害性能评价. 公路交通科技,2006.

[57] 徐世法,颜彬,季节,等. 高节能低排放型温拌沥青混合料的技术现状与应用前景. 公路,2005.

[58] 秦永春,黄颂昌,徐剑,等. 温拌沥青混合料技术及最新研究. 石油沥青,2006.

[59] 严世祥. 温拌沥青混合料的应用技术研究. 重庆:重庆大学硕士学位论文,

2007.

[60] Graham C. Hurley, Brian D. Prowell. Evaluation of Sasobit® for Use in Warm Mix Asphalt. NCAT Report 05-06, 2005.

[61] 北京市道路工程质量监督站,北京建筑工程学院. 高节能低排放型温拌沥青混合料施工工艺要求及规范标准的研究,2006.

[62] 张锐,黄晓明. 添加 Sasobit 的沥青与沥青混合料性能分析. 交通运输工程学报,2007.

[63] 季节,冉晋,徐世法. Sasobit 对沥青混合料物理力学指标的影响分析. 公路,2009.

[64] 徐世法,季节,罗晓辉,等. 沥青铺装层病害防治与典型实例. 北京:人民交通出版社,2005.

[65] 袁建. 沥青混合料路用性能评价指标研究. 西安:长安大学硕士学位论文,2005.

[66] Carl Robertus, Olle R. Larsen. New technology in the Hot Mix Asphalt Industry-WAM Foam making asphalt pavements at lower temperatures. Shell and Kolo Veidekke PPT Reports.

[67] Matthew Corrigan. Warm Mix Asphalt Technology. AASHTO Standing Committee on Highways Technical Meeting. 2005.

[68] Graham C. Hurley, Brian D. Prowell. Evaluation of Aspha-Min® Zeolite for Use in Warm Mix Asphalt. NCAT Report05-04,2005.

[69] Larsen O R, Robertus C. Process and system for production of a warm foam mix asphalt. US patent 6846354,2005.

[70] Jenkins K J, Molenaar A, Groot J. Foamed asphalt produced using warmed aggregates, AAPT, 2002.

[71] Olof Kristjansdottir. Warm Mix Asphalt for Cold Weather Paving. University of Washington, 2006.

[72] Sasol Wax Americas Inc, Sasobit in "Warm Mix Asphalt" Applications 9 Years of Global Successes, World of Asphalt Conference, March, 2006.

[73] American Association of State Highway and Transportation Officials (AASHTO). Specification for Superpave TM Volumetric Mix Design: Designation MP2—97. AASHTO, Washington D. C.

[74] John D'Angelo, eric Harm, John Bartoszek, et al. Warm-Mix Asphalt: European Practice. Alexandria: American Trade Initiatives, 2008.

[75] 季节,徐世法. Sasobit 对沥青感温性能的影响分析. 石油沥青, 2009.

[76] K. KEENAN. SEAM 改性剂——硫磺在公路建设中的应用. 硫酸工业，2004.

[77] 周朝晖，王捷，郑志超. SEAM 沥青混合料性能改善机理及其应用技术. 公路交通科技(应用技术版)，2007.

[78] 冉晋. 温拌沥青混合料材料与性能评价研究. 北京：北京建筑工程学院，2008.

[79] 季节，冉晋，徐世法. Sasobit 对普通沥青混合料性能的影响与评价. 交通工程运输学报，2009.

[80] 季节，徐世法. 基于硫磺改性的温拌沥青混合料压实特性研究. 筑路机械与施工机械化，2009.